Alberto José González Chaves

Estoy enamorada del Señor

María Isabel González del Valle y Sarandeses

Alberto José González Chaves

Estoy enamorada del Señor

María Isabel González del Valle y Sarandeses

BIBLIOTHECA HOMO LEGENS

A las Misioneras de las Doctrinas Rurales,
verdaderas autoras de este libro por seguir
escribiendo la vida de María Isabel
-¡la vida de Cristo!- en el mundo de las almas.

BIBLIOTHECA HOMO LEGENS

Calle Nicasio Gallego, 9
28010 Madrid
91 005 35 54
www.homolegens.com

ISBN: 978-84-19349-88-0
Depósito legal: M-9681-2025

Diseño de cubierta: Álex H. Poles
Maquetación: Pablo Larrocha

Impreso en España - Printed in Spain

ÍNDICE

PRÓLOGO

El tiempo y el espacio de una santidad biográfica

El *Catecismo de la Iglesia Católica* habla de que algunos cristianos, conocidos como «los testigos que nos han precedido en el Reino (cf. Hb 12,1), especialmente los que la Iglesia reconoce como santos, participan en la tradición viva de la oración, por el testimonio de sus vidas, por la transmisión de sus escritos y por su oración hoy. Contemplan a Dios, lo alaban y no dejan de cuidar de aquellos que han quedado en la tierra» (n.º 2683). Son esa pléyade de discípulos que iban acrecentando la comunidad cristiana en medio de un imperio a la deriva que los despreciaba y perseguía. Gustave Bardy, estudioso de la conversión al cristianismo en los dos primeros siglos de la Iglesia, hablaba de cómo los cristianos fueron una silenciosa alternativa a tamaña decadencia imperial, sencillamente por ofrecer sin pretensiones un «espectáculo de la santidad». Es curiosa la expresión. Era una santidad no vergonzante, ni huidiza, ni disimulada, sino sencillamente mostrada con el valor irresistible de unas almas transformadas tras su encuentro con Cristo. Así lo dejará dicho el papa Benedicto XVI en su primera encíclica: «No se comienza a ser cristiano por una decisión ética o una gran idea, sino por el encuentro con un acontecimiento, con una Persona, que da un nuevo horizonte a la vida y, con ello, una orientación decisiva» (*Deus caritas est*, 1).

De ese encuentro, uno más entre tantos como la historia cristiana nos relata, trata esta preciosa biografía. La fina pluma de Alberto José González Chaves nos facilita el asomo a una santidad de alto vuelo que, aparentemente, ante la mirada de muchos, pasó desapercibida. No es la primera vez que emprende este buen sacerdote, de larga y fecunda trayectoria eclesial, la tarea de biografiar a un testigo cristiano que vale la pena mirar. Porque, como ya decía ese primer catecismo de la Iglesia que fue la *Didaché* (s. II) se invita a cada cristiano a esta confrontación beneficiosa: «Busca constantemente la compañía de los santos, para que seas reconfortado con sus consejos» (4, 2). Además de la última monumental biografía del gran arzobispo de Toledo, el cardenal Marcelo González Martín, nos regaló don Alberto José una biografía complementaria a la que presentamos, cuando nos hizo la semblanza del padre Tiburcio Arnaiz, S.I., actualmente beatificado, que tan intensamente influyó en la protagonista de este libro, tanto en su persona como mujer que, apasionada y enamoradamente, buscaba de veras a Dios, como en la obra apostólica a la que ella daría lugar: las Misioneras de las Doctrinas Rurales.

En estas páginas se entreveran los dos datos que siempre se dan inevitablemente juntos en cualquier coyuntura de la historia: un espacio y un tiempo. Es el espacio en donde se domicilia la vida con todos sus registros determinantes por su realidad geográfica, climática, entre otras. Pero también es el tiempo en el que se contextualiza un momento concreto donde intervienen otros factores de índole social, cultural, económica y política. El elemento religioso y eclesial se inscribe en esa coyuntura espaciotemporal y no es ajeno a ella, apareciendo como luz en el candelero o como ciudad sobre el monte (cf. Mt 15,14-16).

Podemos ir leyendo en este retablo vital de María Isabel esa misma filigrana en donde la historia y la geografía se cruzan y entremezclan para que, en medio de ellas y a su través, Dios nos proponga una biografía: la de una mujer buscadora, adornada con un sinfín de talentos y valores que, paulatinamente, irá despuntando según el tiempo de la gracia del Señor para describir lo que sería una biografía de la santidad.

Hay un hilo conductor que hace de referente biográfico: el jesuita Tiburcio Arnaiz, que tendrá sobre María Isabel una determinante influencia. Por eso, los momentos que jalonan la andadura humana y cristiana de esta joven asturiana tienen en las páginas de esta apretada biografía un antes, un ahora y un después. Antes de conocer al padre Arnaiz: infancia, adolescencia y juventud de nuestra joven. El momento en el que se conocen y comienza la orientación decisiva de su vida. Y después de que este santo y celoso misionero falleciera: la evolución del derrotero personal de aquella joven y el comunitario de las Misioneras de las Doctrinas Rurales.

En primer lugar, su Asturias natal, particularmente en el Oviedo de finales del siglo XIX y comienzos del siglo XX. Ahí se describe la familia González del Valle, bien conocida en la historia reciente de la capital del Principado. Una familia acomodada, culta, profundamente cristiana y con una proyección social y benéfica que iría moldeando el corazón de María Isabel. Es interesante ver cómo en esa encrucijada espaciotemporal Dios va sembrando semillas que aparentemente no cuajaban, como si se estuviera reeditando la parábola del sembrador (cf. Mt 13,18-23), cayendo simultáneamente aquellos granos en la vereda superficial, entre las piedras o espinos de otros intereses, o en el hondón del surco donde luego fructificará granadamente. Porque cosas propias de la infancia y la adolescencia se cruzaron con auténticas gracias de una persona madura y adulta, dejando la huella indeleble en aquel corazón: «Paseaba un día por el jardín de su casa, por un "pradín" cuajado de margaritas, leyendo un cuento que citaba la palabra del Señor: "Es más difícil a un rico entrar en el reino de los cielos que un camello pase por el ojo de una aguja". Sin entender bien lo que era ser rico o pobre, ni pararse a pensar si ella lo era o no, cerró el libro y exclamó: "¡Ay, yo nunca seré rica!". Y en ese momento se sintió toda invadida de Dios, y oyó en su interior una voz que decía: "Para eso te he escogido Yo, para que un día lo dejes todo por Mí"». Todo un apunte de lo que luego germinaría con tanto fruto, hasta el punto de que jamás olvidaría ella aquella gracia: un primer flechazo de su entrega enamorada a Jesucristo. Como aquella otra que tendrá lugar en el santuario santanderino del Cristo de Limpias. Hará una consagración al Corazón de Jesús y escribirá una pequeña estampa en la que expresará un efluvio de su alma: «El sufrir pasa, el haber sufrido no pasará jamás. Dios nos oye cuando nada... nos responde. Dios está con nosotros cuando nos creemos solos. Dios nos ama cuando todo nos abandona. No es posible vivir para Dios sin morir de continuo a sí misma». Ya apuntaba maneras su hondura espiritual.

Una vez que conoció al padre Arnaiz comenzó un itinerario de discernimiento, tras haber descartado el noviazgo en el que anduvo dudosa con el pretendiente que se acercó a su vida. Este celoso jesuita marcará toda una andadura cuando se una María Isabel a las doctrineras que él iba acompañando en su intuición apostólica. Porque aquí vuelve a aparecer esa coyuntura espaciotemporal: un terreno aislado y empobrecido y unas gentes sencillas y analfabetas y sin cultivo cristiano. Era la pobreza en todos sus rostros. El padre Arnaiz exhortará a sus jóvenes doctrineras: «No escuchen al enemigo, que les pondrá desalientos. Quiéranse y cuídense unas a otras, sin fastidiarse; y, con santa libertad, se animen y procuren suavizar las pequeñas dificultades». Irán poco a poco reconociéndose en esta vocación novedosa: jóvenes mujeres, consagradas al Señor y a esta obra apostólica, pero sin ser religiosas. Esto entrañaba un cierto desvalimiento e inseguridad, al no contar con el santo refugio que garantiza un convento y el reconocimiento de su identidad consagrada tras los hábitos. Había en estas jóvenes una intemperie en la que Dios quería escribir una página novedosa de evangelización de los pobres de pan y trabajo, pobres de cultura y pobres de fe en Dios y en la Iglesia. Lo decía María Isabel en una preciosa carta a sus queridas salesas:

> Sigo muy contenta y trabajando mucho, pues es mucho lo que hay que hacer. Ahora estamos desde octubre en este pueblo que está malísimo. Ha sido muy religioso y perdió la fe de una manera que parece imposible que vuelva a recuperarla, pues todo les tiene sin cuidado, y es una frialdad terrible. Tenemos escuela para niños, niñas, jóvenes y hombres; y ropero para señoritas (para reunirlas); y doctrinas por las calles para las mujeres que es a lo que más responden. Hace falta que pidáis mucho a Dios, pues es un pueblo que hace años está rechazando la gracia de Dios que se le entra por las puertas de mil maneras.

De esta manera se iban situando en la aventura de descubrir nuevos caminos por donde la Divina Providencia las iba empujando en el estreno de una forma de vida cristiana marcada por una entrega a los pobres que encontraban con las penurias religiosas, socioeconómicas y culturales que tenían agotadas a aquellas gentes, tanto adultos como niños. Se iban encontrando con todo ese rostro de una pobreza insólita e inédita. Anotará un apunte de la misma al llegar a una pequeña localidad:

> Tiene de 1.500 a 2.000 habitantes que no tienen ni idea de para qué están en este mundo. Allí no hay cura ni nada. Tienen una especie de alacena que llaman ermita, con una Virgen del Carmen que pusieron sus antepasados; pero tampoco saben quién es la Virgen. Es gente muy franca y noble de sentimientos y parecen inteligentes. Tienen un deseo muy grande de saber y, como no son viciosos ni tienen grandes cosas que quitar, creo que recibirán muy bien la gracia de Dios y se harán buenos cristianos.

Efectivamente, un ambiente misional donde había tanto que hacer en aquella incultura, tanto que proponer con la palabra de Dios y acompañar desde los sacramentos.

Pero llegará también el momento de descubrir que solo Dios basta, cuando se retiren los apoyos que han fundamentado aquellos primeros pasos de búsqueda y discernimiento. Será el momento en el que el padre Arnaiz, gravemente enfermo, desaparezca de aquel escenario en la vida de María Isabel. Hay una breve nota donde ella conmina a su padre espiritual a algo tan hondo, tan piadoso y hasta tan tierno: «Padrecito mío, tenga mucha fuerza para sufrir, pensando en lo poquitín que le falta para ver al Señor, que quiere llevarlo derecho al cielo. Acuérdese de venir por mí; mire que le espero. Bendígame y dígame algo». Así fue la despedida entre padre e hija, con una mutua exhortación de fidelidad en virtud de una historia de búsqueda de la voluntad de Dios, y de la consiguiente decisión de dar la vida por eso que el Señor mostraba. Pero aquellos avatares tenían lugar en medio de otro tipo de tensiones que asolaban el terruño patrio, no solo en Asturias y Andalucía, sino en el conjunto de España. Eran años graves de tantas consecuencias en el terreno político y cultural, y sus derivas religiosas con la persecución de la Iglesia. Resulta clarividente lo que María Isabel escribirá al respecto:

> ¡Cuánta ambición y cuánto traidor! Estos días hago la tontería de comprar *El Debate* y me pongo mala nada más que de leerlo. Pensar que los malos cuando triunfaron se atrevieron, siendo una minoría tan pequeña en España, a derribar el trono, a perseguir a la Iglesia, a dictar tanta ley injusta y persecutoria... etc. ¡Y que ahora triunfan los buenos que tienen consigo a toda España y no se atreven a barrer la porquería que amontonaron los otros en dos años! Claro que no es que no se atreven, es que buscan elevarse ellos aunque sea poniendo su pedestal encima de toda esa inmundicia. Y la gente cree que es prudencia, que poco a poco se reconstruirá todo. En fin, que el número de tontos es infinito.

Verdadero juicio de una tragedia que la sorprenderá en sus últimos años de vida como testigo de un derrumbe social y político en su querida España que tantos estragos causará en la comunidad cristiana con la persecución flagrante de la Iglesia. Nunca conocemos la agenda de nuestro periplo humano. Son las fechas secretas que solo se guarda Dios en el providente acompañamiento de nuestra vida. Pero sí que se puede verificar la maduración que paulatinamente se va realizando en nuestro camino de respuesta a la vocación recibida. María Isabel no dejará de reseñar lo que en su itinerario supuso esa búsqueda del querer de Dios y ese abrazo filial y sincero de cuanto entendía que Él le estaba pidiendo:

> En los ratos que estoy sola y dedico al Señor, no hago más que llorar y decirle que se apiade de mí, que me dé lo que sea mayor gloria Suya y cosas así, que Él está viendo que no las siento [...]. Estoy hecha una piltrafa de cuerpo, de alma, en lo material, en lo espiritual. Es como una ola negra, fría, que lo invade todo con una fuerza increíble. Dios quiera que en todo esto no haya nada de ofensa Suya.

Sin duda que era un alma ya muy rendida en la madurez que cabe esperar en quien anda con verdad sirviendo a su Dios sin regateo de otros intereses o inconfesables pretensiones. Solo alguien así podría amonestar a quien recelaba en el seguimiento de Jesús, racaneando la entrega y descuidando sus propósitos. Resulta en este sentido simpática la pequeña bronca que dirigirá a su sobrina María Jesús. Tiene ese sabor de humor aun en medio de la seriedad con la que le dice a la joven que debe tomarse en serio su vida. Se trata de una auténtica sabiduría de profundo discernimiento y de aliciente despertador de una conciencia que por momentos se podía ir relajando:

> Comiendo tan de tarde en tarde el Pan de Vida te vas a criar raquítica de alma. Para ser misionera hace falta tener una unión continua y estrechísima con Dios porque el instrumento solo no hace nada si no está en la mano del artífice. Para eso hace falta el "orar sin intermisión" como dice el Apóstol, que es el maestro de los misioneros, y no se llega a ese hábito de oración sin haberla practicado con fidelidad y constancia los ratos señalados por nuestro director o en el plan de vida espiritual que nos hayamos trazado. Tú eres muy descuidada en esto por respeto humano, y temo mucho que esta falta de fidelidad te prive o amengüe las gracias que el Señor te ha dado con tanta liberalidad, y si no pierdes la vocación quedes en una mediocridad espiritual que abunda tanto, de las que el Señor no puede echar mano para nada grande de su gloria. En esta falta de trato con Dios es donde veo el verdadero peligro para ti, no solo para tu vocación misionera (que te repito que sin oración continua es una ficción), sino para todo te quedarás en un ser chocholo insustancial, de pocos alcances y una medianía en todo, sea en el mundo, sea en el convento.

Se veía ya una madurez que estaba pronta para el encuentro definitivo con su Dios. Y así fue poco a poco cediendo su quebrada salud, como síntoma de una despedida imparable que se veía llegar. Una vida joven todavía, y una obra apostólica sin cuajar, parecía que desaconsejaba imaginar un desenlace tan temprano. Pero, como dirá Lourdes Werner, «en el reloj de la Divina Providencia, aunque no lo viésemos, había sonado la hora de su descanso corporal, la del eterno abrazo con aquel Señor al que tanto había amado y tan fielmente servido, no menos en la salud que en la enfermedad». Esto implicaba que todo quedaba en las manos providentes de quien nunca llega tarde ni se anticipa a la hora de llamarnos en cualquier momento de nuestra vida para los más diversos menesteres. Dirá Lourdes con notable desamparo, ella que sería su sucesora en la dirección de las Misioneras de las Doctrinas Rurales, como quedaban estas al morir María Isabel:

> En absoluta pobreza material, sin un céntimo en casa ni para enterrarla, sin esperanzas de alcanzar auxilio en tan apurado trance entre las amistades con que pudiéramos contar, sin apoyo alguno en lo humano, sin nada ya que empeñar en el Montepío ni para un mendrugo de pan que llevarnos a la boca.

Pero será más el suspiro desvalido cuando esta buena amiga y compañera añada en su dolor ante el adiós que se vislumbraba, no tanto por la penuria material cuanto por la temida orfandad, tan cercana:

> El sentimiento de nuestra pequeñez e insignificancia en aquel universal olvido y abandono, como hundimiento de la Obra de nuestros amores, la lucha que podía preverse y que se presentaría y a

> la que nosotras, infelices, habíamos de hacer frente sin la habilidad ni la seguridad de nuestra María Isabel. ¡De sentirnos tranquilas y seguras bajo su cuidado, pasábamos a la responsabilidad de mantenernos firmes y sostener con nuestras fuerzas la Obra a la que nos habíamos entregado infantilmente confiadas en Dios nuestro Padre, desde luego, pero sentido y visto a través de la visible asistencia de María Isabel!

El canto del cisne vendrá con su breve testamento espiritual, como una joya humana y cristiana en su despedida: «Mi última recomendación es la del Señor: que os queráis las unas a las otras como yo os he querido; que de verdad no sé a cuál de vosotras he querido más».

Confieso que me han hecho mucho bien estas páginas escritas con tanto tino y talento, porque la filigrana biográfica de esta ovetense señala los avatares variados de alguien que busca, que no siempre acierta en el hallazgo ni en la prontitud de su respuesta, pero que, a la postre, encuentra aquello que de mil modos anduvo buscando, aquello para lo que nació, aquello que eternamente Dios silenció para decírselo a ella y con ella contarlo. Es la trama de una mujer cristiana que respondió a la llamada. Es de agradecer esta hermosa biografía, donde la coyuntura de una historia y de las diversas geografías dibuja una verdadera semblanza cristiana de santidad creíble y reseñada.

Tiene san Francisco de Asís una expresión saludablemente chocante respecto a la memoria que podemos hacer de las personas santas: «Es una gran vergüenza para nosotros, siervos de Dios, que los santos hicieron las obras y nosotros, recitándolas, queremos recibir gloria y honor» (*Admoniciones* 6, 3). No es nuestro caso, ciertamente, pero ahí está el aviso de un hombre de Dios como fue san Francisco. De donde se colige que este hermoso horizonte que comienza en Oviedo y concluye en Andalucía es un precioso perfil de una mujer enamorada de Jesucristo, que se aventuró en los caminos siempre inéditos que Él nos marca a cada cual, para escribir lo que a Dios glorifica siempre y a los hermanos confiados a nuestro cuidado los bendice y los abraza. Así fue con María Isabel, con su historia tan bella como inacabada, que se sigue prolongando en las Misioneras de las Doctrinas Rurales. Todas ellas, con sus misiones y doctrinas varias, llevan adelante lo que María Isabel decía: «Ir de pueblo en pueblo, con mi casina a cuestas, dando a conocer a todos las riquezas inefables del Señor». Dios sigue escribiendo su gran historia en medio de nuestras geografías; es el tiempo y el espacio para una santidad cristiana que se hace canto de alabanza y ejemplar biografía, a través del sencillo testimonio de quienes han sentido el fuego del Señor en sus corazones y no dejan de contagiarlo con verdadera alegría, con celo apostólico y con frutos que perduran con la fecundidad de las cosas de Dios.

+ Fr. Jesús Sanz Montes, OFM
Arzobispo de Oviedo

«Las asociaciones que surgen en la Iglesia necesitan que sus fundamentos sean santos, no de altar, que eso ni nos interesa ni lo podemos pretender sin peligro espiritual, sino de vida; fundamentos que reflejen exactamente la Vida divina y sean modelos constantes y eficaces».

(*Carta a María Isabel* del P. Juan Antonio Segarra, S.I., 27-28 de noviembre de 1933).

I
ANTES DEL PADRE ARNAIZ (1889-1921)

1. Una familia grande ¡en todo sentido!

Don Anselmo González del Valle, nacido en Oviedo en 1820, perdió a su padre siendo muy niño y, siendo el único varón, con veinte años se fue a Cuba como auxiliar del político Pedro Fernández Villaverde: su primo Pachín. Anselmo se soltó enseguida en los negocios: fundó una fábrica de tabaco con Antonio Caruncho y el asturiano Soto del Barco, Manuel Antonio González-Carvajal, dueño en Cuba de inmensos negocios y una acreditadísima marca tabacalera. La que fundaron entre los tres era GVC.

Antes de cumplir los treinta años, Anselmo había reunido una fortunita que pensaba disfrutar en España con su madre, pero la muerte de esta lo hizo quedarse en Cuba. En 1851 se casó con la hija menor de su socio González-Carvajal, María de las Mercedes de Jesús, Chuchita, de solo trece años, monina y bajetuela. Como tantos entonces, fue un matrimonio de conveniencia: ella ponía el dinero y él, por su primo, se codeaba con los políticos, llegando a ser primer teniente de alcalde de La Habana. Su suegro le fue dando tanta participación en la marca-fábrica Hija de Cabañas y Carvajal, que en 1858 se la vendió. Hasta su muerte en 1876, Anselmo continuó prosperando en el negocio tabacalero, vendiendo la tercera parte de su producción en Londres, y abarcando posesiones agrícolas, acciones en ferrocarriles y operaciones de crédito. En la Exposición Universal de París de 1867 su marca de tabaco se llevó el Premio de Honor.

Anselmo y Chuchita tuvieron tres hijos: Anselmo, Martín y Mercedes, que murió a los seis añitos. Pero aquel matrimonio forzado no fue bien: acabaron viviendo por separado, aunque los hijos estuvieron siempre muy unidos a su padre, que viajaba frecuentemente para verlos. Su nieto Anselmo (hermano mayor de María Isabel), sin negar los defectos de su abuelo, entre ellos lo presumido que era, dirá que fue un hombre noble y generoso, como demostraría ofreciéndose a costear la Universidad de Oviedo cuando el Gobierno pensó en suprimirla.

El primogénito, Anselmo González del Valle y González-Carvajal, padre de María Isabel, nació el 26 de octubre de 1852. Como su hermano Martín, estudió algunos cursos en el colegio de jesuitas de Belén de La Habana. Ya adolescentes, su padre los envió a España, encomendando su educación al talentudo padre Caso, que les dio una magnífica formación moral. Tras estudiar en Salamanca y Madrid, antes de cumplir los veinte años, ambos se licenciaron en Derecho en Oviedo. Anselmo lo hizo para satisfacer a su padre, pero nunca ejerció la abogacía. Le gustaba más la música, que estudió con los mejores maestros de Oviedo y Madrid, no académica, sino privadamente. Tan bien se había iniciado desde niño con tío Pancho, hermano de su madre, que un célebre pianista, al verlo tocar por diversión en un balneario de Chicago con solo ocho años, le propuso a su padre que se lo dejara por discípulo, para hacer de él un virtuoso del piano. Don Anselmo se echó a reír, pero cuando llegó a España, le puso enseguida profesores, de los que al principio huía el niño, escondiéndose bajo la cama por no estudiar: solo le tiraba la música por entretenimiento. Hasta que un buen día, en el balneario viejo de Ontaneda, ante una joven norteamericana que hacía hablar al piano, se dijo: «¿Por qué no he de hacer yo esto?». Durante los estudios de bachillerato, en el

Instituto de Oviedo, los González del Valle coincidieron con los escritores Leopoldo Alas (Clarín) y Armando Palacio Valdés. Ambos relataron en sus obras cómo organizaban en la casa de los dos hermanos una especie de ateneo cultural juvenil en que hablaban de historia, literatura, arte; representaban obras teatrales... En *La novela de un novelista*, Palacio Valdés presenta al adolescente Anselmo: «Uno de los dueños de la casa nos hacía oír en el piano algunas sonatas o trozos de ópera, pues ya entonces era un maravilloso pianista». Pero la política acabó con esas reuniones de jóvenes promesas en la calle de Cimadevilla. Más tarde, en los numerosos viajes que hizo el padre de María Isabel a Madrid, Barcelona, París, Berlín, Leipzig o Roma, tocaba como *amateur* en conciertos privados. Por su perfección técnica y su expresividad pudo ser uno de los primeros pianistas de Europa, pero despreció fabulosos contratos para anclar su vida en Oviedo.

En 1874 Anselmo contrajo matrimonio con María Dolores Sarandeses y García Santamarina, que había sido compañera suya en las clases de música de Víctor Sáenz, uno de los grandes del ámbito musical ovetense. A partir de entonces la actividad como concertista se centró en el círculo de su familia y amistades, y pasó a un primer plano su faceta de compositor, más que relevante. Su producción musical, escrita íntegramente para piano, es una de las más importantes, tanto en calidad como en número, de la segunda mitad del XIX en Asturias; hay catalogadas unas setenta composiciones suyas, publicadas por notables editoriales europeas.

El abuelo Anselmo falleció en Madrid a los dos años de la boda de su primogénito, legando a cada uno de sus hijos la imponente fortuna de ¡un millón de duros en onzas de oro! Quinientos millones de pesetas sigue siendo hoy un disparate traducido a euros: tres millonazos. Pensemos en esta cifra hace un siglo y medio: ¡para pasar holgadamente una docena de vidas! Cuando Anselmo hijo viajó a La Habana para hacerse cargo de la herencia, quiso llevarse a su madre a España, pero doña Chuchita, ya muy viejina, prefirió la isla, donde murió cinco años después, en 1881. En España, los dos herederos delegaron la administración de los negocios insulares en su tío político don Leopoldo González-Carvajal y Zaldúa.

En 1879 Anselmo González del Valle fue nombrado académico correspondiente de la Academia de Bellas Artes de San Fernando. A sus veintisiete años ya era una de las personas más relevantes en la región. En 1887 intervino en la fundación de la Compañía de Ferrocarriles Económicos de Asturias, de la que fue presidente. También colaboró en el nacimiento de otras empresas, como la Sociedad Industrial Santa Bárbara, la fábrica de cervezas El Águila Negra, la Azucarera de Lieres o la Unión Española de Explosivos. Era miembro de numerosas sociedades benéficas y culturales, como la Sociedad Económica de Amigos del País o la Junta Provincial de Beneficencia Particular, entre otras que surgían para ayudar a la nueva clase obrera que emergía paralelamente a la industrialización. Para sufragar el déficit de la Universidad de Oviedo aportó 38.000 reales. Rezaba en toda Asturias como hombre generoso y caritativo. De pensamiento tradicionalista, aunque no se dedicó a la política, fue concejal del Ayuntamiento de Oviedo y llegó a ser diputado en Cortes, con 10.129 votos. Adquirió múltiples propiedades en el concejo de Cangas del Narcea (antes llamado Cangas de Tineo), al que estaba unido por lazos familiares; entre otras fincas compró el Palacio de Omaña, donde solía ir cada año con su mujer. Fueron famosas sobre todo sus inversiones millonarias para mejorar y modernizar el cultivo de los viñedos y la elaboración del vino de la región, para lo cual llevó técnicos de Burdeos. Nadie entendía qué se proponía con tanta inversión para plantar cepas y elaborar vinos; hoy se reconoce en la comarca que aquello llevó a Cangas al adelanto de esa industria, la principal del concejo, que daba trabajo a muchos hombres y mujeres durante buena parte del año. Además, inició la exportación de aquel vino y ganó varias medallas en exposiciones. Toda esta aventura vitivinícola fue más un beneficio colectivo que un interés particular, puesto que tuvo grandes pérdidas en el proceso. Los vecinos de Cangas del Narcea fueron los beneficiarios de su generosidad: en cualquier suscripción que se formaba, como recaudar fondos para las fiestas del Carmen, la Junta de socorro de los pobres, etc., figuraba la generosa aportación de don Anselmo. En muchas de sus empresas no perseguía el negocio: era su talante; por eso él y sus hijos parecían derrochadores. Así, *románticamente*, como su hermano Martín, adquirió para su casa una gran colección de pintura y escultura. Más que comerciante, era mecenas. Por ejemplo, becó al pintor Nicanor Piñole para que fuera a Roma; y al escultor Martín, de Oviedo.

Pero su gran pasión era la música. Fue uno de los principales promotores de la Escuela Provincial y Elemental de Música de Oviedo, origen del actual Conservatorio, que sufragó en buena medida durante años. También estuvo presente, como presidente de honor, en el origen de la Sociedad Filarmónica de Oviedo. En su espléndida mansión de la calle Toreno de Oviedo, don Anselmo guardaba una valiosa colección de pianos y una de las mejores bibliotecas musicales de aquella época: más de veinte mil partituras que fue reuniendo a lo largo de su vida y que, aún hoy, se consideran de gran valor. Por la casa de los González del Valle y Sarandeses pasaban escritores, pintores y músicos relevantes. Uno de sus amigos era don Alejandro Pidal y Mon, hermano de don Luis, marqués de Pidal, padre de santa Maravillas de Jesús. Fundadores del partido Unión Católica, los Pidal jamás arriaron la bandera de sus principios religiosos en la vida política. Ambos tuvieron grandes responsabilidades de gobierno: fueron ministros de Fomento y embajadores ante la Santa Sede, cargos desde los que defendieron los derechos de Dios y de la Iglesia. En una reunión amistosa en casa de don Alejandro, *au grand complet* (el nuncio, ministros, etc.), mientras tocaba don Anselmo hubo un apagón de luz y, ante el pasmo general, él llegó al fin de la difícil pieza sin marrar una sola nota. Siempre fue coherente con sus principios religiosos, imbatible en su integridad y su libertad, sin dejarse influenciar por nada ni por nadie. En una de las visitas del rey Alfonso XIII a Oviedo, sus amigos le insistían para que hospedase en su casa a algún miembro de la familia real, pero don Anselmo se negó, alegando que no alojaba en su casa a un rey liberal, cosa que no tuvo inconveniente en hacer su hermano Martín, a quien la reina regente doña María Cristina, en 1889, cuando Alfonso XIII contaba apenas cuatro años, había concedido el título de marqués de la Vega de Anzo. Don Anselmo, uno de los personajes que más contribuyeron al desarrollo cultural, social y económico de Asturias desde la segunda mitad del XIX a la primera década del XX, murió el 15 de septiembre de 1911.

En cuanto a la familia materna, remontémonos al bisabuelo, don Marcos Sarandeses. Lucense de Brántega, peregrinó a visitar las santas reliquias del Salvador en Oviedo; allí conoció a la que fue su mujer, y allí trasladó su residencia a principios del siglo XIX. Del matrimonio nacieron seis hijos: José (abuelo de María Isabel), Rafael (que se hizo médico en Cádiz y luego vivió siempre en Asturias), María Teresa (carmelita descalza fallecida en Ledesma en 1906), Antonio Indalecio, Manuel María y María Dolores. Nacido en 1815, don José Sarandeses, el abuelo, era hombre de temple moral y religioso no común. Cursó Farmacia en Madrid y allí se encontraba en julio de 1834, cuando la terrible matanza de frailes. El rey Fernando VII había fallecido en septiembre del año anterior, dejando a la nación dividida y al borde de una guerra civil, al restablecer la Pragmática Sanción de Carlos IV para que heredase el trono su hija Isabel, quien con solo tres años fue proclamada reina bajo la regencia de su madre, María Cristina de Borbón, quedando el Gobierno en manos de los liberales. El hermano del rey, con derecho a la sucesión del trono hasta entonces, Carlos María Isidro de Borbón, en el Manifiesto de Abrantes (Portugal), mantuvo sus derechos sucesorios proclamándose rey de España. Comenzó así la primera guerra carlista, que no era solo una cuestión dinástica: esencialmente antiliberales, don Carlos y sus partidarios pretendían la contrarrevolución, con una monarquía fuerte y confesionalmente católica. La inmensa mayoría del estamento eclesiástico era afecto al carlismo. En plena guerra, temiendo el avance carlista, a mediados de julio de 1834, en Madrid se recrudeció una terrible epidemia de cólera que iba infestando toda la nación, con miles de muertos. En ese ambiente, en vísperas de abrirse las Cortes, algunos elementos liberales, exaltados o progresistas, como dijeron llamarse (el término es antiguo...), aprovecharon para adueñarse de la calle, provocando motines y culpando al clero de la peste, corriendo la especie de que los frailes habían envenenado las fuentes que proveían de agua a la población. A raíz del bulo la chusma enloquecida asaltó varios conventos de la capital y en poco más de doce horas provocó una orgía de sangre, asesinando a catorce jesuitas, siete dominicos, cuarenta y tres franciscanos y diez mercedarios. José Sarandeses, que, fusil en mano, aguardaba la entrada de las fuerzas carlistas en Madrid, se acercó al cadáver de uno de ellos y tomó su rosario, que conservó siempre.

Bibliófilo empedernido, se formó don José principalmente en las obras de Francisco Alvarado, el *Filósofo Rancio*. Refutaba con donaire los errores modernistas, firmando sus cartas y escritos como el Boticario. Casó con doña Casilda Santamarina y Vallaure, nacida en Gijón el 9 de abril de 1825, mujer de fe. Tuvieron cuatro hijos: Ramón, Josefina y Carolina, fallecidos de niños, y María Dolores (madre de María Isabel), única superviviente, con la que, andando el tiempo, se irían a vivir sus padres. Don José era piadosísimo: ayunaba viernes y sábados; y ya mayor hizo los tres votos. Un sobrino suyo bromeaba: «Así cualquiera hace votos: de castidad a los 60 años; de obediencia a dos santas, su mujer y su hija; y de pobreza, ¡en casa de Anselmo González del Valle!». Pero el mismo sobrino reconocía en su tío verdadero amor a la virtud, que comunicaba a cuantos tenía a su alrededor. Era prior de la Tercera Orden de Santo Domingo, en cuya iglesia oía siempre la primera misa, hasta que los padres de María Isabel pusieron oratorio en su casa. Días antes de morir, pese a los fuertes dolores de la uremia, bromeaba:

«Como prior, tendrían que ponerme la mortaja de santo Domingo; pero en el testamento digo que me la pongan de san Francisco, como mi padre; y mi hermana Teresa quería que me pusieran la de carmelita... Bueno, ¡pues ponedme las tres y así iré más abrigado!». Falleció el 24 de marzo de 1897. Su esposa Casilda, que había cuidado tanto de sus nietos, murió el 2 de mayo de 1903, a los pocos días de la boda del mayor, Anselmo, al que adoraba.

María Teresa, la tía carmelita descalza, hermana del abuelo José, era, según su sobrino Anselmo, una santa de cuerpo entero, talentosa y simpática. De ella escribe:

> Entró en Alba de Tormes; de su convento era Priora cuando la Madre Sacramento [santa María Micaela del Santísimo Sacramento, vizcondesa de Jorbalán] vino a hacer Ejercicios; por aquel entonces tenía nuestra tía entre manos dos fundaciones: la de Ledesma y la de Oviedo... Lo que quería era hacer la voluntad de Dios; pronto comprendió los «puntos que calzaba» la huésped que se le venía por algunos días y a ella encomendó interpretar del Señor las luces necesarias para el acierto; al salir de Ejercicios la Santa le dijo que la voluntad de Dios era que fundara en Ledesma, añadiendo que la de Oviedo quedaba a cargo de su íntima amiga Leocadia Zamora... que tanto pensaba entonces en hacer fundaciones carmelitanas y en vestir el santo hábito, como en casarse con el Gran Turco, pero el suceso se confirmó con el correr de los años [...]. Tía Teresa obedeció, y marchó a Ledesma con la Madre Dolores y la Madre Teresa María, a las que conocí mucho, fundando aquel observantísimo palomarcico, en cuyo capítulo preside la calavera de nuestra tía, fa-

> llecida en olor de santidad en 27 de mayo de 1907. Cuatro días antes habíamos llegado allá Isabel [su mujer], Mercedes [su hermana] y yo, con nuestro primogénito... El mismo día, después de estar con nosotros, cogió un enfriamiento... y se acostó para no levantarse más. En el momento de tener que darle el Santo Viático, no había a mano ni sacristán ni monaguillo, por lo que tuve que sustituirlo yo, teniendo la dicha de asistir a aquella conmovedora escena seguida de la renovación de votos y de la declamación, por la ancianita, sonriente, de unos versos compuestos por ella para aquella ocasión, versos que solo tenía en la memoria, por lo que no tuvieron más consistencia material que la del perfume de una violeta; retirándonos emocionados, yo más que nadie, después de abrazarla y besarla a mi gusto, y ver su alegría en aquel momento, acrecentada no poco por la presencia de un sobrino a quien ella tanto quería. Fue tía Teresa quizás la consejera más íntima de mis abuelos y de mis padres, que la querían y apreciaban como a nadie, por eso conservábamos todas sus cartas, buena parte de las cuales conserva en su poder Manuel Antonio, pero otra muy grande (entre ellas, todas las a mí dirigidas, varias docenas) se la llevaron los rojos.

Pero nos interesa más la mamá, doña María Dolores Sarandeses y Santamarina, nacida en 1852 o 1853. Su hijo Anselmo, tan buen escribano como acabamos de ver, hace otra hermosa semblanza de aquella piadosa y ejemplar matrona, espejo, como tantas entonces, de esposas y madres españolas, que morirá de cáncer a los cuarenta y nueve años:

Era pequeñita, esbelta de joven y bien entrada en carnes con los años, sumamente agraciada de cara... Era bondadosísima, aunque no carente de energía. Sabía insinuarse por las buenas, y prefería ir al corazón para corregir a sus hijos, que a la riña... Cuando mamá se acercaba al confesionario de don Cayetanín, el cura de la misa de doce en la catedral, hombre muy bueno y de cortos alcances, pronto quedaba indulgenciada porque cuando comenzaba a contarle sus zozobras espirituales y turbaciones escrupulosas, bien pronto la interrumpía para darle la absolución, sin más averiguaciones que los trece hijos que le quedaban en vida: "¡Trece pares de zapatos, trece pares de calcetines, trece... trece...!". Era característica de ella una sonrisa muy Sarandeses, que ninguna de sus hijas llegó a dibujar. Era pulcra hasta el escrúpulo. Heredó de sus padres una religiosidad a machamartillo [...]. Una de las devociones que con más ahínco procuraba propagar todo el círculo de las devotas del Padre Sangrado [su director espiritual] era la comunión diaria, aunque con poco éxito, ya que, por entonces, la dirección espiritual corriente la consideraba como exageración, incluso religiosos regulares, varones espirituales de categoría y hasta obispos. Sin embargo, San Pío X les dio la razón: nuestra madre verá con alegría desde el cielo que, de los trece hijos que dejó sobre la tierra, ya mayores, el que no comulga tres veces a la semana es que lo hace diariamente; entre estos, los cuatro varones; ella echó la semilla de la piedad, que nosotros, yo al menos, vemos nacer.

Casados en 1874, Anselmo y María Dolores se instalaron en el domicilio de los Sarandeses, en la calle del Sol, donde nacieron sus tres primeros hijos. Después, por el astronómico alquiler de doscientas cincuenta pesetas al mes, pasaron al Palacio de Velarde, propiedad del conde de Nava, en la calle de Santa Ana, 1. Construido en el siglo XVIII para Pedro Velarde, regidor de Oviedo, la casa tenía paso directo a la tribuna de la iglesia de San Tirso el Real, parroquia de la catedral, por lo que prácticamente les servía de oratorio, y allí mismo fueron bautizados casi todos sus ¡quince hijos!, que nacieron, naturalmente, muy seguidos: en 1875, María Mercedes (que murió dos años después); en 1876, Anselmo (que casó con Isabel de Zuazola, y sus hijos fueron Anselmo, María Isabel, Luis María y José María de Jesús Ignacio, ahijado de María Isabel); en 1878, María de las Mercedes (casada con Tomás Gutiérrez, y madre de María Teresa, Juan María y Martín); en 1879, María Josefa (religiosa reparadora en Valladolid); en 1880, Manuel Antonio (casó con María Josefa R. Prendes, y sus hijos fueron José Manuel, María de Jesús y Luis Fernando); en 1882, María Teresa (religiosa reparadora en Barcelona, mártir en la Cruzada de 1936); en 1883, Juan María (tío Chindas); en 1885, María de Araceli, y en 1886, María de los Dolores (religiosas salesas en Oviedo); en 1887, María del Carmen; en 1888, María de Jesús Casilda (que murió antes de cumplir el año); en 1889, María Isabel; en 1890, María de Asís; en 1892, María Casilda (casó con Darío García, y sus hijos fueron Darío, Luis María y María Casilda); en 1893, José María (casó con Amparo Cienfuegos Jovellanos, y sus hijos fueron María Dolores, ahijada de María Isabel,

María del Amparo, Santiago y José María). Además de estos quince hijos, otros seis no llegaron a nacer.

Nuestra María Isabel hacía el número diez de los hermanos que vivieron, y el doce por orden de nacimiento. Anselmo, el mayor, dice que según su partida habría nacido el 3 de julio de 1889, fecha que les convino poner por alguna razón leguleya, pero que en realidad nació el día anterior. Efectivamente, el día 3 fue bautizada en San Tirso el Real con los nombres de María de la Visitación Isabel Josefa Laureana Melchora. Los dos primeros, por haber nacido el 2 de julio, fiesta de la Visitación de la Virgen a santa Isabel. Melchora, porque nació poco después de que llegaran a Asturias los restos del mártir fray Melchor García Sampedro, de quien sus padres eran muy devotos. Aunque muy llorica, era una nena muy mona, rubia, bajita y bien proporcionada. Llamará la atención la viveza de su mirada, inteligente y seria, y su expresiva conversación, aunque de chica no era muy habladora. Decía su hermano Anselmo que era la que más se parecía a su madre, «sin que ninguna de sus once hijas se le pareciera demasiado». Las primeras letras se las enseñaron las señoritas de Proharán, en Oviedo. Sus hermanas salesas la recordaban como una niña buenina y aplicada, tan zalamera que casi siempre conseguía lo que quería. Desde muy pronto se notaba que influía sobre los que trataba.

A los pequeños les encantaba ir a casa de una tal tía Paca, que no tenía juguetes ni jardín, como en su precioso palacete, pero los quería mucho y les contaba cuentos. En casa, antes de acostarse, iban todos a pedir la bendición a papá, que dejaba de tocar el piano, los bendecía uno por uno y les daba un beso. Con el tiempo, hablando del poco respeto de los hijos a los padres, María Isabel contó a sus compañeras de misión que ella solo recordaba haber desobedecido a los suyos una vez, con tres o cuatro años. Le había enseñado su padre a rezar una oración ante el crucifijo del oratorio, y un día en que fue a celebrar un sacerdote nuevo quiso que la niña le repitiera la oración; a ella le daba vergüenza y tuvo que decírselo su padre varias veces, hasta que, ya medio llorando, la dijo tan bajito que no la pudo oír el sacerdote, y su padre la regañó y le dijo que se fuera. Sintió tal remordimiento que volvió y, venciéndose, la dijo bien alto.

Ya que edificaron su propia casa, los González del Valle y Sarandeses dejaron el Palacio de Velarde, que compraron las religiosas del Santo Ángel y fue colegio hasta 1971, año en que fue convertido en el Museo de Bellas Artes de Asturias. La nueva casa de los González del Valle se levantó entre 1886 y 1893. Don Anselmo compró la finca de Villazón, entre el hospicio, la actual calle Uría y el campo de San Francisco. Y allí construyó una casa grandiosa de más de mil metros cuadrados, según planos del arquitecto Juan Miguel de la Guardia, rodeada de espléndido jardín y amueblada suntuosamente: maderas de Cuba, zócalos de caoba, muebles antiguos, valiosas vajillas... Y la colección de pianos. Y la de cuadros, muchos pintados ex profeso por pintores afamados. En el oratorio comenzaba la vida del hogar con la misa diaria y terminaba con el rosario de toda la familia y la servidumbre: ocho criados, más los profesores de los niños. Hay que entenderlo en la época: era propio de su clase social. Tía Teresa, la carmelita de Ledesma, a quien todos veneraban, los exhortaba insistentemente a vivir sin desmandarse ni aflojar en la moral cristiana. Y no malcriaron a los hijos despilfarrando en caprichos; los educaron tan cristianamente, que en varias de sus hijas despuntó la vocación y aquellos buenos padres las dieron felices a Dios.

2. «Yo nunca seré rica»

En esta casa sucedió algo, en la inocencia de los siete años de María Isabel. Ella nunca lo comentó con nadie hasta que fue misionera, en una conversación confidencial. Lo consideraba una gracia del Señor y lo recordaba con alegría. Paseaba un día por el jardín de su casa, por un pradín cuajado de margaritas, leyendo un cuento que citaba la palabra del Señor: «Es más difícil a un rico entrar en el reino de los cielos que un camello pase por el ojo de una aguja». Sin entender bien lo que era ser rico o pobre, ni pararse a pensar si ella lo era o no, cerró el libro y exclamó: «¡Ay, yo nunca seré rica!». Y en ese momento se sintió toda invadida de Dios, y oyó en su interior una voz que decía: «Para eso te he escogido Yo, para que un día lo dejes todo por Mí». Años después confesaba que le causó una impresión tan profunda que ni en la época más fría de su vida olvidó esta gracia, y cada vez que la recordaba volvía a sentirse llena de Dios y como sumergida en Él.

Por entonces murió su piadoso abuelo José, y un año después ella entró en el pensionado de las salesas, donde, como todas sus hermanas, adquirió una instrucción religiosa extensa y sólida. Las notas fueron siempre óptimas, porque además de su rápida inteligencia, aquella nena silenciosa, dócil y aplicada poseía una memoria feliz. En las salesas se preparó a su primera comunión, que recibió a sus nueve años y medio con su hermana Carmina, el 29 de noviembre de 1898. Sus padres eligieron aquel día por ser el de la muerte del padre Hoyos, a quien mamá tenía especial devoción. La madre María Manuela Osorio recordaría así a María Isabel:

> Una niña muy especial, llamada para grandes cosas, pues me admiraba lo seriamente y la atención con que se preparó para su primera comunión y oía cuanto les leíamos y explicábamos en la clase de catecismo, y en toda su conducta se veía una niña superior a su edad, muy formalita, callada, reflexiva y observadora y en los actos de piedad muy devota, pero sencillamente, sin extremos. Tengo por una especialísima gracia de Dios haberla preparado para su primera comunión y haber oído su santa conversación en varias ocasiones estos últimos años; se sentía en ella y en su presencia un algo de Dios que no se olvida jamás y hace mucho bien al alma.

En las primeras vacaciones María Isabel volvió a casa; estaba muy unida a María de Asís, a quien llevaba solo un año. Lectora voraz, se aficionó tanto a cuentos y novelas que hubo que tasarle el tiempo de lectura, y sus hermanos mayores empezaron a seleccionarle los libros de la biblioteca.

A su padre se le declaró una diabetes agresiva, y su madre ofreció a Dios su vida por la de su esposo. Parece que el Señor se la aceptó, pues doña Dolores comenzó a sentirse mal y se le manifestó un cáncer que la haría padecer mucho. La esmerada formación que recibían los hijos, el ambiente de piedad que se vivía en su casa y las visitas que su madre les acostumbraba a hacer al oratorio, hacían que, como María Isabel contaría años más tarde, se acostumbrasen a hablar con el Señor como con una persona y desahogasen en Él sus penas y alegrías. Ya en las misiones, escribiendo María Isabel a su sobrina María Jesús que quería ser misionera, la urgirá a llevar una vida de más piedad, porque «oír misa y hacer meditación lo hacían todos los días en su casa». De esta época es el voto perpetuo de virginidad que, por propio impulso, sin consultar con nadie, hizo María Isabel ante la imagen de la Santísima Virgen del oratorio. Sin entender exactamente lo que era, ella ofrecía a Dios no casarse nunca. El ingreso en la Asociación del Sagrado Corazón, en junio de 1900, también marcó su corazón de niña, pues conservó siempre la patente.

En los últimos años del siglo XIX se mudaron de vivienda. Pese a la ilusión con que habían hecho el palacete los esposos, pronto se les quedó pequeño y poco funcional, además de que, al urbanizar el Ayuntamiento aquella zona, el tráfago de la ciudad comenzó a molestarlos. La verja de lanzas que rodeaba toda la finca (lo único que se conserva actualmente) se había hecho precisamente para alejar a mirones e importunos, pero, como estaban en un alto, les parecía vivir en un escaparate y se trasladaron a una quinta al otro lado del campo de San Francisco, en la calle Pérez de Sala, esquina con Santa Susana, propiedad de un médico asturiano, de renombre internacional, don Faustino Roel, fallecido en 1895. En 1900 vendieron su lindo palacete, construido con tanto mimo, aprovechando el interés de la popular y acaudalada Concha Heres, que se casaba en segundas nupcias. Al final acabó adquiriéndolo el Banco de España para edificar allí su sede. De haberlo conservado, tendría en Oviedo uno de los bancos más hermosos del mundo, pero se empeñó en sustituirlo por un bloque espantoso: así de triste fue el fin de la hermosa mansión de los González del Valle y Sarandeses.

La nueva vivienda, llamada Quinta de Roel, no tenía nada que envidiar a la anterior: era como un museo neorromántico, con lago artificial, un puente y una fuente que manaba entre rocas rodeadas de hiedra. Con su palacete premodernista, la espléndida finca se consideraba una de las más hermosas de Asturias, con dos hectáreas, mucho jardín y arbolado frutal, todo rodeado de una tapia alta, por lo que podían vivir independientes como en un castillo. Era un lugar idílico para aquella familia y para exponer don Anselmo su excelente colección de obras de arte y compartir con otros artistas sus aficiones musicales, pues seguía organizando tríos, cuartetos, y hasta una pequeña orquesta de cámara, estrenando composiciones propias o adquiridas. La Quinta de Roel fue la última casa donde vivieron todos los hermanos juntos. Hoy también ha desaparecido. Unos diez años después de morir don Anselmo la compró un grupo de familias para llevar a Oviedo a los jesuitas, que en 1921 fundaron allí el Colegio-Residencia de San Ignacio, donde por aquellos años estudió san Rafael Arnaiz Barón. En 1932 el Gobierno republicano expulsó a los jesuitas de España e incautó todos sus bienes. El colegio ovetense pasó a ser un instituto hasta que, en la revolución de Asturias, en octubre de 1934, los marxistas lo dinamitaron. Tras la victoria nacional de 1939, en aquel terreno se inauguró el Instituto de Bachillerato Alfonso II.

En noviembre de 1900 los González del Valle consiguieron el privilegio del Reservado en su oratorio doméstico. Pero la mamá ya solo viviría unos meses, y muy enferma. Aunque no pudo visitar al Santísimo en su casa, ¡qué bien supo inculcar en sus hijos la intimidad con Jesús Sacramentado! En diciembre, María Teresa, la quinta hija, marchó a las reparadoras: con solo dieciocho años, era la primera en seguir la llamada del

Señor. Cinco meses después, el 25 de mayo de 1901, moría doña María Dolores, sin haber preguntado jamás qué tenía. No había cumplido cuarenta y nueve años. José María, su benjamín, apenas contaba ocho. A María Isabel le faltaba un mes para los doce. Don Anselmo nunca se repuso del golpe. Con casi la misma edad que su mujer, quedó solo al frente de su numerosa familia, con dignidad y resignación de caballero cristiano, pero cayó en tal desánimo y apatía que a finales de ese año vendió sus más de doscientas propiedades del concejo de Cangas del Narcea, comenzando por el Palacio de Omaña, y todas las fincas agrícolas donde tanto había invertido en el cultivo de viñas y la elaboración de vinos. La muerte de mamá influyó en la vida de toda la familia. María Isabel, según referiría ella misma en la intimidad, se consagró a la Santísima Virgen y la tomó por madre. No fue un arrebato sugerido por lecturas piadosas, sino algo espontáneo e irresistible. Desde entonces la Señora se le mostró como madre, y la hija sintió hacia Ella toda su vida un inmenso cariño. En las cartas a su padre siempre firma «H. de M.» (Hija de María).

María Josefa siguió a María Teresa y en 1901, con veintidós años, entró en las reparadoras de Valladolid. Por la misma época entró también María de Araceli en las salesas, donde todas se habían educado, llamándose en religión hermana Luisa. En el pensionado de la Visitación permanecían Lola, Carmina y María Casilda. Gobernaba la casa Mercedes, la mayor. Cuando se casó en 1910, quedó al frente Manuel Antonio. Alternaban largas temporadas con los González del Valle tres hijas de una tal María Quevedo, que tenían con ellos gran intimidad. Una de ellas, Paquita, asistía con María Isabel y los demás pequeños a las clases particulares que les impartía en casa don Manuel Santullano. Todos aprendieron los rudimentos de la música. Aun teniendo gran sentido musical, María Isabel era tan poco aficionada a tocar, que un día decidió dejar el piano. Nadie pensaba que su padre iba a pasar por ello, pero contra todo pronóstico ella lo consiguió. Su hermano José María decía que aquello fue su primer éxito diplomático, que ya comenzaba a hacer valer. Su hermana Lola, tres años mayor que ella, entró en la Visitación de Oviedo en 1903, no cumplidos sus diecisiete años, tomando el nombre de Ana Magdalena. Pocos meses antes se había casado Anselmo, el primogénito. El 2 de mayo de ese año murió la abuela materna, que había sido una segunda madre para todos. A don Anselmo la jaula se le quedaba sin pájaros, pero, haciendo un gran sacrificio, porque las adoraba, preocupado por la formación moral de María Isabel y María de Asís, en noviembre de 1903 las envió al pensionado de las salesas.

A sus catorce años, al poco de estar con las monjas, se planteó María Isabel bastante en serio su vocación. Pensaba si, además de no casarse, su voto de virginidad significaba que debía ser monja. Recurrió a una religiosa, que la remitió a un jesuita, quien se limitó a sonreír, y le dijo que no la obligaba un voto que hizo tan niña, sin consultar ni saber, y que en adelante lo hiciese de fiesta en fiesta de la Virgen. Aquello dio a María Isabel la impresión de que ni siquiera tenía obligación de no casarse. Pero la influía el ambiente del internado, la vocación de sus hermanas y... aquel recuerdo del pradín de las margaritas. Tanto que en mayo de 1904 escribió a la venerada tía abuela carmelita de Ledesma, María Teresa de Jesús, quien le contestó que le encantaría que fuese carmelita, porque su mamá lo deseaba mucho, y porque, teniendo ya cuatro sobrinas de otras órdenes, era justo que hubiera «por lo menos una carmelita, ya que no sean dos»: "Pídeselo, que, si te conviene, te dé vocación, que en sus manos te pones para que haga de ti lo que más le agrade... Hay que estar muy atenta, porque habla muy bajito. Tu santa mamá desde el cielo no te olvidará... No creas que por más que te diga esto tengo empeño en que seas carmelita; mucho lo deseo, pero antes quiero se haga la voluntad de Dios, y lo que le pido sin condición, para todas vosotras, es que, en la Religión o en el mundo, todas seáis muy santas, para que nos podamos ver algún día en el cielo todas reunidas"».

En el verano de 1904 no salieron del pensionado para ir de vacaciones con la familia como otros años. En agosto ocurrió de nuevo a María Isabel otro hecho extraordinario. Su maestra les habló de san Estanislao y ella quiso imitarlo haciendo una novena a la Virgen, como preparación a la Asunción, pidiéndole se la llevase al cielo con Ella ese día. Cuando llegó el día 15 y se acercó a comulgar, se le presentó la Virgen con su Hijo, a quien decía muy sonriente: «¿Nos la llevamos?», respondiendo Jesús: «Esta la quiero yo para otra cosa». ¿Fue una simple imaginación, o María Isabel, según le aconsejó su tía monja, escuchó muy atenta a Jesús? No obstante, su proceso espiritual era fluido y sencillo: se desenvolvía con total normalidad. Su hermano Anselmo dirá que en la piedad infantil y juvenil de María Isabel nunca vio nada extraordinario que la diferenciase de sus otras hermanas. Su hermana Lola recordaba que en aquellos casi tres años que María Isabel pasó con ellas en la Visitación se aprovechó muy bien de todas las instrucciones que recibió; en los estudios era de las primeras, sus maestras se admiraban de lo bien que aprendía todo. Las monjas que más de cerca la trataron decían que les parecía tenerla Dios destinada para algo grande. Sus compañeras la querían mucho y la miraban como superior a ellas. A la sazón en las salesas de Oviedo alternaban como superioras las madres María Teresa Pérez Dávila, a quien las niñas tenían por santa, y Gabriela de Castro, una de las fundadoras del monasterio, que pasaba más desapercibida. El médico de la comunidad, don Arturo Buylla, las motejó con los nombres de los dos políticos que se alternaban por entonces en el Gobierno de España: Cánovas era María Teresa, y Gabriela era Sagasta, menos brillante que la primera. Hasta el padre de María Isabel, muy amigo del doctor, e incluso las niñas, acabaron bromeando con los motes. Pues bien, precisamente a Sagasta, superiora en mayo de 1905, le ocurrió algo extraño, que más tarde transmitiría Lola, hermana Ana Magdalena. El 31 de mayo invitaron las educandas a las monjas a terminar con ellas el mes de las flores en su oratorio. Madre Gabriela pronunció la abigarrada oración, citando a santa Úrsula, que había consagrado a Dios «su virginidad, su peregrina hermosura, su claro entendimiento y las bellas prendas que la adornaban sobre todas las princesas de su siglo; despreció por amor a Jesucristo la fortuna que con tiernos halagos le ofrecía el mundo, despreció su vida y, cual guerrera ilustre del cristianismo, conquistó once mil almas entre sus compañeras, que, llevadas del dulce atractivo de sus discursos, renunciaron ventajosos enlaces y siguiendo su ejemplo perdieron generosas sus vidas en obsequio de su virginidad».

Al terminar la función, la madre María Gabriela quiso contar a las niñas algo que nunca le había pasado y que solo les decía por creer que Dios tenía designios sobre una de ellas. Les explicó que, mientras leía, se le representó que, cual santa Úrsula, una de ellas iba al frente de otras muchas que la seguían. No nombró a nadie, pero al preguntarles cuál de ellas sería, todas miraban a María Isabel, a quien desde entonces llamaban Úrsula, cosa que a ella, tan líder, la halagaba. Luego la madre Gabriela declaró a las monjas de la comunidad que el rostro que había visto era el de María Isabelita. Según sus hermanas, María Isabel salió del pensionado pensando que tenía vocación de salesa; lo consultó con un padre con quien hizo ejercicios, y le aconsejó que entrase en un monasterio que se estuviese fundando entonces, donde por sus aptitudes podía ser más útil. Pero, si la entusiasmaba una congregación tan querida en su casa y que tanto bien le había hecho, María Isabel, que desde aquella gracia infantil —«¡ay, yo nunca seré rica!»— suspiraba por una vida en suma pobreza, expuso en confianza a Lola y a María Araceli, que sobre ese aspecto veía algunas cosas que no le parecían bien. Sus hermanas le explicaron que el voto de pobreza se practica según las constituciones de cada instituto y varía según los fines de cada uno. Otro punto que no le gustaba a María Isabel era las diferencias entre las hermanas de coro y las domésticas. Con ejemplos, ellas pretendieron demostrarle que en la Visitación había más igualdad que en otras órdenes religiosas; pero María Isabel no acabó de convencerse.

3. Una veinteañera huyendo de sí misma: noviazgo fugaz y más viajes

A inicios del verano de 1906, al saber que su padre podía contraer segundas nupcias con una persona que no le convenía, por consejo de su confesor, María Isabel dejó el colegio y volvió a la Quinta de Roel, donde don Anselmo había construido un nuevo pabellón, pensando en las futuras familias de sus hijos. Anselmo hijo y su mujer Isabel Zuazola acababan de tener el primer retoño, por quien estaban chiflados María Isabel y el abuelo Anselmo. Este, con su hija en casa y con el nieto, olvidó sus penas... y sus planes de boda. En verano solían pasar una larga temporada en Nueva, donde iban a la playa de Cuevas del Mar y daban largos paseos: de Nueva a Covadonga por la Riensena, subiendo al día siguiente al lago Enol y volviendo a Nueva. ¡A pie y lloviznando! A María Isabel la agotaba ese plan: prefería devorar novelas. Tras el verano, en la Quinta de Roel la vida se hizo monótona. Tras la misa mañanera en el oratorio y el desayuno, cada cual a sus quehaceres, hasta el almuerzo. En la sobremesa obligaban al patriarca a festejar al santo del día con una copichuela, después María Isabel decía a sus hermanos, mimosona: «Me da pereza desperezarme». Entonces, tirándole Anselmo de un brazo y José María del otro, la levantaban. Don Anselmo viajaba mucho a Madrid; María Isabel escribía zalamera a su «papudo», mandándole «un mordisco y muchos mimos». En una de sus cartas se despide así: «Salió el sol, que desde que tú marchaste no había salido y los pajarinos cantan que se las pelan... Adiós, minchurrez, te abraza y te manda 20 kilos de mimos frescos tu hija que te pide la bendición». Y en otra: «Adiós, mingolez. Ya tengo gana de verte para ponerte unos cuantos miminos, que se te va a olvidar lo que es canela fina». Se comprende que su padre la adorase. Otras veces lo llama reitán, prometiendo mandarle un retrato que le ha hecho Anselmo vestida de llanisca, traje típico de la Asturias oriental. El 22 de enero de 1909 le escribe desde Oviedo que fue con los sobrinillos a una mascarada. Y a la novena. Y al cine. Y a ver unos perros amaestrados que hacían una corrida de toros muy divertida. Y a visitar al célebre padre Coloma.

Con mucho dinero para divertirse, María Isabel pasaba el tiempo entre paseos, conciertos, estrenos de teatro, visitas y compromisos sociales. Además de la misa diaria, frecuentaba novenas y funciones religiosas, pero al mismo tiempo amortiguaba cada vez más la llamada del Señor. Según su hermana Lola, tenía «algún punto quemante en el alma». Oteando en el horizonte cierto amorcillo con garantía, dejó de renovar su voto de virginidad en las fiestas marianas. En octubre nació Isabelita, segunda hija de Anselmo e Isabel Zuazola, cuyo hermano Luis, que se hospedaba a temporadas en casa de los González del Valle, se fijó en María Isabel. Todos veían bien aquel incipiente noviazgo, tan fugaz que no pasó de la primavera de 1907. ¿Qué pasó? María Isabel quería a Luis, pero no dejaba de decirle que ella dudaba sobre su futuro. Hasta que un día le espetó: «¡Es que yo tengo vocación!». Se comprende que él respondiese que entonces dejaban aquella relación, que había sido sincera y correspondida. A ella le duró mucho tiempo el dolor de la separación, pero, con dieciocho años, todo le seguía sonriendo: tenía el cariño de los suyos y llenaba el tiempo con mil entretenimientos que no supusieran ejercicio físico. Era monísima, con una personalidad arrolladora y asombrosa facilidad para la amistad; su chispeante conversación y su rápida inteligencia arrastraba a todos; siempre era cabeza de pandilla. Sus hermanos José María y Anselmo señalarían que predominaba en ella la intuición sobre la reflexión, y que sintetizaba sus pareceres. Hablaba con calor, y a veces era una sofista consumada: si le daba por algo, disfrazaba de razón mil argumentos que declamaba como un Demóstenes. Disfrutaba haciendo regalos, y buenos, pero no por vanidad o afán de quedar bien. Por virtud y por estética le gustaban las cosas bien hechas, en sí y en los demás. Era esmeradísima en su aseo, hábil y rápida para las labores, y muy amante de la pintura y la escultura. Poseía gran cultura musical: le entusiasmaba el intermedio del *Cuarteto de piano en sol menor* de Brahms, o el adagio del *Concierto para piano nº 2*, de Rachmaninov. Tenía una increíble memoria literaria: después de muchos años recordaba los argumentos de casi todas las novelas, que leyó en cantidades fabulosas. También leyó mucho de historia de España. Sin haber hecho estudios metódicos, su notable cultura general le permitía intervenir en cualquier conversación seria. Su hermano José María termina así su descripción:

> No es lo mismo tener voluntad y ser voluntariosa, que caprichosa; María Isabel en el mundo era las dos cosas; al entregarse a Dios, suprimió la segunda y se quedó con la primera, que es la que le hacía falta. Lo que pasa es que su voluntad y capricho [en el mundo]... la imponía haciéndose querer, cosa sumamente dificultosa a los de carácter imperioso.

Y es que, sobre todo, era muy cariñosa, siempre pendiente de agradar a los demás. Lo mejor es que con tal cúmulo de cualidades, era humilde de corazón: el orgullo, la suficiencia y la vanidad chocaban de frente con su grandeza de alma, que le hacían olvidar fácil y completamente una mala pasada.

En primavera de 1909 María Isabel embarcó a sus hermanos María de Asís y Juan María en un crucero de más de un mes por el Mediterráneo para peregrinar a Tierra Santa. Tanto a la ida como al regreso, al pasar unos días en casa de la familia de su cuñada Isabel, volvió a ver al que había sido su novio. La herida de la ruptura se reabrió: en la estación hubo aún cierta vacilación de si retomar las relaciones. Pero aquel viaje supuso un final definitivo. Con los años recuperarían un trato totalmente natural. El 28 de abril de 1909 se reunieron en Barcelona los 235 peregrinos de toda España, presididos por el distinguido católico bilbaíno don José María de Urquijo. El capellán oficial era monseñor Mateo Mújica, canónigo lectoral de Vitoria, de donde años más tarde sería obispo. Antes de embarcar en el yate Île de France, en la Merced, el arzobispo Nozaleda, presidente de honor, los arengó y les impuso la insignia de la peregrinación: una cruz de Jerusalén de plata. Iban casi cincuenta sacerdotes, que cada día decían sus misas al amanecer, en los altares dispuestos a bordo. Divididos los peregrinos en grupos de diez, en el de María Isabel y sus hermanos figuraban Asunción y Consuelo Pidal (primas de santa Maravillas de Jesús), con las que tenían mucha relación, y varios apellidos conocidos de Jerez de la Frontera y de Málaga, a muchos de los cuales, andando los años, encontraría en su andadura misionera María Isabel, quien el 10 de mayo escribía a su padre:

> Para todo tenemos que levantarnos muy temprano, así que echamos unas siestas regularcitas. A mí el mar me está probando admirablemente: no tuve ni una jaqueca; y María Asís engorda de día en día.

En cambio, a ella las comidas le resultaron tan extrañas que solo tomaba huevos cocidos. Si salió de casa delgada, volvió flaquísima. Antes de llegar a su destino habían anclado en los puertos de Bizerta (Túnez), La Valette (Malta), El Pireo (Atenas), Constantinopla (hoy Estambul), Mitilen (Mileto), la isla de Patmos, Rhodas, Famagusta (Chipre) y Beyruth, que visitaron a fondo, haciendo incluso excursiones en tren a sitios como Damasco.

Por fin desembarcaron en Tierra Santa, en el puerto de Haifa. Primera visita: el monte Carmelo; primera noche: Nazaret; el día siguiente, excursión al monte Tabor, en monturas que les llevaron unos turcos armados con fusiles. Donde más disfrutó María Isabel fue en Nazaret. Le dio mucha devoción la fuente de María, adonde la Virgen iría a por agua; se quedó allí un buen rato, como haría después en Jerusalén, en los lugares más marianos, por su cariño a la Señora. Estuvieron una semana entera en Jerusalén, desde donde fueron a Jericó, Betania, el Jordán... Y a Belén, donde compró María Isabel un precioso Niño Jesús que llevaría siempre con ella, pues quiso estuviera toda la noche sobre la estrella que indica el lugar del nacimiento. Y se fotografió ataviada de betlemita, con pose soñadora.

El viernes 28 de mayo, último día que pernoctaron en la Ciudad Santa, hicieron el viacrucis atravesando sucias callejas y mercados; los sacerdotes y peregrinos llevaron a hombros dos cruces grandes de madera, que se llevaron a España: una se dejaría en el santuario de Ntra. Sra. de Aránzazu; de la otra se harían pequeñas cruces para cada uno. Pero María Isabel propuso que esa otra cruz se quedase entera en Covadonga, la cuna de España. Mas, como había pocos asturianos, la idea no cuajaba. El sábado 29 de mayo por la tarde embarcaron para Port-Said, donde tomaron el tren a El Cairo. Pasaron allí dos días visitando la ciudad. Monseñor Mújica dijo misa de campaña al pie de las inmensas pirámides. María Isabel lo pasaba mejor en el barco, donde no tenía que soportar ¡cuarenta y tres grados a la sombra!: definitivamente, las excursiones no eran lo suyo. Volvieron a embarcarse en Alejandría. Los dos días que aún pasaron en el mar estuvo haciendo ambiente para realizar su idea luminosa: pese a comentarios para todos los gustos, ¡ella se había propuesto llevar la cruz a Covadonga! Ya en Italia, visitaron Nápoles y Pompeya, y el 5 de junio desembarcaron en Civittavecchia para entrar en Roma, donde al día siguiente los recibió san Pío X, pasando entre las filas de peregrinos arrodillados, que iban besando su anillo. Al llegar a María Isabel, sonriendo, le dio una palmadita en el carrillo: ¡ella se puso tan contenta! Tras la breve exhortación, el papa bendijo a los peregrinos, que siguieron en Roma hasta el 11 de junio y llegaron a Barcelona el 13. En esos últimos días, María Isabel se puso de nuevo en acción para lo de la cruz; viendo que la cosa estaba difícil, con María de Asís comenzó a recoger firmas. De algunos tuvo bastante que oír, pero ¡las consiguió casi todas! Con tantas emociones y excursiones, en el mes y medio de peregrinación dejó muchos kilos: ¡solo pesaba cuarenta y dos! Preocupante para sus veinte años.

El resto de aquel verano de 1909 lo pasó en Nueva, pero de playa ni hablar. Seguía con gran inquietud interior. Por un lado, la apenaba el haber roto con Luis; por otro la acosaban las dudas sobre su vocación, sintiéndose cada vez más inclinada a ocuparse de los pobres. Y así, contra el parecer de todos sus amigos y parientes, decidió ir a visitar una congregación entonces muy en boga, que trabajaba con obreros. Pero no le gustó: ni que tuvieran una casa tan buena; ni que vistiera cada una según el dinero que le mandaban de su casa, yendo unas elegantes y otras pobretonas; ni que las visitas al Santísimo antes de salir de casa fuesen tan corticas. ¿No sería que aún quedaban en su corazón esquirlas de Luis y pretextaba ese desencanto de la vida religiosa para justificar su reparo a corresponder al llamamiento divino? Confusa e insegura, sin decir al Señor que sí, a partir de este verano su vida despreocupada y social fue acallando la voz que sentía en su interior. Quiso dejar de pensar por el momento y, enredada en el mundo, acabó por no pensar. Según Lola y Araceli, las salesas, su hermana nunca abandonó del todo el deseo de consagrarse a Dios, pero, al no ver claro lo que Él quería de ella, se divertía, sin atender gran cosa a su santificación. Por lo pronto, comenzó ilusionada a organizar la peregrinación para, el 5 de septiembre, llevar la cruz de Tierra Santa a Covadonga y colocarla solemnemente en la subida de la cueva. Fueron de Bilbao y de otros lugares. Ella se había propuesto hacer la segunda etapa andando, pero, con su extrema delgadez y su cansancio acumulado, ¡no pudo pasar de los cien metros!

4. Muertes, calumnia, tisis, ruptura... y perdón

En enero de 1910 Mercedes, ya treintañera, casó con Tomás Gutiérrez y Carriles, y se fueron a vivir en casa aparte. En marzo comenzó una serie de desgracias en la familia. El día 6 murió tuberculosa una hermana, Pepina: sor María Josefa, la reparadora de Valladolid. Poco antes a Anselmito un tifus le produjo meningitis, y durante mes y medio estuvo más muerto que vivo. María de Asís ofreció la vida por la del sobrino mayor, cayó también con el tifus y el día en que el niño comenzaba a dar señales de vida, fue sacramentada; falleció santamente el 2 de abril, con solo diecinueve años, víctima de la caridad según su hermano José María. María Isabel lo pasó muy mal: María de Asís era su compañera inseparable, la que más unida a ella había estado siempre en todo. Ella atendió a su hermana al inicio de la enfermedad, pero después tomó las riendas Mercedes, que, para no contrariar a la enferma, le daba todo lo que pedía. María Isabel siempre dudaría: ¿habría muerto María de Asís si hubiese seguido atendiéndola ella? En realidad, ese reconcomio solo era porque idolatraba a su hermana, de cuya cabecera hubo casi que arrancarla. Pero ¿por qué lo hicieron? Mercedes se empeñó en atender personalmente a la enferma porque empezó a fantasear: si María Isabel quería hacerlo era porque... se entendía con el médico. Lo peor es que inoculó el virus de sus recelos en su marido y en una prima, Concha. Y compusieron una *novela*, ignorada de momento por el resto de la familia. Lo veremos más adelante, no sin estupor.

Tras enterrar a dos hermanas en un mes, con el ánimo por los suelos, fueron a veranear a Nueva, como siempre. María Isabel solo estuvo temporadas cortas. En otoño José María, con diecisiete años, marchó a Madrid a estudiar Ingeniería. El padre decidió pasar ese invierno con casi todos sus hijos en Málaga, donde María Isabel no hizo muchas amistades; quizá por miedo a perderlo también, se volcó en cuidar a Juan María, enfermo con fiebres de Malta. Ella estaba delgadísima, muy floja, como se ve en una foto de abril, en que aparece vestida de mantilla, asomada a una ventana morisca. En mayo de 1911 —aún no tenía veintidós años— un médico le recetó unas píldoras; solo la primera le sentó tan mal que las dejó, y de rebote en un mes engordó ¡casi treinta kilos! En aquella primavera de 1911 murió también el tío Martín, tuberculoso. Don Anselmo quedó muy aplanado: era su único hermano, que moría de la misma enfermedad que él padecía, diabetes, que se complicó con tuberculosis. El 13 de septiembre, ya en Oviedo, sintió opresión en el pecho. El 14 por la tarde, mientras hacía su ejercicio diario de lectura musical con una difícil obra de Sinding, lo visitó su confesor, don José Álvarez Miranda, canónigo penitenciario de Oviedo, que lo encontró débil y sudoroso. El 15 se levantó para comulgar a las siete; volvió a misa de diez y después se puso muy mal. Mientras otros hijos avisaban a un sacerdote, José María, recién llegado de Madrid, salió desalado a buscar un médico, pero cuando volvió acababa de expirar su padre. Manuel Antonio y María Isabel habían llevado un clérigo vecino, que lo oleó. Por una huelga general que había cortado todas las comunicaciones en Bilbao, Anselmo no pudo llegar a las exequias de su padre, a las que asistieron miles de personas. La muerte del patriarca fue un volquetazo para la vida familiar. En la Quinta de Roel se estableció una tertulia habitual de primos y amigos. Antes de terminar ese año 1911 se hizo el reparto de la herencia y quedó muy claro lo que tocaba a cada uno, con las respectivas fincas inscritas y registradas y la lista detallada de los innumerables objetos y cuadros de la casa, en cuya tasación y distribución no intervino nadie ajeno a ellos.

Como para suavizar el dolor de los dos años anteriores, 1912 trajo un nuevo sobrinito, y la boda de Manuel Antonio con María Josefa Prendes, que fueron padres de María de Jesús, de quien trataremos más abajo. En la Quinta ya solo quedaban Anselmo con su familia; Juan María, que se quedó soltero; los tres menores, cuya tutoría tenía Anselmo, así como la de la deficiente Carmina. Veranearon en Luanco, recibiendo allí a parientes y amigos. En diciembre nació el cuarto hijo de Anselmo, José Ignacio, al que amadrinó María Isabel. Después del bateo se fueron al teatro a ver *Don Gil de las calzas verdes*. En aquella Navidad de 1912, ya aliviado el luto, la tertulia de la Quinta representó el paso *Rosa y Rosita*, de los Álvarez Quintero, con solo dos actores: María Isabel y su primo Cesarín Cangas. El verano de 1913 lo pasaron de nuevo en Luanco, donde también representaron de los hermanos Quintero, *El patio* y *Puebla de las mujeres*, recién estrenada en el María Guerrero, en la que María Isabel bordó el papel de Concha Puerto; tanto, que los amigos empezaron a llamarla así, por su destreza en ocuparse de los amoríos de los demás: mientras se divertía con los noviazgos de unos y otros, ella no estaba dispuesta a perder su independencia, en el mundo ¡y espiritualmente! Pero su relación con Dios ¿dejaba tanto que desear como parecía? ¿Era tal su aparente relativismo espiritual?

En ese verano su salud empezaba a resentirse seriamente: había doblado su peso y tenía calentura con alguna frecuencia. Por eso la trataba el médico que había atendido a María de Asís, que se sumó con su familia a los huéspedes de los González del Valle, pues era de casa. Y Mercedes, que estaba con su marido en Luanco, y que culpaba a María Isabel de capitanear la vida frívola de sus hermanas —con comentarios muy crudos, y más allá del círculo familiar—, siguiendo con la *novela* que había imaginado, concluyó que el médico y su hermana estaban ¡amancebados! Y echó a rodar la calumnia. ¿Cómo pudo llegar a eso? Según Anselmo, la imaginación de Mercedes era volcánica y, en lo ajeno, muy apasionada. Educada en las salesas desde muy niña, llegó a los treinta ignorando los secretos de la vida. Poco antes de casarse preguntaba si podría quedar embarazada ¡por coger la mano de su novio! Pero de semejante ingenuidad pasó a una increíble malicia de experta en tales cuestiones, llegando a decir sin rebozo que a sus hermanas salesas se les iban los ojos tras su cuñado. Y así, sin un adarme de prueba, se dedicó a propalar entre sus amistades el *contubernio* de María Isabel con el médico. Cuando los hermanos supieron la infame hablilla, cortaron indignados toda relación con Mercedes y su marido. Al saberlo María Isabel, lívida y de rodillas, juraba a Manuel Antonio que era falso, cosa que su hermano sabía a fondo.

El invierno de 1913 a 1914 María Isabel lo pasó en Madrid, pensando que el distanciamiento podría aplacar a su hermana y hacer que las aguas volviesen a su cauce. Pero no: la ruptura duraría mucho. Ella se encontraba cada vez peor y los médicos diagnosticaron... ¡tuberculosis! Muy aplanada, marchó a Suiza, al sanatorio de Leysin, acompañada por Anselmo y su esposa.

José María fue a mediados de julio de 1914 para sustituirlos y halló muy mejorada a su hermana. El 31 de julio estalló la Primera Guerra Mundial y Anselmo e Isabel salieron precipitadamente para España, pasando un par de días de hambre y malestar. José María siguió en Suiza con María Isabel. A primeros de agosto, con otros enfermos, pasaron a Milán, empeorando por el calor italiano. Repuestos en el suntuoso hotel Campo dei Fiori, cerca de Varese, tras algunas peripecias embarcaron en Génova en el barco español Montevideo. Era el 20 de agosto de 1914, día en que, de pena por el estallido de *Il Guerrone*, moría el sufrido papa san Pío X. Tras unos días en Barcelona, pasaron a Madrid y de allí a Reinosa, de clima más parecido al suizo, y donde había muchos balnearios. Se instalaron en una fonda; José María regresó a la capital a proseguir sus estudios y volvieron Anselmo e Isabel a ocuparse de la enferma, que en octubre pasó a El Escorial, donde tomó medio chalet en el barrio del Plantel y allí se instaló con Raimunda Basail, la vieja criada que la había acompañado también a Suiza e Italia. Los sábados iba José María desde Madrid con una carga de novelas, que María Isabel devoraba. El invierno del Guadarrama era helador, la campanilla de la verja del chalet sonaba sin parar; sin embargo, ella, que meses atrás tenía en la cama siete mantas y un edredón, ahora usaba solo una o dos y la ventana de su cuarto no se cerraba ni de día ni de noche. Por eso en la cena de Nochebuena decidieron ir a la misa del gallo a la parroquia, y el coche volvió con los caballos al paso, porque estaba todo cubierto de nieve helada. María Isabel se aburría y se dedicó a invitar amistades, con tal éxito que alquiló otra casa cercana. Acudieron Anselmo e Isabel con sus cuatro hijos; Pepita y Jesusa Zuazola (hermanas de Luis, su antiguo novio), y otros. Con tal trasiego se picaron las mujeres entre ellas y Anselmo se distanció de su hermana; María Isabel nunca dijo más allá de haber sufrido injusticias.

Al mejorar, María Isabel pensó en trasladarse a Madrid con José María. A María Casilda y Carmina también las ilusionaba vivir en la capital con ellos. En marzo de 1915 supo de un piso en la casa de un amigo de la familia, Luis María Kleiser, famoso folclorista, paremiólogo y escritor, doctor en Leyes, teniente de alcalde de Madrid, presidente de las Conferencias de San Vicente de Paúl en España. María Isabel tomó aquel piso, pero se lo calló, temiendo no le gustase a Anselmo, quien, al saberlo, se disgustó horrores. Si ella lo hubiese calibrado... Pero, como diría Anselmo, «por primera vez en su vida María Isabel dejó de ver claro el camino; o si lo vio, creyó tomar por uno en que no podía sospechar que tardaríamos en encontrarnos, por intervenciones desdichadas, que pusieron las cosas peor». Y es que se envenenaron más los ánimos porque antes de volver a Bilbao Anselmo quiso rendir cuentas de la tutoría de María Casilda, Carmina y José María, y dijo a los otros hermanos que debían dinero al banco, cosa que negaba el banquero, amigo de la familia. Después se sabría que al banquero lo estafaba su secretario.

María Isabel y los suyos, José María y María Casilda, que siempre la apoyaron y defendieron, junto con la pobre Carmina, que los seguía a todas partes, se instalaron en el piso de abajo de los Kleiser, en la calle Infantas 28 y 30, 2.º. Era una zona muy céntrica, con muchos teatros y lugares de esparcimiento cercanos. María Isabel continuó mejorando y empezaron a recibir parientes y amistades. Las tres hermanas salían mucho, tenían un automóvil para su servicio; echaban la tarde en visitas y paseos, y después de cenar había tertulia y partida de cartas, con los Kleiser y sus amigos comunes Félix Durango, profesor de Derecho, Agustín Echevarría, agente de bolsa, Vicente Frade, Constancio de la Fuente y alguno más. Varios de ellos fueron testigos del testamento que hizo ante notario María Isabel el 10 de mayo de 1915. Dejaba todo lo relativo a su entierro y sufragios por su alma, «con la mayor modestia, mirando a Dios y no al mundo», a la exclusiva voluntad de su hermano José María, al que legaba todos sus bienes inmuebles, y el diezmo de lo que tenía, veinticinco mil pesetas, para una obra religioso-social. A cada uno de los primogénitos de Mercedes y Manuel Antonio, y a Juan María, cinco mil pesetas. El resto de sus bienes, derechos, acciones, etc., en tres partes, una para María Casilda, otra para José María y otra a los cuatro hijos de Anselmo, que «verá que se acuerda de él, en sus hijos nombrados herederos». En su corazón, limpio de rencor, solo cabía el perdón. Sus hermanas religiosas, «dado su estado de clausura nada necesitan». Carmina, «en virtud del estado personal en que se encuentra tampoco necesita nada». Tras el verano en La Granja, de nuevo en Madrid, muy triste por la separación familiar, el 10 de octubre completó María Isabel su testamento con una carta a su hermano José María, heredero principal y albacea, a quien poco después cederá unas acciones de los tranvías de La Habana, que aumentaron de capital:

> Quería que en este auto tan importante que es como el resumen de la vida no se me olvidase el ca-

tecismo y las doctrinas de la Religión que aprendí por la gracia de Dios y la verdad de nuestros padres en la que viví y en la que espero morir, olvidando y perdonando de todo corazón todas las ofensas graves que recibí y que me produjeron grandísimas amarguras que acepté siempre en expiación, no de las culpas que se me imputaban y de las que soy inocente, sino de mis culpas de pobre pecadora. Me refiero a mi hermana Mercedes, de la que sufrí persecución inexplicable, por lo que pido a Dios le perdone el mal que me hizo, y dejando a su hija, como testimonio de mi afecto y perdón, 5.000 pesetas. Me refiero también a mi hermano Anselmo, por quien siempre tuve verdadera predilección, por lo cual sufrí mucho más con sus injusticias, agradeciéndole siempre cuanto hizo por mí y perdonando de todo corazón a los que hayan contribuido para que sigamos separados, demostrándole que no cabe en mí sentimiento tan bajo como la hipocresía, conservando el mismo cariño profundísimo a sus hijos, criados a mi lado y separados de mí duramente, produciéndome todo esto tan honda pena que vivirá siempre conmigo, a pesar de lo cual les dejo la tercera parte de mi fortuna. Era difícil realizar todos estos deseos míos en un testamento, sobre todo teniendo en cuenta que soy mujer y que entiendo poco de estos asuntos, pero puse en él toda mi buena voluntad, y pido perdón a quien por él o por cualquier acto inconsciente de mi vida se crea ofendido, esperándolo así de la caridad de todos como yo a todos perdoné con cariño.

Agregaba que se hiciera con sus alhajas una custodia para las esclavas de Oviedo, a condición de que la usasen diariamente. Y legaba a Manuel Antonio un cuadro de Morere; y otras alhajas y cuadros a su hermana Carmina, a su tío César, a Luis Kleiser, a sus ahijados María Isabel y José Ignacio. Y a su sobrino Anselmo «el cofre de 4 cajones con todo lo que a mi muerte se encontrase dentro, como prueba del inmenso cariño que le tengo». En la Navidad de 1915 María Isabel y sus hermanos, como siempre, mandaron por Reyes a los sobrinos unos soberbios juguetes, dirá Anselmo, añadiendo, autocrítico, que se los devolvió por amor propio. Poco después María Isabel se sometió en su casa a una operación quirúrgica de la primera aparición del tumor que le causaría la muerte. Para aquel piso de Madrid encargó un oratorio a los afamados talleres de arte sacro de don Félix Granda. José María se negó a contribuir: decía que su hermana solo quería enseñarlo a las visitas. Pero María Isabel echó el resto: lo de Dios, siempre a lo grande. Era su estilo.

Pese a su salud quebrantada, estos años madrileños, ya frisando ella en sus buenos treinta, fueron brillantes: los amigos la llamaban la reina, por su amable e indiscutible influjo sobre todos: animaba y organizaba fiestas y diversiones; ponía pasión en todos sus actos y la transmitía con toda su persona. Varios amigos de su hermano la pretendieron, pero ella seguía sin gana de casarse, por conservar su libertad. Con posibles y deseos de divertirse, sin gazmoñerías ni escrúpulos, con elegante desenfado, disfrutaba sin ofender a Dios. Era muy limpia moralmente, muy recta y noble. No se perdía un estreno de teatro. Engalanado con flores de papel, su coche se llevó el premio del Ayuntamiento en unos carnavales. Un día invitó a comer a los Kleiser y, como declinaron, ella, cargada con la vajilla y las fuentes, a la hora del almuerzo subió con una procesión de criados al piso de sus amigos, y ¡tuvieron que comer juntos, sí o sí! Otra vez, reunidos unos académicos en casa de los Kleiser, los más jóvenes se fueron a un salón aparte para no molestarlos. María Isabel, anunciando que iba a tomar el pelo a los académicos, se zampó en el salón y les espetó que tenía una duda gramatical: «En la frase: "El hombre sujeta al toro", ¿cuál es el sujeto?». ¡La carcajada fue general! Como ella sostenía que no se equivocaba nunca y si lo hacía alguna vez era para despistar, otro día, estando con el tifus y 40º de fiebre, se empeñó en que se le quitaría si salía a un merendero a tomar langosta. Con esa persuasión salió y ¡volvió totalmente curada! Era la reina sin rival, pero en la vorágine de éxitos humanos que la envolvía, su vida espiritual salió mal parada. Ya no comulgaba a diario: solo los domingos y algún día entre semana. Amortiguada su sensibilidad para lo sobrenatural, acallaba ella el «punto quemante en su alma»: la vocación se había esfumado. La poca piedad que le quedaba no era hipocresía, mas, deslumbrada por ella misma, era incapaz de oír al Señor. La pena por la separación de la familia, aunque escondida, la torturaba; deseaba con toda su alma la ocasión de demostrar el sincero perdón que hacía tres años había ofrecido a sus hermanos.

Una mañana de abril de 1918 llegó un telegrama notificando la muerte de su cuñado Tomás, el marido de Mercedes. José María fue a dar la noticia a su tío César Carvajal, y ambos comentaron las razones que habían tenido María Isabel y todos los hermanos para cortar en absoluto todo trato con él: aquella calumnia había sido demasiado. Cuando José María volvió a casa, se encontró con que María Isabel había dispuesto inmediatamente el viaje a Oviedo, como la cosa más natural del mundo: quería estar con Mercedes en aquel momento, pese a todo. Anselmo y su mujer hicieron lo mismo. Sin ponerse de acuerdo, se presentaron todos en Oviedo, como si nada hubiese ocurrido. Y en la Quinta de Roel (habitada solo por Juan María), María Isabel y Anselmo se abrazaron. Los amigos quedaron edificados. José María decía que aquel rasgo de su hermana reveló tal grandeza que Dios lo premió y aquello fue el origen de su camino de perfección. Al pasar la tormenta, todos los hermanos se quisieron más y, sobre aquello, callaron para siempre. Todos... menos Mercedes, que siguió empeñada en que ella no se había equivocado. Tanto que María Casilda, años después de la muerte de María Isabel, supo que Mercedes se había descolgado con esta lindeza sobre su hermana difunta: «¡Lo que son las cosas! Se ha ido al cielo como santa y, sin embargo, menos matar a un hombre, había cometido todos los pecados posibles». Definitivamente, acostumbrada a hablar comprimiendo ideas, Mercedes, digna de lástima, no tenía atadero. Por ligerezas así se había pasado la vida creando conflictos que le habían costado disgustos y... no poco dinero. A pesar de todo María Isabel no guardó rencor jamás a su vidriosa hermana, como testimoniarán sus acompañantes misioneras, que en las visitas que hicieron con ella a Mercedes veían un trato y confianza tan naturales, que no podían imaginar que hubiera habido el más mínimo roce entre ellas.

El verano de 1918 ya fue muy distinto. Lo pasaron en grande en Fuenterrabía con la familia de Anselmo. A su regreso a Madrid les ocurrió un percance en el tren.

Se fueron al vagón restaurante, dejando en el departamento un maletín con todas las alhajas de María Isabel y de Carmina, que desapareció. Telefonearon al servicio de seguridad; la policía les puso un guarda permanente en casa; se dijo que unos individuos habían estado en el departamento y se habían tirado del tren en Madrid, que no fueron detenidos porque la policía los había interrogado antes y no los había hallado sospechosos... El caso salió en los periódicos. Poco después se mudaron al paseo de Recoletos, 25. La nueva casa fue dispuesta con esmero por María Isabel y María Casilda, y retomaron su género de vida: misa, paseo y tiendas, tertulias y partidas de tresillo con amigos. Para sus visitas de negocios a la capital, Anselmo tenía habitación en Recoletos. La zona era aún mejor que la anterior: entre Cibeles y Colón, más cerca del teatro María Guerrero, del cual era tan asidua María Isabel, que, si por sus molestias se había pasado el día en la cama, ¡a las seis se levantaba para ir a un estreno! María Casilda se puso en relaciones con Darío, y la pobrecilla Carmina no dejaba ni a sol ni a sombra a José María y a María Isabel, que, un poco harta de todo, y sin saber lo que quería, se decidió a pasar temporadas en Málaga durante el invierno, invitando a una amiga.

5. Por fin, enamorada de Él, pero... ¿adónde?

María Casilda, que en alguna ocasión también se había planteado ser religiosa, ahora, influida por su novio, dejó de comulgar diariamente, de visitar al Santísimo, etc. Y ello hizo a María Isabel escarmentar en cabeza ajena: comenzó a ver la actitud de su hermana y la suya propia como una deshonra para toda la familia. Para compensar el feo que hacían al Señor, volvió a comulgar a diario, a pasar muchos ratos con Jesús Sacramentado, a visitar enfermos. Con su simpatía arrolladora, seguía siendo la reina de sus amistades, y empezó a pensar que el Señor esperaba de ella que empleara bien sus talentos. Afloró en su conciencia una como persuasión de la inutilidad de su vida, un remordimiento que la hacía sentir muy mal consigo misma. Se planteó seriamente el matrimonio, pero ninguno de sus admiradores le interesaba tanto como para ello. Apreciaba mucho su independencia, pero ¿descartaba totalmente consagrarse al Señor? Por entonces guardó un papel con esta sentencia: «El sufrir pasa, el haber sufrido no pasará jamás», y la fecha: 31 de mayo de 1919, día de la famosa visión de santa Úrsula, años atrás. ¿Sería un regalo de sus hermanas salesas o de alguna de sus maestras, que tanto la querían? ¿Les comentaría María Isabel el vacío que sentía? ¿Adivinarían ellas las zozobras de su inquieto corazón?

Experta en parchear sus inquietudes con entretenimientos, en el verano de 1919 decidió hacer un buen viaje por Italia, Austria y Alemania, con uno de sus hermanos solteros. Pero la gira no le quitó el pinchazo interior que la acosaba; con él dentro, después de Navidad volvió a pasar otro invierno malagueño con su amiga. Y así, a sus treinta, se introdujo en los felices años veinte. Mas ¿lo eran de verdad para ella, la independiente, la ingeniosa, la que no tenía el menor problema económico? Era tan fuerte y continua su sensación de vacío e insatisfacción consigo misma que, aunque temerosa, decidió hacer ejercicios espirituales. Desde que estaba en Madrid no los había hecho. Pidió para ello oraciones a su hermana María Teresa, la reparadora; a las salesas; a las carmelitas de Ledesma. La reina, tan eficaz para todo, ahora se veía indigente para aclarar ella sola su barullo interior. Aquella Semana Santa en Málaga, del 28 de marzo al 4 de abril de 1920, estuvo muy inquieta: a su edad, ¿qué iba a hacer ya? Y el Sábado Santo, en la misa de Santo Domingo, se ofreció a Dios por una de sus sobrinitas, que estaba gravísima. En Pascua, ya en Madrid, se informó de las tandas de ejercicios; ya habían terminado todas: tenía la excusa perfecta para dejarlo por ese año. Entretanto, interesado en perder aquella alma, el demonio no descansaba. Pero muy pronto iba a triunfar la misericordia de Dios valiéndose de algo que hoy parece perdido: el sentido del honor. Varias amigas la avisaron de una tanda de ejercicios que predicaba en las Esclavas del Sagrado Corazón un jesuita: el padre Pedro Castro, que no le gustaba nada: «Imposible, lo oí una vez y se me hace irresistible». Un día, al salir del Teatro Real, buscando en *El Debate* la cartelera del día siguiente, lo primero que vio María Isabel fue el anuncio de los ejercicios del padre Castro. Se vio entre la espada y la pared: al tener el compromiso con ella misma, era cuestión de vergüenza torera y, no sin repugnancia, se resolvió a hacerlos. Fue a las esclavas a pedir cuarto; la madre encargada le dijo que ya estaban todos tomados, pero que le arreglaría una salita donde podría pasar todo el día como si estuviese interna, yendo a dormir a su casa. Otra excusa perfecta: María Isabel contestó que entonces lo dejaba para el año siguiente; si iba, quería hacerlo bien. Mas una señora se borró y quedó un cuarto libre. María Isabel, que ya había desechado el plan y no tenía ninguna gana, por pundonor, la tarde del día siguiente, 18 de abril de 1920, se presentó en el convento del paseo de Martínez Campos para comenzar aquellos ejercicios, cuyo director recordaría como «unos de los mejores de mi vida de ministerios para gloria de Dios y la de un alma extraordinaria que los hizo». Para la plática preparatoria lo suplió otro padre, excelente historiador, pero muy premioso para hablar. María Isabel salió nerviosa de la capilla: «Yo no aguanto ocho días a este pelmazo». Algo se tranquilizó cuando le dijeron que no volvería. Cuando por fin apareció el padre Castro, le preguntó cómo estaba, y ella le dijo que como un extraño. Al día siguiente, tan fresca, volvió a decir al jesuita que sus palabras no hacían impresión alguna en su alma: estaba fría, desmazalada, aburrida, sin devoción. Pero todo cambió el tercer día, tras la meditación sobre la conversión de la Magdalena. El padre Castro la vio llegar:

> Con los ojos encendidos por las muchas lágrimas que había derramado, con el corazón rendido por completo a Cristo. Triunfó la gracia en su alma. De repente, sin saber cómo, se sintió "enamorada del Señor". Su alma se había rendido a Cristo y no de una manera ordinaria. A partir de aquel día pude observar en ella alientos singulares y deseos extraordinarios para desprenderse de todo, morir a todo por seguir a Cristo pobre. Limpia su alma con una detenida confesión general, su preocupación era comenzar cuanto antes a dejarlo todo y ver cómo y dónde se consagraría al servicio de Dios.

En un instante, la vehemente María Isabel había recobrado la pureza de su infancia y, con ella, aquel llamamiento que la atrajo con tanta fuerza y que parecía completamente olvidado: ser toda de Dios y pobre con Él. Según explicaba ella misma, en la generosidad del perdón de Jesús conoció los sentimientos de su corazón. Fue algo fulminante en su temperamento volcánico. La benignidad del Señor con Magdalena, a la que no reprende, ni le trae nada de su vida pasada, sino que valora su amor, fue el foco de luz que en un momento le hizo ver la amabilidad, la belleza, el poder de Dios; le descubrió los sentimientos de su corazón y la llenó de su amorosa presencia. A sus hermanas salesas les contó que en esos ejercicios había comprendido lo que es el Corazón de Jesús: toda la persona de Jesucristo, todo amor. Y que en la meditación del juicio final le impactó la palabra del Señor: «Venid, benditos de mi Padre...», y resolvió llevarle muchas almas y no exponer más su salvación eterna. Años después seguiría diciendo que había sido un verdadero enamoramiento. No se acordaba de si había pecado o no, si eran muchas o pocas sus faltas, o más graves o menos. No sabía explicarlo; solo sabía que se había enamorado de Él, sintiéndolo como en Sí mismo es. No olvidaría nunca aquel 22 de abril. No veía más que al Señor, estaba loca con Él y no quería ofenderlo por nada: esa era ahora su preocupación. Una vez preguntó al padre si una cosa era pecado; él le dijo que mortal no, y ella contestó: «Pero es que yo no quiero ofender ya más al Señor, ni mortal ni venial ni nada». Al salir de ejercicios estaba como María Magdalena, pendiente solo de los ojos de Jesús. Pasaba largos ratos ante el Santísimo expuesto en una iglesia cercana a su casa, la de las clarisas pascualas, en Recoletos. Quedaba como empapada de

Dios, sintiéndolo internamente, amándolo con todo el ímpetu de su corazón, ya toda entregada a Él, perdido el sabor de todo otro gusto. En la vida que había llevado hasta entonces siempre había estado ocupadísima ... ¡sin hacer nada!, y ahora lamentaba el tiempo que había desperdiciado y le faltaban horas para estar con Jesús. Ardía en deseos de ser toda de Él y de comunicar a todos, especialmente a los más abandonados, la hermosura del amor divino que a ella tan claramente se le había mostrado.

Todos los razonamientos que por su formación sabía de memoria y que a otros bastarían para emprender una vida de perfección, hasta aquel momento le habían servido solo para cumplir las meras obligaciones de un cristiano. Ahora su alma estaba tocada de Dios. Seguía siendo ella misma, pero en sus actitudes se había producido un cambio profundo y radical; sentía como muy claro lo que había de ser su vida, pero no la forma concreta de llevarlo a cabo. Enemiga de dilaciones, siempre tan expeditiva, ahora no podía hacer esperar a su amor. Y pronto comenzó a indagar, unas veces por su cuenta y otras según las indicaciones del padre Castro, bajo cuya dirección se había puesto. Si el mundo antes la atraía, ahora le resbalaba. Por discreción continuó llevando exteriormente más o menos la vida anterior, pues aún no sabía a ciencia cierta si habría de dejar su casa y abandonar definitivamente su vida social. Pero su proceder era desconcertante: dejó de rizarse el pelo, de ir a los estrenos de teatro, a los toros y demás espectáculos. Sus amigos, consternados, se horrorizaban de que se fuese a ir monja por sacrificio. Ella contestaba que el sacrificio sería no tener a su amor. No acababan de creerla, pues continuaba con ellos, aunque ya no le decían nada las reuniones y correrías por los madriles. La consolaba su amor, y en medio de tertulias y jaranas, exclamaba espontánea: «¡El Señor está conmigo de monillo...!».

Con ella el buen padre Castro no salía de un susto para meterse en otro. Un día le dijo que hiciese hora santa de once a doce de la noche y ella le respondió que imposible, porque estaba comprometida a ir aquella noche a cenar en la Cuesta de las Perdices con unos amigos que precisamente iban todos por estar con ella. Con las manos en la cabeza, el padre le dijo que iba a perder la vocación; ella le aseguró que no había peligro. El jesuita le respondió que, con aquella manera de ser que tenía, no podía permitirle ir. Y ella no fue, ante lo cual, el padre Castro, y los amigos, se cercioraron de que lo de María Isabel no era solo romanticismo. Pero su hermano José María se ponía negro, porque a él le tocaba dar la cara.

En las horas que pasaba ante el Santísimo Sacramento, María Isabel sentía tal consuelo queriéndolo, que deseaba pasarse las noches enteras en su presencia. Empezó a hacer penitencias, como dormir en el suelo. Ansiaba saber qué quería Dios de ella, y en aquella pequeña iglesia de San Pascual, Jesús Sacramentado le inspiró «ir de pueblo en pueblo, con mi casina a cuestas, dando a conocer a todos las riquezas inefables del Señor». Esto, yendo a los más abandonados y dando al Señor su dinero, salud y todo su ser. Desde entonces ya no dudó nunca sobre el género de vida que debía seguir; solo quiso comenzarlo cuanto antes y averiguar cómo realizarlo. Hasta recibir aquella inspiración, María Isabel no había estado de brazos cruzados: preguntó si le parecía que entrara con ellas a la madre Dolores Montiel, superiora de las esclavas, donde había hecho los ejercicios, aunque María Isabel veía que no podía reducirse a ser religiosa en un convento, si debía ir «de pueblo en pueblo con su casina a cuestas». Tanto se movió e indagó, que no podemos seguirla durante esos meses en los que buscaba esclarecer lo que Dios quería de ella: dar a conocer al Señor en sitios abandonados. Las residencias fijas le parecían una traba; pensaba que las monjas tendían a tener buenas casas, gastando en eso dinero, energías y personas. El padre Castro le propuso lo que él llevaba en mente: una fundación de religiosas para los pueblos. María Isabel se mantuvo: ella no tenía vocación de religiosa, sino de ir de pueblo en pueblo, sin casa. Castro se asustó: «Que esa revolución, ¡ni Lenin!». Y la endilgó al padre José María Valera, su maestro de novicios, bien curtido en fundaciones, quien dijo a María Isabel que el fin que se proponía ya lo realizaban otros institutos: o no vio la novedad de la inspiración, o la reputó fruto del fervorín pasajero de una neoconversa. Quizá él mismo la envió a ver a las del obispo de Málaga, las nazarenas recién fundadas por el hoy san Manuel González. María Isabel consultó con el prelado, a quien ya conocía por sus escapadas invernales, pues, aunque era obispo diocesano hacía pocos meses, como auxiliar del anciano Muñoz Herrera llevaba cinco años en Málaga. Don Manuel le dijo que en aquella misión tendría muchos éxitos por sus cualidades; que, dada su manera de ser, temía que se envaneciese; que era tan peligrosa la vida que pretendía, que él le aconsejaba que por cada día de apostolado descansase dos el espíritu. O sea, también a él la idea de María Isabel le sonó a utopía... Todos los consultados aseguraban que lo suyo era de Dios, que tenía verdadera vocación apostólica, mas no le daban solución, porque, en el fondo, les parecía irrealizable. Si tan difícil es santificarse en esa vida de apostolado, habrá que ir pensando en hacerse monja, pensaba María Isabel, pero ello significaba no ser fiel a su llamada particular. A un mes de su conversión, tenía prisa; Dios, no tanta: ya la había conquistado por dentro, y la iba trabajando paso a paso en lo exterior. A ella ¡aún le quedaba mucho que aprender!

Castro tenía en la provincia de Córdoba dos confesadas y bienhechoras pudientes, celosas propagandistas del Sagrado Corazón, en Belmez y en los pueblos comarcanos: doña Manuela Boza y su sobrina Magdalena García Boza. Mandó a trabajar con ellas a María Isabel, que el 31 de mayo de 1920 viajó a Belmez para probar una vida a la apostólica con aquellas dos mujeres, que le ofrecieron su sincera amistad y la acogieron en su casa. No se le ocurrió modificar en lo más mínimo su modo de vestir: tan elegante y lujosa como siempre, hasta alhajada y tocada con lindos sombreros. Para los belmezanos era la señorita madrileña. Más tarde, con expresión muy suya, ella dirá que estaba, en lo espiritual, *enteramente salvaje*. Quizá el padre Castro creía que, con su carácter dinámico, instrucción y don de gentes, María Isabel podía ser la compañera perfecta de la joven Magdalena para comenzar su proyectada fundación. Seguiría pensando hasta el fin de su vida que las objeciones de María Isabel no eran sino fogosidad de su carácter.

En ese tiempo el jesuita se había ofrecido a sus superiores para ir a la misión de las islas Carolinas, en el Pacífico, pero aún nadie lo sabía. Por eso tenía tanta prisa en poner en marcha su idea, que el día siguiente de llegar María Isabel a Belmez, se presentó él allí pidiéndole que escribiese lo que Dios le inspiraba, como un esbozo de programa apostólico para su nueva congregación. ¡No se había enterado de nada! Porque María Isabel se lo había explicado en Madrid: ella no pretendía fundar nada, sino simplemente vivir lo que Dios le pedía, y no era precisamente ser religiosa. Castro la estaba presionando demasiado, persuadido de que sus dos dirigidas suspiraban, como él, por «la obra que habíamos de fundar, encaminada al apostolado en los pueblos y en los campos; obra que soñábamos fuera la Acción Católica con votos». ¡Y ahora le mandaba escribir unas constituciones! Después de resistirse a más no poder, ella se puso manos a la obra, mas cuando el padre le indicó que debía disponerse una casa-noviciado, ella dijo que eso no; él insistió, y ella perdió la poca paciencia que le quedaba, y ¡tiró la pluma! Pero como había emborronado algunas cuartillas sobre lo que podrían ser las Discípulas del Corazón de Jesús, de nuevo obligada por el padre Castro, enseñó el escrito al padre Valera, a quien le edificó la buena voluntad de María Isabel: lo suyo no era una ilusión, pues su alma era dócil a las insinuaciones de lo alto, deseosa de sacrificarse por Dios. Y tan en serio, que se fue a Madrid y, para sorpresa de todos, comenzó a levantar el piso. Vendió a sus hermanas casi todos sus muebles y alhajas, a precios irrisorios, y muchas cosas se las dio. A su cuñada Isabel le regaló su dedal: una linda filigrana de oro que había encargado expresamente a Granda. A José María, el niño mimado, le dio unos candelabros como regalo de boda si se casaba; si no, como premio a la soltería. Muy preocupado, él intentó hacer reflexionar a su hermana, que le contestó a la evangélica: «Si quieres ser perfecto, vende lo que tienes y da el dinero a los pobres... y luego sígueme». Se lo dijo con tal naturalidad, que él, conociéndola bien, supo que iba de veras.

Pero a los pocos días de estar ella en Madrid, el padre Castro la llamó de nuevo a Córdoba, donde predicaba la novena al Corazón de Jesús en la iglesia de San Hipólito. Y allí la esperó, para pedirle a ella y a Magdalena que hiciesen los tres votos, con el compromiso de entrar, si cuajaba, en la obra que, según él, pretendían fundar. María Isabel volvió a resistirse: que a quién obedecería en el día a día, que ella no tenía esa vocación... Pero al fin lo hizo. En realidad, aunque no conscientemente, aquel sacerdote, íntegro pero ilusionado en exceso, estaba manipulando a su dirigida, que lo quería mucho por ser el instrumento del que Dios se había valido para convertirla. Y aquel 18 de junio de 1920 puso en las manos de ambas un documento con la fórmula de los tres votos religiosos, para que lo recitasen ante él. Realmente lo obedecían como corderuelas. En quince días María Isabel se había encontrado cofundadora con otra que acababa de conocer. Además, sin empezar la dichosa fundación, se les iba el fundador, ¡y ellas no lo sabían!

A María Isabel le hizo un gran bien convivir con Magdalena y con su tía: aprendió de ellas, trabajando juntas en una escuela nocturna de obreros que aumentó muchísimo: «Tenemos unos 40 que no confesaron nunca; casi todos son de 18 a 20 años, y están muy bien dispuestos, así que da pena dejarlos sin que comulguen... Por las mañanas tengo doctrinas para niños; ya preparé varios para la primera comunión». Pero aquella vida no la satisfacía como para quedarse en Belmez. Tras un mes allí, fue a veranear a Zumaya con sus hermanas, pero muy recogida: su habitual cajón de novelas esta vez iba lleno de libros espirituales. Vio que el tener los votos le servía de dique, pues... no le faltaban admiradores. A su paso por Oviedo visitó a sus hermanas salesas, que ya sabían su conversión en los ejercicios, y se quedaron pasmadas del cambio: su porte, su conversación, sus aspiraciones, eran de un alma que solo buscaba agradar al Señor. Al darse a Él tan de veras, se realzaron sus dotes naturales con un perfume sobrenatural. Hacía penitencias excesivas para su poca salud. Les dijo que su ilusión sería trabajar para que los pobres conocieran a Dios, y morir en una isla lejana, desconocida y abandonada de todos. Algo que pronto le propondría el padre Castro, a quien el 22 de julio le confirmaron que iba a las Carolinas. Quedó convencido de que eso suponía un golpe mortal para su incipiente Obra de los pueblos, y de que se desorientaría su ovejita, como empezó a llamarla... Tan obcecado estaba, que aun después de morir ella seguiría él persuadido de que, por su marcha, «vinieron abajo los planes que, de fundación de algo, bullían en la mente de los tres». Enseguida le escribió a Bilbao, donde estaba María Isabel con su hermano José María: «Yo ya pronto me voy a morir, ¿qué será de mi ovejita?, ¿se irá entre infieles, entrará religiosa?». Ella, asustada, sacó billete para Madrid. En la estación un amigo le preguntó qué pensaba hacer, pues estaba tan rara... Ella contestó resuelta: «Desde luego, darme a Dios y... quizá irme entre infieles». El amigo avisó a José María, quien, creyendo que su hermana se iba monja sin decirle nada, también picó espuelas a la capital. Cuando al otro día María Isabel se entrevistó en Madrid con el padre Castro, este le dijo que acababa de hablar con su hermano. A ella le dio mucha pena ver lo que le estaba haciendo sufrir. Y, al decirle el jesuita que se iba a las Carolinas, comprendió su carta: la Obra de los pueblos moría, ¡si es que había nacido! Y su ovejita ... ¿no iría también a aquellas islas?

6. Esposa de sangre: de Limpias a Belmez, y adiós al padre Castro

Limpias es un pueblo de Santander que en los años 1920 fue meta de peregrinaciones para venerar un bellísimo Crucificado de escuela andaluza, procedente del oratorio de los condes de San Isidro, en Cádiz, que presidía el retablo del templo parroquial. En la Cuaresma de 1919, durante una misión popular predicada por los capuchinos en Limpias, mientras se celebraba la santa misa en la iglesia, una niña notó que el Crucificado había cerrado los ojos. Lo dijo a un padre misionero, que la ignoró, hasta que lo percibieron más personas. Al cerrar el templo, el párroco vio la imagen humedecida, como si sudase. El Domingo de Ramos, 13 de abril, dos autoridades de Limpias trataron de disipar lo que parecía superchería o sugestión y... vieron al Cristo mover los ojos y la boca. Lo mismo vieron unas monjas el Domingo de Pascua. Y el 4 de agosto más de treinta personas juraron cómo el Cristo posaba los ojos de uno en otro, cambiando de expresión: compasión, dolor, dureza incluso. En septiembre, dos obispos y un grupo de sacerdotes lo vieron moverse. Ya eran manifestaciones casi diarias: miradas, gotas de sangre o sudor, movimientos agónicos, pérdida de color... Muchos declararon que, en las bendiciones, los ojos seguían a la mano del sacerdote. Hubo testigos de todas clases sociales y niveles religiosos: también ateos y curiosos. Los testimonios pasaron de ocho mil, y no están todos, pues en la guerra civil se perdió documentación. En 1920 se contabilizaron más de mil curaciones, no ya en Limpias, sino solo invocando al Cristo de la Agonía o tocando las estampas con su imagen, que ya recorrían toda España y el extranjero.

En 1921 los fenómenos recibieron la aprobación del obispo de Santander, y Limpias superó en peregrinos a Lourdes y Roma. Desde 1924 no se registraron sucesos extraordinarios en la imagen, pero sí más curaciones y conversiones. Con la guerra civil y el paso de los años decayeron las peregrinaciones.

Contamos todo esto porque en otro de los viajes que hizo al norte, volvió el padre Castro a ver a su ovejita, y visitaron al Santo Cristo de Limpias para hacer ante la milagrosa imagen un día de retiro y discernimiento. Aunque... el jesuita ya lo tenía hecho: si la Obra de los pueblos no cuajaba, María Isabel dedicaría su fortuna a una fundación de religiosas e iría con ellas a las Carolinas. Castro celebró misa ante el Cristo, presentándole los deseos que María Isabel había escrito con su sangre:

> Jesús de mi alma, esposo dulcísimo de mi corazón, aquí me tienes postrada a tus plantas para ofrecerme a sufrir todo lo que Tú quieras. Yo quiero ser tu esposa de sangre; quiero estar crucificada contigo; quiero, a imitación tuya, ser coronada de espinas, azotada, crucificada, despreciada, abandonada, calumniada, hecha un crucifijo. Jesús mío, este es mi ardentísimo deseo, y de no hacerlo así, quítame, Señor, la vida, pues no quiero vida que no sea transformada en Ti. Dame tu gracia, y quema, corta, rasga por donde Tú quieras, que yo diré: He aquí a tu Magdalena, hágase en mí según tu voluntad.

Para asegurarse de que Cristo le concedía la total transformación en Él, al contrario de los peregrinos, pidió como prueba no presenciar nada extraordinario. Un año después le escribirá el padre Castro: «Lo de

Limpias te será concedido, ya que nuestro Señor no permitió que vieras el prodigio». Y en otra carta, al saber el estilo de vida y los sufrimientos por los que ella pasaba, le dice: «Lo de Limpias veo que lo alcanzaste».

Su hermana María Teresa, la reparadora, la urgía a cumplir la voluntad de Dios, creyendo, como casi todos, que sería la Obra de los pueblos del padre Castro. La pobre María Isabel le contestó, con su acostumbrada sinceridad:

> Recibí tu carta tan llena de santa indignación. Pero, monina, a mí todos me dicen que sin director no puedo empezar eso... Yo sola no puedo irme a un pueblo; y ni tengo idea de obras de celo ni de nada, porque nunca estuve metida en esas cosas, así que tengo que ir con alguna más seria y experimentada.

En septiembre de 1920, en uno de sus viajes a Madrid, fue a hacer un retiro a la casa de las esclavas, de tan gratos recuerdos. La superiora, apenada de que no llevase adelante la inspiración primera de su conversión, la remitió a otro jesuita, el padre Rafael Vicente, que llevaba una fundación de maestros por los pueblos. Con la ilusión de encontrar un nuevo director, María Isabel fue a Salamanca a entrevistarse con él, que le dijo que lo que ella quería era imposible, que dejase su capital para la fundación de los maestros, que harían esa labor, y que ella entrase con las Misioneras Franciscanas de María, que quizá podían ir a las Carolinas y con ellas sería fácil llegar de nuevo al padre Castro. Como estas religiosas tenían el noviciado en Pamplona, allá voló María Isabel. Le gustó mucho su espíritu misionero, pero no que no fuesen ignacianas. La maestra de novicias le dijo que probase antes lo que Dios le inspiraba y volviese solo estando convencida; mientras, aunque necesitaban sujetos como ella, no la admitirían aun cuando lo pidiera de rodillas y en cruz. Al hablarle tan claro aquella madre, María Isabel nunca más se inclinó a ser religiosa en ningún otro instituto. Siempre repetiría que el Señor no le pedía tener casas, ni conventos propios, ni votos.

Entre incertidumbres y búsquedas, mas siempre deseando dejar todo por Cristo y darse por completo a la salvación de las almas, se volvió a Belmez obediente al padre Castro, quien, antes de marchar a las Carolinas, iba a dar misiones en los pueblecitos cercanos de Doña Rama y El Hoyo. Ella lo ayudaría. El 9 de octubre de 1920 dejó definitivamente su casa de Madrid y buscó en Belmez una casita humilde, pero sin prescindir de la sirvienta: nunca había vivido sin ella y aún no se lo planteaba. Con Magdalena, preparaba a las familias para entronizar el Sagrado Corazón en sus casas, yendo a pie por aquellos caminos, ¡ella que por no andar no iba a la playa! Con su generosidad característica, para atraer a la gente compró un gramófono y un cine; para las Carolinas, proveyó al padre de ornamentos, altar portátil, vasos sagrados y manteles, un gramófono, sesenta discos y otras cosas. En noviembre aún dirigió el padre en Belmez ejercicios a señoras, y María Isabel los hizo. Él insistía en que, si no cristalizaba la Obra de los pueblos, emplease su capital en llevar religiosas adonde él iba, las islas de Ponapé, yendo también ella. María Isabel ofreció trescientas mil pesetas si se hacía esa fundación. Al terminar los ejercicios, ratificando lo de Limpias, escribió esta consagración al Corazón de Jesús que el padre se llevó a las Carolinas el 15 de diciembre:

Jesús, dulcísimo verdadero dueño de mi alma y mi único amor: yo, la más pobre y la última de tus criaturas, me consagro a tu Corazón para siempre y Te ofrezco mis deseos de dedicar mi vida a la salvación de mis prójimos, yéndome a las misiones entre infieles y dedicando a esto cuanto poseo. Tú que me diste estos deseos, dame gracia para ponerlos por obra, si es tu voluntad; y si Te agradan concédeme como premio que dé la vida por Ti, por el martirio. Y para que veas mi firme voluntad escribo y firmo todo esto con mi sangre que quisiera derramar por tu amor.

Además, le dedicó una estampa con estas palabras:

El sufrir pasa, el haber sufrido no pasará jamás. Dios nos oye cuando nada... nos responde. Dios está con nosotros cuando nos creemos solos. Dios nos ama cuando todo nos abandona. No es posible vivir para Dios sin morir de continuo a sí misma. Es preciso la abnegación total del carácter, de los gustos, del genio, eclipsarse una misma por vivir para los demás; reservarse lo más penoso para evitárselo al prójimo: porque cuanto más se renuncia un alma, tanto más se acerca al Corazón de Jesús.

A finales de diciembre, ya sola en Belmez, escribirá:

Cada vez se ve más claro que Dios no quiere la Obra, pero a pesar de que el padre así lo cree, para que no quede por mí pasaré aquí todo el invierno, dedicada a buenas obras y a una vida muy recogida, a ver si el Señor va aclarando un poco su voluntad.

Guardó siempre con todo cariño una foto y un trozo de fajín del padre, entre las cosas que llevaba consigo, como este billete con su último recado:

> María Isabel: No olvides los prodigios que la gracia de Dios ha obrado en tu alma. Sigue el camino que te ha trazado este pobre director, sin fijarte en su pobreza, que Dios se vale muchas veces de lo más bajo para sus obras. No tengas por aspiración sino el vivir y morir donde seas desconocida, dando a Cristo los instantes todos que te resten de vida. Dios te pague lo que has hecho por mí.

Después de bastantes años, recordaba a su ovejita como quien quedó al margen de sus andanzas:

> No pude seguir de cerca esta alma que había de recorrer un camino de sufrimientos y trabajos que en pocos años la han santificado. No recibí muchas cartas de ella, pero en todas se veía el deseo de unirse con Cristo, de ser pobre por Cristo y de padecer por Cristo.

Pero en realidad no fue así: ya en las islas, el pobre padre no dejaba de instarla a fundar allí, insistiendo en tenerla a su lado. Ni a miles de kilómetros soltaba a su ovejita: sabía que ese volcán de Madrid, como la llamó alguna vez, no duraría mucho en Belmez. Ella quería mucho a su padre espiritual, pero su libertad era mayor que su cariño. A sus hermanas salesas les llamó la atención que cuando Castro partió a las misiones, ella no se apuró nada, ni se lamentó de que se quedaba sin director; estaba ya tan entregada y abandonada al Corazón de Jesús, que confiaba que Él pondría en su camino al que más le conviniese. Con la marcha del jesuita terminaba 1920, año en que María Isabel había recibido tantas caricias de ese Jesús con quien estaba loca, porque era su Magdalena. Durante todo su viaje a las Carolinas, Castro la alentaba a reunirse allí con él. Así, desde Tokio, el 6 de marzo:

> No puedo desear, sino que Dios te llame a un instituto que te coloque en su día en estos lejanos países, entre infieles careciendo de los consuelos que aún los religiosos tienen en España, en la soledad que aquí se experimenta [...]. No lo harás de otra manera mejor que viviendo y muriendo en estas apartadas tierras donde eso abunda tanto [...]. Nunca se diga que la ovejita pequeña dejó el redil y se marchó por barrancos y despeñaderos.

No hubo ese peligro: ¡bastante desengañada estaba del mundo María Isabel como para quedarse en piadosa de profesión! En la primera carta que le envió Castro desde Marsella, la animaba a ir a Málaga a ver a una joven de muy buena sociedad, Cecilia León Chacón, que tramitaba en Roma las licencias para llevar una fundación de religiosas a Ponapé. Se dirigía con otro jesuita, el padre Tiburcio Arnaiz. María Isabel escribió a León y, al conocerla en Málaga, comprobó que era inminente su viaje a Roma para fundar en las Carolinas con el visto bueno de su director, pero vio que era empresa vaga y problemática. Con todo, quiso conocer al padre Arnaiz...

II
CON EL PADRE ARNAIZ
(1921-1926)

1. «Ese es el padre que yo quiero para ti»

El vallisoletano Tiburcio Arnaiz (1865-1926; beato desde 2018), tras haber sido cura secular, entró en la Compañía de Jesús y estuvo casi siempre destinado en Málaga. En aquellos primeros días de 1921 estaba predicando en Pizarra una de sus continuas misiones populares. Llevaba clavados en el alma el desamparo de los campos. Pocos meses antes había visto unas casitas desparramadas por la sierra de Gibralgalia y el abandono de aquella pobre gente. Le dijeron que bajaban a Pizarra (dos horas de distancia) a casarse y bautizarse, pero que, por lo demás, no tenían casi más que el nombre de cristianos: ninguno había recibido los otros sacramentos. Al jesuita se le presentaba la ocasión de misionar esa zona, como deseaba hacía tiempo. De acuerdo con el párroco, don Antonio Morillas, y el conde de Puerto Hermoso, don Fernando de Soto y Aguilar, habían organizado la misión de Pizarra para inaugurar un monumento al Corazón de Jesús, costeado por el conde, en la sierra de Gibralmora, desde donde se dominaba el valle del Guadalhorce y al oriente la sierra de Gibralgalia. El 12 de enero de 1921 el obispo san Manuel González, con muchos sacerdotes, más de cien seminaristas y muchísima gente, bendijo y entronizó la imagen del Sagrado Corazón. Después de la misa, ante el Santísimo expuesto, consagró el conde al Corazón Divino su familia, servidores, colonos y bienes; luego el alcalde don José Rosas hizo la consagración de Pizarra. Desde aquella cumbre el padre Arnaiz miraba las casitas de Gibralgalia y, queriendo evangelizar a sus habitantes, siquiera en lo más elemental, el día 15 fue allá con su compañero de misión, el padre Baldomero Bonilla, con el conde, el cura, amigos y catequistas. Los serranos recibieron muy contentos a los misioneros, que se desplegaron en guerrilla para hablarles de Dios. Subido a una ventana de la casita principal, el padre Arnaiz les explicaba las verdades fundamentales de la fe: Dios trino y uno, creador y remunerador, el alma inmortal, la redención. La primera casa donde se entronizó el Corazón de Jesús fue la del alcalde. Los serranos cantaban *Corazón Santo*, desafinados pero fervorosos. Los misioneros volvieron a subir al día siguiente y, tras hablarles del pecado y su remedio, al caer la tarde cada padre se instaló en una casita para confesar a niños y adultos, que las catequistas iban preparando, rezando luego con ellos la penitencia y hablándoles de la comunión que recibirían por la mañana. Bien entrada la noche, comieron sus pobres provisiones en un cafetín desmantelado, a la luz de un farolillo. Al terminar, salió por los cerros el padre Arnaiz con la campanilla, cantando himnos al Corazón de Jesús para congregar otra vez al pueblo. Se colocó en una ventana un cuadro del Sagrado Corazón con dos faroles y, de rodillas en el alféizar, pues de pie no se cabía en aquel improvisado púlpito, el misionero y el párroco, rezado el rosario, predicaron a los centenares de oyentes. Después, confesiones hasta las dos de la mañana. La noche era muy fría y, para descansar, todos les ofrecían sus pobres casitas y el calor de la lumbre. Antes de salir el sol, ya resonaban por aquellas lomas la campanilla y los cantos del misionero, llamando a la primera comunión del pueblo entero. Se improvisó el altar y al amanecer se celebró por primera vez allí el santo sacrificio, tomando Jesucristo posesión de todos aquellos corazones. Como seguían acudiendo grupos de muy lejos, uno de los padres no cesaba de confesarlos y las catequistas de prepararlos, terminándose la segunda misa y las comuniones a las once de la mañana. Los serranitos, agradecidos, entre vivas, les llevaban huevos, alguna cabra; hasta quisieron regalarles un borriquito y una ternera; no querían dejar ir a los misioneros, que por el camino de vuelta encontraban pastores y campesinos que, con el escudo del Sagrado Corazón, cantaban su himno. Debieron detenerse a hacer entronizaciones en los cortijos y caseríos, donde los esperaban con altares preparados. Los pobres clamaban por tener una capilla y una escuelita.

El abandono y la ignorancia de aquel centenar de familias numerosas apenaban profundamente al padre Arnaiz, que hacía tiempo discurría cómo paliarlo. Con él colaboraban desde hacía más de cinco años varias señoras y señoritas, casi todas de buena posición social, que catequizaban y le preparaban enfermos en hospitales y domicilios. Llevaban a cabo también una labor heroica en los corralones de Málaga, casas de vecinos con un patio en redor del cual vivían numerosas familias, a veces en una sola habitación, con lavadero y servicios comunes. La convivencia era dificilísima entre aquellas pobres gentes envenenadas contra todo lo religioso por las propagandas anticlericales, que culpaban a la Iglesia de su miseria. El padre iba muchas noches a pie y corriendo por estas barriadas para no llegar tarde a su residencia; a veces le tiraron piedras, y basura, y ratas muertas. Sus catequistas alquilaban en los corralones una habitación y ponían escuela gratuita para enseñar y catequizar a niños y adultos. Al cabo de unos meses iba el padre y les predicaba una pequeña misión. Después seguían atendiéndolos por un tiempo, pues quedaban bautizos que hacer, matrimonios que arreglar, carencias que solucionar. El padre Arnaiz procuraba dejar una miga: escuelita para párvulos con una maestra que mantuviese el fruto. Algunas de estas colaboradoras también habían comenzado ya a desplazarse a los pueblos durante unas semanas para prepararle misiones. Incluso tres de ellas vivían en La Línea de la Concepción, llevando una escuela gratuita para continuar el fruto de una misión dada por el padre hacía año y medio. Movidas por amor a Dios y alentadas por la santidad y el celo del jesuita que las dirigía, estas mujeres renunciaban a su vida cómoda, con una abnegación que admiraba a todos. Un día, al terminar la misión en un corralón de Málaga, el misionero había comentado a una de ellas, Emilia Werner: «Esta no es mi idea. Lo que yo pienso es que sean señoritas las que vayan por el amor de Dios a poner las escuelas en pueblos y lagares». Emilia contestó que aquello era imposible y él sentenció: «Cuando Dios quiere una cosa, todo se hace posible; manda las personas y los medios. Si Él lo quiere, esto se hará cuando Él lo tenga dispuesto.» Y por entonces... conoció a María Isabel.

Fue justo al regresar él de la misión de Pizarra, el 17 de enero de 1921, en las reparadoras de Málaga, donde Arnaiz empezaba esa tarde una tanda de ejercicios para beatas de la séptima morada, como algunos llamaban a sus hijas espirituales, colaboradoras en sus apostolados y ausentes en fiestas de sociedad. En este primer encuentro el padre dejó hablar a María Isabel, que con su ardorosa vehemencia expresó lo que llevaba en su corazón: los ejercicios que cambiaron su vida, sus ansias de vivir pobre y escondida sirviendo a los más abandonados, los planes de marchar a las Carolinas para realizar los deseos que Dios le inspiraba, la marcha de su director, su vida en Belmez, su visita a Cecilia, etc. Ante el apasionamiento de la elegante señorita, el sacerdote fue al grano sin rodeos, como solía:

> ¿Y con esos zapatos y ese vestido se va usted a ir a las Carolinas? ¡Qué Carolinas ni Carolinas! Aquí, a dos pasos de Málaga, vengo yo de un pueblo donde ofrecí un rosario de cristal a quien supiera hacer la señal de la cruz y ni uno solo supo hacerla. Si de verdad usted quiere trabajar por Cristo yo arreglaré que pueda ir a enseñar a esas almas. Pero ya hablaremos de eso después.

María Isabel se quedó a hacer aquellos ejercicios y en una de las primeras pláticas sintió que el Señor le decía interiormente: «Ese es el padre que yo quiero para ti».

Aunque no perdía ningún acto, estuvo muy molesta con sus achaques, hasta con calentura, y al terminar las instrucciones tenía que echarse un rato. El padre pensó que no se podía esperar mucho de una persona que solo pensaba en cuidarse, pero las reparadoras lo informaron de la poca salud de María Isabel. A esta, además, le costaba mucho confesarse con él; según pasaban los días lo veía más frío e indiferente con ella. Pero el padre ya había visto que era un alma excepcional que había dejado su casa y posición para cumplir la voluntad de Dios. Quizá el carácter tan afectuoso de María Isabel puso un poco en alerta al jesuita castellano, que, mucho menos expresivo, en una ocasión confesó a Emilia Werner: «Alguna vez he creído ser un poco descortés por no hacerme querer de nadie». Así, no visitó a otra de sus colaboradoras, Concha Heredia, que estuvo hospitalizada: «Sentí de veras no ir a verla, pero me temo que se desedifiquen o piensen algo malo, y por eso me muestro siempre como indiferente y desdeñoso con ustedes muchas veces».

Como había corregido su traje a María Isabel, ella le consultó cómo debía vestir y él respondió que no entendía de eso, que preguntase a las religiosas. Dando un mentís a la moda, ella se hizo una ropa infame. Con un temperamento tan vehemente, el padre iba con pies de plomo. Sin apenas conocerla, pedía luz al Señor para discernir si eran verdaderos los sueños apostólicos y las ansias de perfección de la que hasta poco antes era la reina y tenía a sus pies a todo su entorno. Algo desanimada, María Isabel pensó dejar aquel padre, pero... seguía convencida de que le convenía. Un día, él llegó a decirle que estaba perdiendo el tiempo con ella, que no adelantaba nada y que mejor buscara otro para dirigirla. Con la humildad de la cananea del Evangelio, María Isabel le contestó que era verdad, pero que, pues hasta entonces no le había dado resultado aquel procedimiento de no hacerle caso, la atendiese un poco más una temporada. Con la misma gracia, el padre le dejó caer: «Como usted a mí tampoco me dice nada, pues yo digo: ¡tisana y que siga el alivio!». A partir de entonces empezó a preguntarle más de su vida interior, de su trato con el Señor... y ella lo tomó como director absoluto.

Aunque las dificultades espantaban a otras de las más fieles dirigidas del padre, al terminar los ejercicios comenzaron a planear ir a Gibralgalia. María Isabel había firmado con su sangre su deseo de vivir y morir entre infieles y estaba dispuesta a ir adonde fuese: en la Sierra era igual la ignorancia de ese Dios que a ella le pedía vivir solo para darlo a conocer, con su casina a cuestas. Ante tal insistencia, acuciado por la necesidad apremiante de los pueblos, el santo misionero pensó que, mientras se tramitaba la fundación en las Carolinas, María Isabel podía ejercitarse trabajando en las Doctrinas Rurales, como comenzaron a llamar a esta forma de apostolado: la mandaría, pero no sola: debía buscarle una compañera.

2. Con las doctrineras del padre Arnaiz

En los ejercicios María Isabel había conocido a la mayoría de las devotas del padre que más lo seguían en los trabajos apostólicos y que pronto tendría por compañeras de fatigas. Ya sabemos de la culpable de que conociera al padre Arnaiz: Cecilia León, que iba a los corralones de Málaga y, aunque dependía de su madre, colaboró mucho en las Doctrinas Rurales, y fue de las que más tiempo estuvo en la sierra de Gibralgalia. Otra de las primeras que se atrevieron a subir allí fue Julia Crooke Heredia, de renombrada familia. Estuvo en muchas Doctrinas, pero tuvo que dejarlo para atender a ocho sobrinos que quedaron huérfanos. Conozcamos a algunas de las otras, que no dejarán de aparecer en adelante.

Emilia Werner, nacida en París y educada en el Colegio del Sagrado Corazón y posteriormente en las Madres Irlandesas de Gibraltar, era hija del alemán y judío converso don Leopoldo Werner Wolf, y de la extremeña de Monesterio doña Elisa Martínez del Campo y Obregón, VII condesa de San Isidro, de rancias raíces cristianas. El condado lo heredó el único hermano de Emilia, llamado como su padre, gran amigo y colaborador, como toda la familia, en las obras del padre Arnaiz, a quien los Werner llevaban cada año a sus propiedades de Fuengirola para que los empleados hiciesen el cumplimiento pascual preparados por Emilia, sus hermanas y otras catequistas. En 1920 el padre había predicado con mucho fruto una gran misión en el pueblo. Emilia, de carácter encantador y muy apostólica, se dirigió espiritualmente con el jesuita casi desde la llegada de este a Málaga, y con él trabajaba desde hacía varios años en los barrios y corralones de la ciudad. Arnaiz la estimaba mucho por su virtud y talento; confiaba en ella y en su opinión para todo lo referente a las Doctrinas.

Otra que con Emilia era la más dispuesta para cuanto emprendía el padre, y que incluso había preparado varias misiones en pueblos de Málaga y Cádiz, era Conchita Heredia Loring, hija de los condes de Benahavís, descendientes de ilustres familias que propiciaron el desarrollo industrial malagueño en el siglo XIX. Por el matrimonio de su hermana era cuñada del conde de Guadalhorce, don Rafael Benjumea, que en esos años construía el pantano del Chorro y fue también gran colaborador del padre Arnaiz. Conchita había sido religiosa de la Asunción; salió por falta de salud y en 1913 conoció a su director espiritual, que la apreciaba mucho. Fue de las primeras en trabajar en los corralones malagueños y en preparar misiones; se ofreció en cuanto supo que algunas señoras iban a ayudar al padre por los barrios, visitando enfermos y catequizando a los pobres. Para empezar, Arnaiz la mandó con Sofía Hoffmann a los corralones de Larios (Industria), donde casi cien jóvenes obreras ni sabían que había Dios. Sofía y su hermana Niní también ayudaron al padre en sus primeras catequesis en la ciudad, y después preparando a los obreros de su propia finca, La Campiñuela, en Alhaurín el Grande. Concha ayudó también mucho en la zona del pantano que dirigía su cuñado, y en los alrededores, catequizando a niños y trabajadores.

Ángeles Macías había sido religiosa de la Sagrada Familia de Burdeos y, como sus padres ya habían fallecido, estaba libre para lo que le encomendase el padre, que la consideraba de gran valía espiritual, muy piadosa y apostólica; la cultivó mucho y a veces le encargaba formar a otras más inexpertas. Ella tenía a gala ser su primera dirigida en Málaga. Junto a Concha y otras, en 1917 ayudó al padre en una gran misión en Facinas (Cádiz), y también en La Línea de la Concepción, preparándole otra misión el año siguiente. Continuó allí mucho tiempo en una escuela para niñas pobres y evangelizando barrios marginales con otra de las más asiduas catequistas, Asunción Rocatallada, que, al morir su esposo, en 1915 entró dominica en San Felipe de la Penitencia, en Valladolid, donde era monja Gregoria, la hermana del padre Arnaiz. Pero salió al poco tiempo. Estuvo con Ángeles casi de quieto en La Línea, donde, acabada la misión de marzo de 1918, como era maestra, propuso al padre abrir allí una escuela gratuita para niñas pobres, que llevaron hasta que las reemplazaron las Hijas de la Caridad. Tenía un carácter vidrioso, pero el padre la quería y trabajaba porque las demás la aceptasen, como escribía a otra catequista: «Ayúdela en algo, si puede. No la ofrezca vivir juntas, porque es un poco autónoma y la será mejor vivir sola. Usted no la desprecie como todo el mundo la desprecia. Es buena, aunque tenga rarezas, y trabaja lo que puede a su modo por la gloria de Dios». Aunque económicamente andaba regular, era tan desprendida y generosa con los pobres que el padre advertía, con su laísmo vallisoletano: «Darla dinero en cantidad, no lo haga, porque aquel mismo día lo habría dado todo».

Otras viudas eran Ana María Jiménez, una de las más asiduas en las Doctrinas de los campos, y Ángela Yécora, viuda de Kracht, en cuya finca de Alhaurín el padre preparó varias veces a los obreros para recibir los sacramentos. Allí, Ángela acogía a Asunción Rocatallada, a Elena Zurbano de la Bermeja y a otras que necesitaban descansar y no tenían medios.

Ya mayor, soltera y maestra nacional, Cristina Nemesio conoció en Murcia al padre Arnaiz, que al principio se resistió a dirigirla, pero, tras mucho insistir, ella logró que accediese; y en 1917 consiguió que la dejase ir a trabajar a Málaga y después a ayudar a las de La Línea. Más tarde, por su consejo, pidió y obtuvo doña Cristina la plaza de maestra de Alfarnatejo, escuela que llevó durante varios cursos desde noviembre de 1922.

Carolina Encina era una muchacha de servicio dirigida del padre Arnaiz, a quien Concha Heredia accedió a tener en su casa, pero, como todo eran problemas con ella, el padre comenzó a mandarla a prestar sus servicios domésticos en las misiones y Doctrinas, donde daba bastantes jaquecas por ser muy cortita. Esporádicamente le encargaban alguna catequesis, aunque lo que mejor se le daba era el canto. De ella escribía el padre a Ana María Jiménez:

> Tengan ustedes mucha paciencia y caridad con ella. Yo le pienso decir que acuda a usted en sus angustias de espíritu y en sus quejas. Óigala y adviértala. Obra como una niña, siempre con buena voluntad, pero con poco juicio. Aprovechen esa nueva ocasión de mortificarse... Es una pobre criatura.

Otras eran parientes de jesuitas muy conocidos de Arnaiz. Como Carmen Gumucio, hermana del padre José María Gumucio. De familia distinguida, tenía dificultades con sus padres para ir a las Doctrinas y estuvo en muy pocas, aunque alguna preparó. Aun siendo, según Arnaiz, penosilla y dificililla, tuvo el mérito de ser del primer grupo que subió a la sierra de Gibralgalia.

Sobrina del famoso padre Valera (el maestro de novicios y provincial del padre Arnaiz, al que había acudido María Isabel en sus dudas, aconsejada por el padre Castro), era Concepción Valera Madolell, que ayudó también en las Doctrinas, y tras la muerte del padre ingresó en las Misioneras del Santísimo Sacramento y María Inmaculada, fundadas en Granada por la hoy beata Emilia Riquelme.

Carmen García Simó era María de los Sagrarios; ayudó al padre en sus misiones, y después en las Doctrinas, pero no por mucho tiempo, porque tenía vocación de carmelita. Cuando la conoció María Isabel ya andaba en trámites con el padre Arnaiz para la fundación del Carmelo de Ronda, en la que colaboró aportando su herencia y donde posteriormente entró. Hubo otras muchas: Julia Rusiano, Rosa Alexandri, Ana Benítez, Rosario Merencio, María Beardo, María Martos, Isabel Bernal (que había sido concepcionista), Dolores García Vázquez (que trabajó en Álora), Catalina Aurioles de Casasola, de familia muy acomodada y oriunda de Campillos, adonde iban a veces por temporadas. Y, en fin, tantas, todas mujeres extraordinarias, con mucha iniciativa: a veces ni esperaban que el padre les indicase en qué habían de ocuparse; ellas iban por delante como un ciclón, con vista de águila.

Tras sus ejercicios espirituales con Arnaiz, María Isabel siguió unos días en Málaga, hospedada en las reparadoras, donde tenía siempre las puertas abiertas, por tener una hermana en ese instituto. Por entonces, haciendo oración en la iglesia del Carmen, del Perchel, vio una cruz muy grande y fea, negra y como muy dura y áspera, y se horrorizó, comprendiendo que era para ella. Pero estando tan asustada, oyó que decía el Señor:

«Mira de dónde sale», y vio que brotaba del Corazón de Jesús, que era como de oro. Ella sintió que era de amor, y tuvo tanto consuelo, que quedó como fuera de sí. No podía ni hablar cuando fue Ángeles Macías a darle un recado del padre; salió a la puerta para espabilarse con el aire y escuchar a Ángeles, que la notó rara y se lo comentó al padre, quien después preguntó a María Isabel qué le había pasado. Al saberlo, le dijo que por qué no le daba cuenta de esas cosas; ella repuso sencillamente que no sabía que esas cosas había que decirlas.

A últimos de enero volvió a Belmez y, cuando los vecinos vieron a la señorita madrileña con su nuevo atuendo, quedaron pasmados, como Magdalena y su tía, que tanto se habían encariñado con ella. A sus hermanas salesas escribe María Isabel desde Belmez el 6 de febrero de 1921 que se había puesto bajo la dirección del padre Arnaiz:

> Arregló el Señor las cosas de manera providencial para que conociese a este Padre que tiene a varias de sus dirigidas trabajando por los pueblos. Veremos lo que el Señor dispone. Por de pronto me tengo que marchar de aquí, pues el Padre quiere tenerme cerca y unirme a sus otras ovejas.

Tiempo después, en Oviedo, diría a sus hermanas: «El padre Castro me enseñó a ir al Corazón de Jesús; el padre Arnaiz a vivir en el Corazón de Jesús». También desde Belmez enteró a Castro de que había tomado a Arnaiz por director y que había decidido quedarse en Málaga por el momento, dilatando su marcha a Las Carolinas. Él respondió, sin arriar su bandera:

> No sé qué giro tomarán tus cosas y en qué circunstancias quedarás si cuaja la Obra, pero si pudieras algún día, ¿podría contar con medios para una fundación en mi cristiandad? [...] Mucho bien harían las nuevas misioneras, que serían las que hubieran de venir, aunque espere varios años [...]. Supongo que, aunque has cambiado de pastor, como buena ovejita no olvidarás el redil donde naciste.

Entendió que Arnaiz pretendía fundar la Obra de los pueblos que él había intentado, pero cuando vio que era otra cosa siguió insistiendo en que eso no podía ser.

Si hasta entonces no había pensado en pasar sin servicio, al llegar a Belmez despidió María Isabel a su fiel criada Inocencia, y comenzó a levantar la casa. Preguntó al padre Arnaiz si daba o vendía o dejaba allí sus cosas y muebles, y él le respondió: «Viva como el caracol, que siempre lleva consigo la casa y no le molesta mucho; cuanto menos se tenga, mejor». Y ahora, ¿adónde la enviaba el jesuita? Pensó en La Línea, y escribió a Asunción y Ángeles que se la mandaba «para que la baqueteen en trabajos». Ellas habían hecho un obrón con la escuela gratuita, y catequesis, visitas a enfermos, obras de caridad, Conferencias de San Vicente de Paúl, en barrios tan pobres como La Colonia, donde vivían, y La Atunara. Pero María Isabel aún siguió dos meses en Belmez porque el padre le recomendó ayudar a Magdalena a terminar las catequesis con los obreros y preparar la consagración de las familias al Corazón de Jesús, entronizándolo en sus casas, con velada de cine y premios. Antes de marchar de Belmez, ella dejó a Magdalena una buena limosna para que la hiciese llegar al padre Castro.

Entretanto las linenses se pusieron remilgosas: que no convenía en ese momento allí María Isabel, que acaso más adelante, cuando el padre lo mandase... Lo cierto es que él quería que las Hijas de la Caridad tomasen la escuelita y Asunción se resistía a dejarla. María Isabel fue a Málaga a finales de abril; quizá para comenzar su nueva andadura misionera eligió el día 22, aniversario de su conversión, que siempre celebró con tanto cariño. Alquiló dos habitaciones en el Asilo de San Manuel, donde posaba también Ana María Jiménez. El padre la mandó a ayudar a Conchita Valera y Cecilia León, que estaban en la Colonia de Santa Inés, a tres kilómetros de la ciudad, camino del Puerto de la Torre. Aún no terminada entonces, la construía el empresario Modesto Escobar para los ciento setenta obreros de una fábrica de ladrillos, con iglesia y espacios sociales. Allí iba el padre Arnaiz a predicar muchas tardes.

Pero al enfermar Ángeles Macías, y morir una hermana de Concha Heredia, a quien esperaban en La Línea, el padre mandó allí a María Isabel, advirtiendo a Ángeles: estaba delicada pero era muy sencilla. Estando él en Antequera, recibió carta de María Isabel, que lo imaginaba más *desocupadino*. Contestándole en el tren, camino de Jerez, el 28 de mayo, el padre la desengañó: «Lo de estar más desocupadino, no lo crea, que, con tres comunidades en Ejercicios a la vez, y a las señoras dos pláticas al día, y por la noche los obreros de las escuelas nocturnas, y terminados estos, el domingo, una misión en el campo [...], no he tenido tiempo, no solo ni de escribir, pero ni de leer el correo». Después la convocaba a un retiro en las reparadoras, junto con Cecilia, antes de marchar a La Línea el 1 de junio. Trataron de las futuras misioneras y de su ida a la sierra de Gibralgalia. No iban a pasar unas horas de trabajo apostólico: vivirían con los pobres, en iguales condiciones a las de ellos, y no unas semanas, sino quizá meses. Por eso, el padre tardó en encontrar quien se ofreciese a ir, pues se les hacía muy duro privarse de la misa y comunión diarias. Cecilia lo tenía difícil por su madre; de las demás, ninguna tenía las disposiciones de María Isabel, quien, ya en La Línea, se lanzaba a los quehaceres domésticos y a cocinar, a costa de que las demás soportasen su impericia. El padre escribía a Ángeles: «Dígame cuánto siente de la asturianica, que yo temo que con su candidez y franqueza pueda no agradarla. Quiero saber de ustedes, lo que hacen y cómo lo pasan las tres». Porque desde entonces las doctrineras comenzaron a tener más vida de comunidad, también cuando no misionaban, pues a las que no tenían familia les buscaba el padre alguna casa para descansar juntas. La asturianica se había ganado el corazón del padre Arnaiz, que escribía a Asunción: «Me alegro mucho de que María Isabel se amolde y esté contenta en esa vida y que a ustedes las ayude en todo y con la naturalidad y gracia con que ella hace todas las cosas. Esa sencillez es la muestra más clara de que solo busca a Dios». Sus compañeras disiparon pronto sus prejuicios y ella, totalmente integrada, contaba a su hermana María Teresa su horario, antídoto del aburrimiento, y sus triunfos culinarios:

> No tengo materialmente tiempo para nada. Me levanto a las 6, hago la oración, voy a Misa, etc., hasta las 8.30 que volvemos y arreglamos el desayuno... A las 10 empieza la clase; yo en la mía tengo cerca de 50 chiquillas que me cuesta triunfos pelear con ellas porque no tengo ni idea, y tengo

que volver a recordar todo lo aprendido en el Colegio de aritmética, etc. A las 12 termina y arreglamos la comida. Yo ya casi sé guisar; por lo visto me doy mucho arte. Ayer hice yo sola la comida y salió muy bien. A las 2 empieza otra vez la clase hasta las 4 que hacemos la lectura y enseguida salimos a los enfermos que siempre hay, pues esto es muy grande, tiene 80.000 almas y más de 40.000 mil sin bautizar, así que siempre hay mucho que hacer. Si tenemos tiempo nos vamos un poco a la iglesia. A las 7 cenamos y a las 8 empieza la escuela nocturna que está entera a mi cargo y es lo que más me gusta, pues solo enseño a leer, a escribir y la doctrina.

El 2 de julio, fiesta de la Visitación de la Santísima Virgen, Arnaiz felicitaba así por su onomástica a María Isabel:

> Escribo por ser vos quien sois, pues no acostumbro a felicitar, y tengo en el confesonario mucha gente como primer viernes que es; pero cómo no decirla que mañana será la primera en mis intenciones, mayormente acostumbrada como está a que la traten con mimos, como a niña chica. Hágase digna de que la Santísima Virgen la visite como a Santa Isabel y la lleve la fuente de gracia que es Cristo, bien nuestro [...]. Mucho me consuela el saber que usted está contenta en esos trabajos y esas buenas compañeras mucho más con usted.

Poco después, el 6, escribe desde Ronda a las tres: «Veo que María Isabel es la niña del mimo y que ustedes son las mamás de la niña. ¡Bendito sea el Señor! Y Dios les pague el que la entiendan». Y el día del Carmen, desde Vejer les ofrecía, con varias de las otras, un veraneo en Ronda, donde les había buscado una casa en la calle Armiñán, 45. Para preparar el sitio a las que quisiesen acompañarlas irían Asunción y María Isabel, quien, por no haber dicho que Ángeles y Asunción estaban pachuchas, se llevó un rapapolvo del padre: «Si es la Abadesa, a ella le toca no solo cuidarlas, sino el dar cuenta». Le decía que se les unirían Cecilia y Conchita, y les daba la distribución: misa de siete y desayunar bien: café, huevos, pan con manteca, fruta. Después una hora de oración. A las diez cocinar, limpiar, coser, leer el *Año Cristiano* o vidas de santos. Hablar poco y nada en balde. Después de almorzar, recreación y descanso; después escribir alguna carta, o rezar el oficio. A las siete la cena, el rosario y entretenerse al fresco. A las diez, examen y acostarse. El primer jueves, retiro, y de once a doce de la noche, hora santa. ¡Casi tenía más ilusión con las vacaciones el director que las dirigidas! El 20 de julio ya estaban en Ronda María Isabel y Asunción. Después llegaron Ángeles y Concha, aunque esta no se encontraba bien, y se fue a los dos días. Cecilia se les juntó pronto. A Carolina la invitaron por compasión. Y Julia Rusiano se autoinvitaba a lo que le gustaba. María Isabel compadecía al padre, viendo la carga que le suponían sus hijas espirituales, y él le escribía el 5 de agosto: «Sea buenina para que sea una menos en fastidiar». El día 10 les decía, contento del ambiente y de la caridad de unas con otras:

> La Abadesa creo que lo hace bien, si es bien mandar mucho; no olvide que en este mundo la ma-

> yor felicidad es hacer lo que cada uno quiere y esta felicidad suelen tener, por lo que a mí toca, las personas que yo dirijo, y que lo que es atención y cuidado, fastidia muchas veces.

El 25 les escribió a las siete que ya estaba bien de jugar a las monjas:

> Ya habrán descansado y será bien se vuelva cada mochuelo a su olivo. ¿Cuándo? Ya se lo tengo dicho, cuando quieran, pero como a mí no me hacen caso, no esperen que les diga ni hoy ni mañana; pero, las unas por sus cosas y las otras porque ya se cansaron de holgar, será bien que se arreglen su viaje [...]. Y todas, muy contentas y satisfechas de las vacaciones, que lo demuestren en servir con fervor y diligencia al Señor de todos.

3. Gibralgalia: «un pueblín salvaje de la Sierra»

María Isabel marchó a Málaga de nuevo, al Asilo de San Manuel, donde Ana María Jiménez fue testigo de las penitencias de su amiga: encontró su cama llena de guijarros, y sangre en el suelo de su cuarto, después de haber oído tras la pared los golpes de la disciplina. Mientras esperaba ir a la sierra de Gibralgalia, María Isabel luchaba interiormente: ¿no estaba perdiendo tiempo?; ¿no faltaría a su compromiso con el Señor al no ir a tierra de infieles? Por eso, aún no descartaba fundar en las Carolinas, contribuyendo con sus bienes. Para ponerlo al corriente de sus pasos desde su visita del año anterior, fue a ver al obispo, san Manuel González, que veneraba al padre Arnaiz, celoso misionero en su diócesis, y respetaba a las doctrineras y su labor con los más pobres de sus diocesanos. Además, ellas y el padre, junto con los Misioneros Eucarísticos fundados por don Manuel, le preparaban la visita pastoral en lugares apartados y difíciles. A una de esas cortijadas de la zona de La Sauceda, en la sierra malagueña, ya casi en Cádiz, para comprobar su disposición, enviaría Arnaiz a María Isabel, que en octubre escribía ilusionada a su hermana María Teresa:

> Me voy a un pueblo o, mejor dicho, una especie de cortijo o lo que sea, donde por lo visto no saben ni que hay Dios; está a hora y media del pueblo más cercano, y ese pueblo está a cuatro horas en caballería desde el tren. Total, unas seis horas por tierra [...]. El 20 estaremos de vuelta y yo me uniré a otras dos compañeras [...] para pasar dos meses en un pueblín salvaje de la Sierra [...]. El Padre

> Arnaiz quiere que vayamos a instruirlos, pues los pobrecillos no saben nada; así que en esos dos meses no podremos comulgar más que los domingos si está buen tiempo y podremos ir al pueblo que está a tres horas en bestia para bajar y otras tres para subir. Las cosas de comer etc., las tenemos que llevar de aquí, pues allí nada hay. Es como ir al Japón. Yo estoy muy animada y deseando ir, pues esa es mi verdadera vocación, aunque algo duro se me hace el pasar tanto tiempo sin comulgar ni visitar al Señor [...]. Por aquí por Andalucía es un horror como están los pueblos; ahí no hay idea, pues por malos que estén no hay comparación. Y es tan buena la gente en el fondo que da pena que no conozcan a Dios. No dejes de pedir mucho por el fruto de estos salvajes adónde vamos ahora.

Según volvía a escribir a las salesas al retorno de su excursión apostólica, fue a un sitio como para entrenarse, donde Concha Heredia y ella disfrutaron de lo lindo, sin importarles los mil trabajos que pasaron:

> Enteramente como en las misiones, pues teníamos que dormir en un desván con los colchones en el suelo y tan bajo el techo que nos teníamos que vestir de rodillas. Pero una gente muy buena y en uno de los sitios que estuvimos que no hay iglesia ni nada, arreglamos para la Misión y la Misa una cuadra y resultó muy bien, y el día de Santa Margarita hicimos la entronización y era un encanto ver lo bien que aquella gente recibía al Corazón de Jesús, que hasta lloraban y no sabían si lo tenían o lo soñaban. El Padre Misionero

> Eucarístico que fue [Remigio Jiménez] estaba impresionado y dice que no se olvidará nunca de ese día. Lo peor es que estuvimos muy pocos días y no va a durar, pues quedaron sin instruir apenas.

A pesar de las lluvias acudieron todos, y desde largas distancias. Confesaron trescientos por primera vez. Podía parecer que aquella visita fugaz no sirvió de mucho, pero los lugareños reunieron dinero para construir una capilla. A los dos años, el padre Arnaiz mandaría nuevamente a sus doctrineras. Por el momento, no tenía aún todos los cabos atados para comenzar la ardua tarea en Gibralgalia; por eso, al volver a Málaga, María Isabel comenzó con alguna otra a evangelizar en el barrio de El Palo, saliendo de la capital en dirección hacia Almería. El ambiente era difícil: a los dos meses todavía les costaba hacerse con la gente. Por entonces recibió carta del padre Castro, que recapitulaba todo el proceso espiritual de su ovejita y para su nuevo camino le aconsejaba ser humilde y amar el último lugar. Y que no se desprendiese de su capital, que viviese de sus rentas más o menos pobremente. Y que obedeciese a su director. Y que amase mucho al Corazón de Jesús y no le negase nada. Y que, si el padre Arnaiz no fundaba la Obra de los pueblos, ¡ella entrase en las Esclavas del Sagrado Corazón! Pero, con las experiencias misioneras que estaba viviendo, María Isabel iba entendiendo que la tierra de infieles que no conocían a Dios estaba también en las serranías y cortijadas de España. Cada vez tenía más paz y vivía plenamente confiada en su Señor, abierta a lo que su nuevo director le iba indicando casi de un día para otro. Fue a pasar a Belmez la Navidad de 1921 porque Magdalena y su tía se lo suplicaban; hasta escribieron al padre Arnaiz para darle las gracias por dejarles a María Isabel; esta, el 29 de diciembre, escribía ilusionadísima a sus hermanas salesas, Ara y Lola:

> En cuanto pasen Reyes iremos a esa otra Sierra y aquello será otra cosa con la ayuda de Dios, pues tenemos la casa tomada por un año y vamos a poner escuela por la mañana a los niños; por la tarde para las niñas y por la noche tres días a la semana para hombres y tres para mujeres, así que no va a quedar nadie sin saber bien el catecismo y ya los dejaremos con sus costumbres que estableceremos, de rezar el rosario, etc. La casa es un desván para dormir y media taberna para la clase, pero estaremos muy bien.

El padre Arnaiz ya lo tenía todo a punto para comenzar lo que sería la primera Doctrina Rural en la sierra de Gibralgalia. El 4 de enero de 1922 llegó María Isabel a Málaga para, el 5, hacer un retiro con el padre y las demás que irían a Gibralgalia. Y después de Reyes subió a la Sierra con Julia Crooke, Carmen Gumucio y Ángeles Macías. En Málaga se levantó entre seglares y religiosos una polvareda de hablillas: ¡Aquella aventura era un disparate! Incluso muchos de los que veneraban al padre se alarmaban por una iniciativa que parecía fruto de un celo extravagante y peligroso. Las cuatro aventureras se alojaron en la casa que había alquilado el padre, en la zona donde más gente vivía agrupada. Casi todas las viviendas eran chozas, que allí llamaban ranchos. Cada una llevó su cama turca y una sillita; para muebles, cajones. Mientras se organizaban fueron conociendo a los serranos, que escuchaban atónitos a aquellas señoritas que decían venir a vivir con ellos para enseñarles muchas cosas. Pronto comenzaron las tres clases diarias, tal como las había planeado el padre: de nueve a once de la mañana para niños; de tres a cinco de la tarde para niñas y mocitas; de ocho a diez de la noche para los hombres. A todos enseñaban lo mismo: catecismo, lectura, escritura y cuentas, en cuatro secciones de media hora; pasando cada maestra por todas, a toque de campanilla; se daba media hora para entrar y mientras llegaban les enseñaban cánticos. Empezaban la clase ofreciendo las obras del día y pidiendo luz para conocer a Dios. Acudían muchísimos; no sabían ni santiguarse, ni la existencia de Dios, del alma, de la otra vida.

Las catequistas gozaban con la correspondencia de la gente, pero llegaron a pasarse hasta veinte días sin comulgar cuando no podían bajar a misa a Pizarra porque empezaron las lluvias y se llenaron los arroyos y el mismo río Guadalhorce. Cuando María Isabel pudo ir a Málaga y visitar al obispo y contarle de la empresa, el bondadoso prelado se apenó de que estuvieran sin comulgar tanto tiempo, y el día que podían fuera con tanto sacrificio: «¡Si al menos tuvieseis al Señor!». Ella le preguntó qué hacía falta y él respondió: «Una capillita decente». Ella no lo pensó dos veces; con la venia del padre Arnaiz mandó traer su oratorio de Madrid y antes de subir de nuevo a la Sierra volvió a dar la noticia al obispo: «¡Ya tengo el oratorio! Ahora vengo a que vuecencia me dé el permiso y nos mande un padre que nos ponga al Señor». Don Manuel, estupefacto, le contestó que mandaría a don Remigio Jiménez, misionero eucarístico, para que dejase el Santísimo Sacramento... si veía el oratorio decente. También se lo pidió el padre Arnaiz: él era responsable de que tuvieran el Reservado, pues él las había empujado a semejante aventura por amor a Dios y a las almas abandonadas. Antes de volver a la Sierra, María Isabel rogó al padre unas letras para sus compañeras, y él les escribió:

> En todas las obras y en cada momento se acuerden que sirven al Señor a Quien tantas veces hemos dicho que le queremos dar de lo que tenemos y podemos. Esto pide y eso quiere: que le den a conocer a esas gentes [...]. No escuchen al enemigo, que les pondrá desalientos. Quiéranse y cuídense unas a otras, sin fastidiarse; y, con santa libertad, se animen y procuren suavizar las pequeñas dificultades. No teman tanto molestarse unas a otras, pues deberán suponer que ninguna es tan vidriosa y susceptible que se va a ofender por nada, mayormente constándole de la buena voluntad e intención de las demás. No tengo tiempo para más consejos: poco cavilar y mucho trabajar y sacrificarse por el prójimo.

No tardaron mucho en llegar a la Sierra los damascos y candelabros, el altar y la preciosa imagen de la Inmaculada: todo el oratorio madrileño de María Isabel, hecho por don Félix Granda al capricho de ella, cuando todavía lucía sus vanidades en la capital; ahora sería solo para la gloria de su Señor. Las doctrineras comenzaron a preparar en una *chocina* la habitación decente que pedía el obispo y, mediado febrero, al mes de estar allí, subió don Remigio, cuya primera impresión, al ver aquellas chozas y ranchos, fue espantosa. Para colmo, preparados por las catequistas, los niños salieron a recibirlo con cánticos... ¡de una estridencia! Don

Remigio comenzó diciendo a las noveles misioneras que era una temeridad dejar al Santísimo en aquel desierto y entre gente tan ignorante; que se desengañasen, que de ninguna manera podía ser. Pero cuando llegó al ranchito donde María Isabel había dispuesto la capilla, él, tan admirador de Granda, exclamó: «¡Pero si esto es una catedral!». Al día siguiente les dijo misa y, feliz, les dejó a Jesús Sacramentado. Aún se quedó otro día en la Sierra, comprobando que, como chicos y grandes imitaban a las catequistas, comenzaban a visitar el Sagrario.

> Aquella pobre gente —contaba una de las doctrineras— estaba tan contenta y agradecida de tener allí al Señor Sacramentado, que los que hacía un mes no sabían que había Dios le tomaron tanto cariño que no se cansaban de visitarlo. Por la mañana, antes de ir al trabajo, entraban los hombres con sus escardillos..., entre el día las mujeres, los niños y las niñas siempre que pasaban por allí.

En aquellos tiempos la lamparilla que ardía ante el Santísimo era de aceite; mantenerla encendida y limpia era laborioso y requería vigilancia frecuente. A María Isabel todo le parecía poco para el Señor y pusieron cinco lamparillas; los domingos, dos más: ¿qué era todo para su tesoro? Cuando, al comenzar una Doctrina, quedaba reservado el Santísimo en la capillita que le habían preparado, se relamía, diciendo: «¡Qué precioso está mi Señor!». Ahora, decía, aquello ya era otra cosa, pues, aunque igualmente para oír misa y comulgar tenían que bajar los domingos a Pizarra, a dos horas y media de camino, con la presencia de Jesús Sacramentado todo cambiaba en la Sierra.

Pronto, la casa que también hacía de escuela se les quedó pequeña; entonces la dejaron solo para las clases, y para vivir ellas tomaron una choza de palma que había servido de cuadra, costándoles no poco adecentarla y desenvolverse allí. Aunque todo estaba muy bien organizado, con la estrechez se agrandaban los inevitables roces de la convivencia a la hora de ponerse de acuerdo en cómo y quién debía llevar los apostolados o tareas domésticas. El padre les escribió que, o se sobrellevaban con caridad o se volvían todas a Málaga, con el consiguiente bochorno:

> Ustedes decían estar dispuestas a todo; temo que, al ver las necesidades y privaciones de cerca, se quiebren esos bríos y los deseos se amortigüen. La doctrina tan sencilla del padecer, cuando se viene a la práctica, no hay quien la entienda, y menos la de la humildad. Anímense, por amor a Jesús, siquiera sea un poco de tiempo, a padecer algo ofreciéndolo por la salvación de esas almas, que yo les prometo que pronto se vendrán [...]. Mucha caridad entre sí, y mayor, si cabe, con esas buenas gentes. No les tengan maneras ásperas, ni palabra que les moleste. Si en algo les faltan, pídanles dispensa, como si fuera con la persona más fina o más autorizada.

El mismo día escribió en particular a María Isabel dándole una buena zurra de humildad, recordándole que no tenía ni idea de las cosas de la casa, porque siempre había tenido quien se las hiciese: «Si me parece alguna vez someterlas a prueba y a penitencia, les diría que se encargara usted de darles de comer, pues en Ronda bien se reían de lo inútil que es usted para esas cosas, y de reírla la gracia, usted creía que estaba bien». Ella tomó nota para reprimir su costumbre de disponerlo todo. El padre, aun sabiendo que ella y todas aceptaban el réspice con cariño filial, días después volvió a escribirlas, pesaroso de su regañina. María Isabel reconocería años más tarde:

> La paciencia que para organizar esas Doctrinas Rurales tuvo que tener y lo que le dimos que hacer las que le ayudamos, no podrá saberse hasta el día del juicio, pero por lo poquito que ayudábamos a la gloria de Dios todo lo sufría con una mansedumbre y paciencia que nunca alabaré bastante.

Ángeles, que ya se había bajado a Málaga, informó al padre de la enmienda de sus doctrineras. A las tres que quedaban, Julia, Carmen y María Isabel, él las instruía sobre el modo de enseñar: «Como si cada niño fuera un príncipe encomendado por el rey al cuidado de ustedes y entregado para que le instruyeran y educaran sin que su padre le perdiera de vista». Y volvió a insistirles en lo esencial:

> Pidan mucho al Señor espíritu de caridad que destierre todo egoísmo; y tengan cuidado de anotar cada una cuántas veces suena el yo; y si alguna se encuentra haberse puesto de modelo o dicho: yo no hago lo que esa hace, o cosa semejante, faltando con eso notablemente a la humildad y caridad, debería hacer una penitencia.

No eran una comunidad religiosa; no tenían votos ni compromiso alguno; el padre no había empujado a ninguna a ir, ni quería retenerlas si no eran para ello. Todas lo veneraban, aunque a veces fuera algo seco; pero no todas tenían arrestos para aguantar una temporada muy larga en la Sierra: eso no era ya simplemente la preparación de una misión o una visita pastoral, ni por el tiempo ni por las condiciones de vida y la resistencia espiritual. Solo María Isabel no se amilanó, porque aquella vida llenaba sus aspiraciones. Había dado con lo que Dios quería de ella; estaba en su centro, feliz en medio de las privaciones materiales y espirituales. Ya no dudaría jamás.

En Gibralgalia comprendió por fin que había encontrado su vocación y allí se quedó sola unos días, porque Carmen y Julia bajaron a Málaga a hacer ejercicios con el padre Arnaiz en las reparadoras. María Isabel pidió permiso al padre para estarse junto al sagrario todo el tiempo que pudiese, mientras no la ocupasen los prójimos. En aquel oratorio cosía, corregía los cuadernos y... ¡hasta comía! Dormía en un cuartito, al lado mismo, y dispuso el colchón junto a un ventanuco para ver el tabernáculo. Vivía lo sobrenatural como lo más natural, y en ese trato íntimo creció la presencia amorosa de Cristo en ella. Su oración intensa se traducía en mortificación y vencimiento en el vestido, la comida, y mil penitencias, sobre todo, en la caridad con el prójimo. Pero la soledad le duró poco. Pronto llegaron Ana María Jiménez, su amiga del Asilo de San Manuel, que el padre enviaba para que echase una mano en las tareas domésticas, y una señora casada, María Martos, dirigida también de Arnaiz, que colaboraría en el apostolado a temporadas, cuando tenía a sus hijos internos en el colegio. Según María Isabel, era «fervorosísima, celosísima, penitentísima. Vino con el achaque de reponerse en el campo y está haciendo un bien muy grande. Ha vuelto a la gente del revés y me ayuda en todo mucho». Pero con Martos subieron de tono las críticas: ¡era una locura que una mujer tan conocida en Málaga hubiera abandonado a su esposo y a sus hijos para irse a las Doctrinas! La realidad era muy otra, como tiempo después escribiría el marido al superior de los jesuitas de Málaga, padre Hitos:

> Lo que hizo el padre Arnaiz en mi casa nunca se lo agradeceré bastante [...]. Mi mujer no fue solo con mi autorización plena, sino con satisfacción de mi parte, porque aquel entrenamiento espiritual en una obra tan hermosa le sirvió muchísimo en todos los sentidos, y personalmente colaboré también en la Obra de las Doctrinas ayudando en cuanto pude.

Entre las tres continuaron la tarea. Los domingos que podían, bajaban a Pizarra a oír misa y comulgar. Para las mujeres tenían doctrina dos tardes por semana. Los jueves no tenían escuela y sacaban más tiempo para visitar enfermos, e ir a dar catecismo a Las Casillas, a media hora. En su capillita, por la noche, rezaban el rosario antes de la clase de los hombres, y asistían estos, y aun desde la calle lo rezaban los que no cabían. Desde que lo aprendieron llevaba el rosario cada noche una niña, cantando los misterios todo el pueblo. Como se sentían tratados con cariño y respeto por aquellas señoritas, los serranos acudían y rezaban con devoción. Un día se descompuso la cerradura y pasó un rato sin que se pudiese entrar. Las mujeres decían: «La Virgen, como es un retrato, no da tanta pena, pero er Zeñó, como está vivo, noz eztará echando de meno; ez que la Hostia no ez como un Crizto: en la Hostia eztá vivo nuestro Zeñó». Se lamentaban algunas serranas: «¡Ay, cómo lo va a pazá er Zeñó!». Y, ganosos de entrar, se apretaban alrededor de la que intentaba abrir la puerta, hasta que lo consiguió. Cuando tuvo la responsabilidad en las Doctrinas, María Isabel no permitió que jamás se hablase con poca estima de los pobres con quienes trabajaban, sobre su dejadez e ignorancia. Tampoco admitía las preferencias por tal o cual niño, sobre todo cuando los elogios y mimos se fundaban en cualidades humanas, como la inteligencia, el vestido, la simpatía o el atractivo físico.

4. No nos vamos hasta dejarles hecha una iglesia

Al llegar la Semana Santa de 1922, Ana María no podía quedarse en Gibralgalia, y doña María Martos, tan eficaz, se debía a sus hijos, ya en casa. En la Sierra todo se hacía con el visto bueno del cura de Pizarra, que por entonces subía alguna vez a decir misa, pero no podría hacerlo para la Semana Mayor. Así que el Domingo de Ramos, 9 de abril, María Isabel les organizó una procesión de varios kilómetros, aunque había pasado la noche con una jaqueca atroz y vomitando sin parar. Para celebrar el Triduo Sacro bajó a Málaga, desde donde el Lunes de Pascua, 17 de abril, escribía a su hermana María Teresa, la reparadora:

> Estoy desde enero en aquel país medio salvaje y creo que estaremos hasta el otoño; pero ya no es tan salvaje. Y sobre todo desde mediados de febrero tenemos una capillina con el Señor reservado y ya aquello es mucho más llevadero, aunque no podemos comulgar más que cada 8 días y cuando hace mal tiempo cada 15. El Sr. Obispo se compadeció de nosotras y nos dio permiso para esa capilla pública, y yo llevé el oratorio de casa que teníamos en Madrid (era mío) y quedó precioso. No creo que haya en toda la diócesis un sagrario tan visitado de todos los vecinos como ese, pues niños y niñas, hombres y mujeres, todos después de la clase van a visitarlo y por la mañana antes de ir al trabajo van muchos, y por la noche, que rezamos el rosario, va la gente, hasta los que viven a una hora de distancia. Los niños sobre todo son

> un encanto, y ya van conociendo muy bien al Señor. Tenemos apuntados más de 60 hombres [...] y unos 50 niños, y entre niñas y jóvenes 120 [...]. Entre esto y los enfermos, que como las distancias son largas se echa mucho tiempo, y nuestros rezos, no podemos casi ni respirar. Ahora estamos tres.

No tardó en regresar a Gibralgalia, donde esperó a sus dos compañeras, a solas con su Señor. En esos tiempos de soledad le cundía para dar las clases, arreglar la casa, guisar, y hasta coser lienzos de altar. Don Remigio subió por segunda vez a la Sierra, porque ya había muchos preparados por las doctrineras para volver a recibir los sacramentos o comulgar por primera vez. El misionero eucarístico encontró aquello totalmente cambiado: los serranos sabían que en aquel sagrario vivía Jesús Sacramentado, y no dejaban de visitarlo. Era mayo; le impactó ver su amor a la Virgen. A fin de mes subió unos días el padre Arnaiz. Al ver que iban tantos al rosario, temiendo que cuando se fuesen las catequistas se enfriase su fervor por no tener donde reunirse a rezar, el padre pensó en hacerles una iglesia. Se vieron terrenos, se reunió a los hombres y algunos se ofrecieron a colaborar. Quizá fue entonces cuando, haciendo él una noche en la capillita la hora santa, María Isabel se volvió y le dijo encendida: «¡A mí lo que me pasa es que estoy enamorada del Señor!». Viéndola tan identificada con sus aspiraciones, el padre le preguntó si no querría Dios fundar por su medio una obra para continuar esa vida apostólica. Con toda llaneza, ella le refirió la visión de la salesa, de cuando niña. Como quitando importancia, él le sugirió que la muchedumbre de vírgenes que la seguirían serían las almas que ella atraería al buen camino y ella quedó persuadida de que los que fuesen a Dios por aquella obra tendrían la gracia de la perseverancia final. El padre Arnaiz no tenía prisa en fundar nada: igual que había esperado varios años la oportunidad de ir a los pueblos con sus Doctrinas, confiaba en que Dios pondría las personas y los medios si había de perpetuarse aquella obra. De hecho, por marzo, con Julia Crooke y Ángeles Macías, ya baqueteadas en Gibralgalia, había impulsado otra Doctrina Rural en la barriada de La Parrilla, perteneciente a Villanueva de Algaida, limítrofe con la provincia de Córdoba, donde había una ermita adonde iba el cura los domingos.

A primeros de junio el padre predicó la novena del Sagrado Corazón en Málaga y María Isabel bajó a la capital por unos días. Al volver a Gibralgalia, se apeó del tren en Pizarra, como siempre. Desde allí, Luque el Pudrío subía al pueblo en sus bestias a «las señoritas». Al pasar el arroyo al pie de la Sierra se le cayó el bolso a María Isabel, que, con el meneo del mulo, no se dio cuenta. Poco después pasó por allí Salvador el Pinea, que recogió el bolso con un buen fajo de billetes, que ella llevaba para comenzar los pagos de las obras de la iglesia, y lo entregó en el cuartel de Pizarra. Menos mal, porque enseguida empezó ella a ocuparse de comprar el terreno, contratar a los albañiles, averiguar de dónde llevar el material... Todo bajo consejo del padre Arnaiz, a quien no le pareció mal que ella corriese con todos los gastos, pero veía mejor que pidiese ayuda primero al conde de Puerto Hermoso, don Fernando de Soto. También le dijo que insinuase al obispo si quería participar y si le parecía adaptar algún espacio para cuando se pudiese tener escuela, cosa que el prelado vio muy bien. De los serranos se ofreció un buen grupo, para peonadas y acarreo de materiales. Según calculaba el padre, podrían aportar, tanto el conde como el obispado, la tercera parte de lo que les costaba el terreno; no obstante, insistió a María Isabel en que pusiesen por escrito su compromiso todos los que estuvieran dispuestos a colaborar. Y le advirtió: si el prelado no podía, dirían al conde que a medias; y si este no quería nada, la haría ella, «aunque sea una chocina como las de ellos, para que también tenga casa el Señor». O sea, que María Isabel cargaría con la responsabilidad y llevaría el proyecto adelante, participasen o no los demás. Si Arnaiz era rápido y eficaz en cuanto emprendía por la gloria de Dios, ella no le iba a la zaga: antes de firmar la escritura ya planeaba la ceremonia de la primera piedra. El padre frenaba a su intrépida dirigida, toda corazón y generosidad para su Señor. Le permitió vender algunos cuadros a fin de ayudar a las obras, y le escribió:

> No creo sea prudente desembolsar parte notable del capital [...]. Por otra parte, como las oigo decir que está usted malilla, me alegraría que antes de morir hubiera empleado todo lo que tiene en pro curar la gloria de Dios [...]. Así podría decir que todo lo que tiene y es se lo da al Señor. No crea que me disgusta, antes me consuela, el desprendimiento y el deseo que muestra de hacer sola la iglesia; y me temo que va a salir con la suya.

Como así fue, aunque don Fernando de Soto ofreció generosamente diez mil pesetas y a su carpintero para que dispusiesen de él. Por su parte, María Isabel escribía una y otra vez a su hermano Antón calculando lo que este podría mandarle como producto de las ventas de algo de su capital.

Las tres Marías de Gibralgalia seguían al pie del cañón, pero, ya en tiempo de cosecha, con la gente trabajando en el campo, la asistencia a las clases bajó y dieron vacaciones a sus alumnos; ellas no irían a descansar, por la obra de la iglesia. A su hermana María Teresa, la reparadora, escribía María Isabel el 28 de julio, entusiasmada de su labor misionera:

> Esto es casi como entre infieles y el Señor bendice y paga de tal manera lo poco que se trabaja que se ve cómo le agrada esto. Aquí vamos a terminar nuestra labor haciéndoles una capilla donde puedan reunirse a rezar y donde tengan Misa y puedan comulgar de vez en cuando. Es una verdadera cristiandad la que hemos formado en estos meses y no quisiéramos dejarlos del todo abandonados, así que en los bajos de la capilla hacemos local para escuela y una casita para Cura o persona piadosa que quiera venir algunas temporadas y seguir nuestra labor. La gente, sobre todo los niños y jóvenes, están tan fervorosos que da gusto verlos en la capilla. Algunos hasta llevan examen particular. Saben el *Te Deum* que dicen en dos coros niños y niñas; y lo mismo en la oración de la mañana que en el Rosario está todo el mundo tan recogido que una de las compañeras cuando los vio decía que esto era un noviciado. El mes de junio tuvimos muchas comuniones y los niños hicieron muchos desagravios al Corazón de Jesús [...]. La gente de aquí también pone su parte en la iglesia haciendo todo el acarreo de materiales y dando

jornales de balde. Ya tengo varios sitios donde ir para cuando esto se acabe, pues por todas partes es una necesidad enorme la que hay y es lástima que no haya más gente que trabaje.

Una de las serranas tenía tan mala lengua que María Isabel la reprendió porque hasta la había oído desde su casa. Ella le aseguraba: «No, zeñorita; arguna vez me ze escapa "por mó" de los chaveas, que zon malízimo, pero zolo en vez en cuando». Para erradicar la fea costumbre, María Isabel le dio un cuenta faltas, como una decena de rosario para pasar las bolas de un lado a otro cada vez que se cae en la culpa. La pobre mujer se horrorizaba al comprobar la cantidad de veces que daba rienda suelta a su lengua y participaba sus adelantos a María Isabel. Esta, como premio a su asistencia y aplicación, había comprado a cada niño una pastilla de jabón, para enseñarles a lavarse; y la deslenguada serrana se le presentó una noche, sofocada: «Zeñorita María Izabé, hoy man fartao cuenta pa bajá. ¿Zabe lo que ha hecho er pícaro de mi niño? ¡Pué con la pastillita de jabón de oló tan prezioza que usté le ha dado, za enjabonao tó, hasta las orejas! ¡A pique de cogé una purmonía! ¡Le he pegao y le he dicho de tó!».

A primeros de agosto, con sencillez, se puso la primera piedra de la iglesia y enseguida se comenzó la construcción, como escribía María Isabel a sus hermanas Ara y Lola, resumiendo en la carta sus últimos siete meses, y trasluciendo algo de su estado interior, abandonada a lo que Dios pidiera: «¿Qué sé yo todavía lo que va a ser de mí?». Les contaba sus trabajos apostólicos bajo la dirección del padre Arnaiz:

> El Señor ha querido valerse de nosotras para hacer mucho bien en esta gente que no solamente no conocían a Dios ni sabían ni santiguarse, sino que daba horror lo que maldecían y blasfemaban. Les contaba que hacían allí de jueces, de médicos y hasta de curas. Es un consuelo ver el cambio de esta gente y cómo van queriendo al Señor.

Rezaban con ellos el rosario, el viacrucis, el mes de María y el del Sagrado Corazón. Ya casi todos se habían confesado varias veces, o con don Remigio o con el padre Arnaiz. Y les hablaba de su gran plan:

> No nos vamos de aquí hasta dejarles hecha una iglesia donde puedan ellos seguir reuniéndose para rezar. Ya está medio empezada y va a quedar muy bien [...]. No tengáis pena que a mí me falte nada pues, aunque con mis enfermedades y caprichos he gastado mucho, me queda mucho más de lo que necesito para vivir y puedo desahogadamente sostener las escuelas y todo. Menos quisiera yo tener que estoy deseando darlo todo como el Señor aconseja en el Evangelio, pero por ahora no me dejan. Pedidle al Señor que algún día pueda ser.

Su desprendimiento ya era efectivo y total; sin embargo, así como urgía a su hermano Antón a agilizar la venta de los cuadros y demás, para no preocupar a sus hermanas minimizaba su desembolso. Y terminaba:

> Sigo dirigiéndome con el Padre Arnaiz y cada vez más contenta, pues me lleva a Dios y me hace ade-

lantar casi milagrosamente dada mi manera de ser. Es un santo como ya habréis oído decir si alguien os habló de él, pues en esa opinión lo tiene toda la Compañía.

Cuando ya estaban en marcha las obras de la iglesia, programaron otra Doctrina en Alozaina, pueblo cercano, al noroeste de la sierra de Gibralgalia, desde alguno de cuyos altos se divisa. Fueron por medio de Carmen García, otra dirigida del padre Arnaiz, que, como María del Sagrario de Alozaina (le correspondía cuidar de aquel tabernáculo), se ocupaba con celo por el bien espiritual del pueblo: hacía dos años ya había organizado una misión con el padre Arnaiz, y ahora había llevado a María Isabel y a sus compañeras a hablar con el párroco de allí. Carmen tenía vocación de carmelita descalza y estaba en contacto con la madre María de Cristo, del Carmelo de Málaga; ambas, guiadas por el padre Arnaiz, tramitaban la fundación de un monasterio en Ronda. El domingo 3 de septiembre, ya estaba María Isabel por Alozaina con Concha Heredia, para abrir camino y organizar los trabajos hasta que fuese Carmen. En la Sierra quedaban Ana María Jiménez, María Martos y Cecilia León. Otras estaban en La Parrilla; doña Cristina, sola en Alfarnatejo. Y a las de Alozaina se les sumaría una joven de veintiún años, Leonor, hija del conde de San Isidro, don Leopoldo Werner, el hermano de Emilia.

María Isabel, apurada con los pagos de las obras que le llegarían a fin de mes, escribió a Antón, su fiel administrador, acusando recibo de un cheque de cinco mil pesetas y pidiéndole el doble: «Para fines de mes necesitaré unas diez mil pesetas y si no me vendes eso pronto no sé de dónde las voy a sacar, pero yo confío en Dios y en tu eficacia, aunque sienta marearte tanto». Al padre Arnaiz le preocupaba que el presupuesto subía de manera alarmante: «Van gastadas, incluyendo la madera, unas veinte mil pesetas, y no sé dónde vamos a sacar el dinero al paso que va». El 21 de octubre subió a la Sierra a echar un vistazo y reorganizar el personal: se iba María Martos y él prefería que fuese a Gibralgalia María Isabel, ya que en Alozaina funcionaban bien. Al día siguiente ya estaba el padre dando una misión en Villa del Río, Córdoba, y escribía a María Isabel que las echaba en falta «porque donde el Sr. Cura no promueve la Misión, si no hay quien la prepare, antes de que se enteren se tiene que ir el Padre». Y le advertía un montón de detalles de la obra para cuando ella llegase a Gibralgalia: que pusiesen la veleta al rematar la torre para no tener después que picar para colocarla; que cada campana tuviera a distinto lado el cigüeñal para que no cayeran juntas las dos cuerdas; que la solería fuera la de color cemento, porque las losetas se romperían pronto; que los retretes se hiciesen a la parte de afuera, para no inutilizar lo mejorcito de la casa y dejar para escuela una pieza decente y del otro lado el comedor de las doctrineras. Más tarde añadiría que los bancos no hacían falta para la inauguración; que no pusieran las poleas, porque las campanas debían bendecirse antes de ponerlas. Les indicaba cómo debían hacer el púlpito (por el que cobraron el disparate de veinte duros), y pintar el zócalo. Y que la barandilla del altar llegase hasta la pared y que tuviera un listón de madera, pintado de color de nogal como el techo. Y que los albañiles dejasen colgada la lámpara.

En Alozaina, antes de irse María Isabel, pusieron en marcha un ropero para que las señoritas de mejor posición confeccionasen prendas para los necesitados. Había que tener inventiva para que la gente acudiera con gusto al catecismo. Antes de terminar octubre, María Isabel ya estaba en Gibralgalia con Ana María y Carolina, que estaba feliz porque dirigía los cantos, hasta les explicaba cómo debían poner los labios para que la voz saliese bien. Los serranos, que no había forma de que pronunciaran bien el nombre, se quejaban a María Isabel: «¡Ez que la zeñorita Calorina nos manda poner lo jocicos azín!».

Estando ya en la Sierra, recibió María Isabel una carta del padre Arnaiz, que estaba en Gibraltar, donde decía con tristeza: «Aquí hay gran frialdad: poca devoción a la Santísima Virgen; así que toda la piedad es fría y lánguida». Le aprobaba su plan de más oración y penitencia en la novena de la Inmaculada, y le advertía que cancelasen ya el alquiler de la choza donde vivían y el de la casa que hacía de escuela. El 18 de diciembre de aquel 1922 fue el padre a Alozaina y el 19 a la Sierra, para dar una misioncita de tres días, ya que, además de inaugurarse la iglesia, se confirmaría casi todo el pueblo, y debían ponerse en gracia de Dios. Casi todas las demás doctrineras subieron a ayudar. El padre, gozoso de verlas a todas allí, en medio de las agotadoras jornadas, las espoleaba en los trabajos apostólicos, echándoles alguna plática con un ardor que las impresionaba. Como quedaban algunos de última hora, una de ellas preparaba para confesar por primera vez a un hombretón. Para excitarle al dolor y al amor de Dios, le insistía: «¿A que se arrepiente usted mucho de sus pecados? ¿A que ama a Dios y no quiere ofenderle más?». A lo que el sincero serrano respondía con toda simplicidad: «Yo... no zé qué decirle a uzté, porque como el queré lo jace el roce, y yo no lo he rozao nunca...». Poco después, ya confesado, decía: «¡Qué poco me va a durá a mí esto!». Aquel rústico fervor presidió la misión, que terminó el 22 de diciembre con el traslado del Santísimo Sacramento desde la capillita provisional hasta la iglesia nueva, acompañado de todo el pueblo. Pero fue el día de Nochebuena cuando subió a la Sierra más gente, para la inauguración oficial de la iglesia y las confirmaciones. Nadie quería perderse la visita del prelado, cosa nunca vista en aquellos cerros. El *Boletín oficial del Obispado de Málaga* publicaría que el obispo había inaugurado en Gibralgalia «una bonita iglesia, levantada a expensas de varias almas piadosas y que solamente por amor al Corazón de Jesús se han impuesto la ardua tarea de evangelizar a un sinnúmero de familias, que viven desparramadas entre los riscos de la fragosa Sierra». Su Excelencia fue en automóvil desde Málaga hasta la falda de la serranía, subiendo luego en caballería por intrincados vericuetos. Endomingados, los serranos saludaron a don Manuel, que bendijo el nuevo templo, celebró misa de medio pontifical y, tras echar una fervorosa plática, confirmó a 333, entre niños y adultos. Como entonces prescribía la liturgia que, una vez comenzadas las confirmaciones, se cerrase la puerta y no pudiera entrar ni salir nadie de la iglesia, para que cupiera esa cantidad de confirmandos se repitió dos o tres veces la ceremonia. Aprovechando que tenían allí al prelado, los vecinos de Gibralgalia le pidieron que les dejase el Santísimo Sacramento cuando se quedasen solos, sin las catequistas. Ante tal fervor, el obispo de los sagrarios abandonados accedió a dejárselo mientras ellos continuasen visitándolo. ¡Cómo no iba el Señor a complacerlos después de tanto tiempo como venían pidiéndole en aquella chocita que se quedase con ellos! San Manuel dejó un copón como regalo, y el padre Arnaiz entregó al prelado un crucifijo muy parecido al que llevaban los misioneros. Después el obispo visitó la casa-escuela, comió allí y regresó a Málaga aquella tarde, muy satisfecho de la labor de las intrépidas misioneras con aquellos serranitos que antes se avergonzaban de decir de dónde eran, y ahora se sentían los más honrados de la diócesis. Uno de ellos decía a don Remigio: «Miruzté, Padre, ¿zabe cómo estamos nozotro ahora? Como cuando ze pone uno la ropa nueva, aluego de habé estao mucho tiempo zin ponérzela: ¡no mo conozemo!». También el padre Arnaiz volvió ese mismo día a Málaga, soñando con nuevas Doctrinas Rurales para Dios. Don Remigio quedó esa noche para celebrarles la misa del gallo. Y la mayoría de las doctrineras también siguieron en la Sierra para pasar allí la Navidad. Cantaron a pleno pulmón con los serranos los villancicos que la «zeñorita Calorina» había preparado, y vivieron esa Nochebuena felices por los frutos que les había regalado el Señor, que según María Isabel era una barbaridad de bueno. Al ausentarse para fin de año, las catequistas preguntaban a las serranas si continuarían visitando al Señor en la iglesia, y ellas respondían con cara de circunstancias: «¿Cómo quiere uzté que le abandonemo? ¡Pobrecito, zi ya no tiene más amparo que er nuestro?».

5. De Alozaina a Montecorto, La Sauceda, Las Capuchinas, Las Mellizas...

Para Año Nuevo de 1923 ya estaban todas en Málaga. El 14, en las reparadoras, comenzó el padre Arnaiz ejercicios para señoras, que hicieron todas antes de reincorporarse a sus trabajos apostólicos. Ángeles Macías, Asunción Rocatallada y Concha Heredia, a La Línea a preparar varias misiones por allí. Cristina Nemesio, a su escuela de Alfarnatejo. María Isabel a Alozaina, para estar con Leonor, Carmen García y su amiga Lola, muy buena catequista. De camino, tras casi un mes de dejar la Sierra, María Isabel, con Leonor, pensó presentarse allí al anochecer de improviso, a ver si rezaban el rosario y acompañaban al Santísimo. ¡Cuánto gozó al oír, antes de llegar, los cánticos en la iglesia! Entró y la vio llena de fieles de ambos sexos que rezaban guardando su orden en las bancas. ¡Qué alboroto cuando vieron a la señorita María Isabel! Gracias al dinero que unos amigos le habían prestado pudo hacer un cuantioso pago que le quedaba. Pero... ¡los albañiles se habían llevado los materiales sobrantes y las obras no habían acabado! Desde Alozaina, María Isabel aún las siguió, insistiendo a su hermano Antón para que no retrasase el envío del dinero y así saldar la deuda con sus amigos, «pues deber a tanta gente no me gusta y si me muero es un lío». Esos meses en Alozaina fueron difíciles, como contaba María Isabel a sus salesas el 12 de febrero:

> Sigo muy contenta y trabajando mucho, pues es mucho lo que hay que hacer. Ahora estamos desde octubre en este pueblo que está malísimo. Ha

sido muy religioso y perdió la fe de una manera que parece imposible que vuelva a recuperarla, pues todo les tiene sin cuidado, y es una frialdad terrible. Tenemos escuela para niños, niñas, jóvenes y hombres; y ropero para señoritas (para reunirlas); y doctrinas por las calles para las mujeres que es a lo que más responden. Hace falta que pidáis mucho a Dios, pues es un pueblo que hace años está rechazando la gracia de Dios que se le entra por las puertas de mil maneras.

María Isabel y Leonor enfermaron. El padre escribía a la primera que no fuera muy mandona: «Sea buena con el Señor, que Él siempre es para usted un sol». Les mandó a Emilia Werner y les indicó que, tras intentar que los más posibles confesasen antes de terminar la Cuaresma, recogieran y se fueran a descansar, porque era más provechoso sacar poco fruto a la vista; no había que desmayar mientras se esperase hacer algo, pero «si nada se espera, como le sucedía muchas veces al Divino Maestro, se hace lo que Él aconseja en estos casos: sacudir el polvo de las sandalias e irse a otra parte donde reciban mejor la doctrina de Cristo». Y las exhortaba, vehemente: «No toleren ninguna falta de respeto ni esperen a la tercera vez para poner en la calle al que dijo alguna frase, aunque sea indirecta, que ofenda el pudor». Ellas dieron por concluida su tarea con una misión que predicó el padre Alpañés, a quien en Pascua acompañaron María Isabel y otras a Gibralgalia, para el cumplimento pascual de los serranos, sacramentar a todos los enfermos y recorrer las cortijadas que rodeaban la Sierra. Feliz de acompañar al misionero que llevaba el Santísimo, en una ocasión María Isabel hubo de sujetar el copón mientras el padre bajaba de la cabalgadura, y aprovechó para abrazar al Señor con todo el amor de su corazón.

Las tres que habían ido a La Línea pasaron esos últimos meses a un ritmo vertiginoso yendo por delante del padre Arnaiz para roturar un sinfín de misiones: de nuevo La Atunara y La Colonia; además, Campamento, San Roque, Puente Mayorga, Guadiaro, El Tesorillo y otros campos de allí. Para coronar la temporada fueron a La Sauceda, aquel sitio tan apartado donde habían estado María Isabel y Concha en noviembre de 1921. Ahora iban a poner Doctrina para inaugurar la capilla que los vecinos habían construido.

María Isabel fue con Emilia Werner a Montecorto, aldea grande en el límite de la provincia de Málaga, donde apenas alguna niña sabía balbucear la avemaría. Las dejó el tren en Montejaque, desde donde continuaron en burro, con el sagrario y los ornamentos para la iglesita. Estaba encargado de aquello el cura de El Gastor, distante unas dos horas y media andando; el primer viernes fue a decir misa y les dejó el Santísimo. Fue a ayudarlas Cecilia León. Vivían de alquiler en una casa; un hombre les cedió otra para escuela, adonde acudían muchos niños y jóvenes. El 2 de julio, santo de María Isabel, el padre Arnaiz fue y estuvo dos días. Para la Virgen del Carmen, patrona de la Sierra, María Isabel volvió allí con las otras. Muchos hombres estaban en la siega, pero antes de marchar habían visitado al Señor para despedirse de Él. En los campos, algunos rezaban el rosario; los que los contrataban, contagiados de su fervor, les pedían que se lo enseñasen. Cuando alguien enfermaba gravemente, avisaban al párroco, asombrado de que, al pasar con el Santísimo por algún cortijo, los viejitos se arrodillaban. Por la Virgen del Carmen de aquel año 1923 hubo procesión e imposición de escapularios y se pusieron muchos de nuevo en gracia de Dios. Tres niños acompañaron a don Remigio a sacramentar a los enfermos. Al regresar, con todo el calor del julio andaluz, al pasar junto a un pozo exclamó un chavea: «¡Qué zé tengo! Miruzté, de buena gana me metía en er pozo pa bebé, pero no lo hago... por er Zeñó».

María Isabel, en los días de agosto que pasó en Málaga, desde una casita de la calle Pozos Dulces, detrás de la misma iglesia de la Compañía, donde se refugiaría a partir de ahora en los tiempos de descanso, escribía a sus hermanas religiosas sobre Montecorto, donde habían estado y adonde proyectaban volver:

> Tiene de 1.500 a 2.000 habitantes que no tienen ni idea de para qué están en este mundo. Allí no hay cura ni nada. Tienen una especie de alacena que llaman ermita, con una Virgen del Carmen que pusieron sus antepasados; pero tampoco saben quién es la Virgen. Es gente muy franca y noble de sentimientos y parecen inteligentes. Tienen un deseo muy grande de saber y, como no son viciosos ni tienen grandes cosas que quitar, creo que recibirán muy bien la gracia de Dios y se harán buenos cristianos. Nadie hizo la Primera Comunión. Nos fuimos allí a fines de mayo y el primer viernes de junio tuvimos Misa y nos dejaron el Reservado en la ermita. Hicimos el mes del Sagrado Corazón, y va mucha gente que tiene que estarse en la plaza porque no caben. Ya van aprendiendo a rezar y se van aficionando a nosotras [...]. Estas cosas necesitan muchas oraciones y marear mucho al Señor

> [...]. Estoy preparando las cosas para [...] empezar allí el trabajo en serio. Vienen dos conmigo, y otras compañeras tienen trabajos parecidos en otros tres sitios todos necesitadísimos. Es un horror lo que hay que trabajar por aquí, y casi nadie se preocupa de trabajar por Cristo. Hay que pedirle mucho que envíe operarios a su mies... en cada sitio que vamos tenemos que poner una capilla que luego dejamos puesta, pues ya no lo abandonamos del todo [...]. Pienso seguir como hasta ahora, trabajando en lo que se me presente, que es bastante, y segura que, si el Señor quiere otra cosa de mí, me lo dará a entender o me lo pondrá delante. Aunque vaya por solos 15 días a algún sitio me da el Sr. Obispo permiso para tener Reservado; voy a verlo a menudo y le doy cuenta de los trabajos que hago. Otra vez os recomiendo mucho que pidáis y ofrezcáis mucho por la salvación de tantas almas como traemos entre manos, y para que Dios mande gente con su espíritu a trabajar por su gloria. A ver si arrancamos al Corazón de Jesús que mande hombres abnegados a trabajar en esto que harían más que nosotras, y nadie se decide.

Y a Montecorto volvió, mediado agosto, con Ángeles Macías y Leonor, y comenzaron a trabajar con el ritmo habitual, que María Isabel detallaba años después:

> Nos levantamos a las 6 ½; de 7 a 8 hacemos la oración; a las 8 ½ tomamos el desayuno quedando antes media hora libre para la que quiera vaya rezando el oficio, o arregle su cuarto o si quiere hacer

> más oración. A las 9 se tiene en la capilla la oración de la mañana y ofrecimiento de obras con la gente toda del poblado donde estamos. Seguidamente empezamos la escuela para niños y niñas, que se termina a las 11 con la visita al Santísimo. A las 12 comemos y tenemos un rato de recreo hasta la 1 que hacemos la visita al Santísimo y rezamos las letanías. Tenemos tiempo libre para poder descansar hasta las 2 ½ que hacemos media hora de lectura. A las 3 empezamos la clase de las muchachas hasta las 5 que la terminamos como todas con la visita al Santísimo. A las 6 comemos y tenemos un rato de recreo hasta las 7 que se toca al Rosario que suelen acudir muchas personas mayores del pueblo. Cuando sale la gente del Rosario se quedan los hombres para la escuela, que terminamos con la visita al Santísimo a las 10 de la noche; luego hacemos el examen, preparamos los puntos de la meditación y nos acostamos a las 10 ½. Los jueves no tenemos escuela, y dedicamos ese día a las doctrinas de mujeres casadas, a arreglar la ropa de la casa y sacristía, y por la noche hacemos la Hora Santa.

No tenían tiempo de aburrirse: las tres estaban bien y contentas, aunque el cura, pretextando el mal estado de los caminos, dejaba de ir a decirles la misa dominical. Entonces comenzaron a frecuentar Algodonales, donde vivía la familia del notario don Francisco San Miguel, gran amigo y bienhechor del padre Arnaiz, al que hospedaba cuando iba por allí y que ahora abrió las puertas a las catequistas de Montecorto. Iban los sábados por la tarde y comulgaban; se quedaban para la misa del domingo y volvían el lunes. La esposa del notario, doña Ana, y su pariente Rosario Merencio aprovecharon para pedirles ayuda en la escuela dominical gratuita que llevaban para trabajadores. Las había animado a ello el padre Arnaiz cuando dio la misión en Algodonales; siempre lo hacía así en los pueblos grandes, para que las personas más cultas y de mejor posición mejoraran el nivel de vida de los menesterosos. Él exhortaba a las misioneras a no hablar inútilmente, fuera de una media hora o tres cuartos después de la comida: «Que no se pierda el tiempo ni se desedifique a los de fuera ni a los de casa. A las gentes de ahí no les pregunten de lo que no interesa para nuestro fin, y lo que se hable con ellos sea de Dios o para llevarlos a Dios. Todo en ustedes ha de ser predicar: la conversación, los modales, las atenciones que les tengan, guardando siempre su puesto».

El trabajo se acumulaba y María Isabel, tan vehemente, todo lo quería solucionar, sin ver que podía molestar a sus compañeras. El padre la corrigió por extralimitarse en sus funciones hablando a Ángeles con crudeza: «Ella escribe muy agradecida, como si la hubiera usted abierto los caminos del cielo; pero la falta a usted don de Dios para dirigir almas. Deje usted ese oficio». Y en la siguiente carta le insistía: «Es mucha frescura hacerla aquella relación». Sin embargo, y a pesar de sus defectos, María Isabel era cada vez más querida del padre y de todas, por su disponibilidad, entrega y resolución para todo.

Ahora debía buscar casa y poner en marcha la nueva Doctrina de Las Capuchinas, unos campos pertenecientes a la parroquia de Pizarra, en la vertiente opuesta de la sierra de Gibralmora. El conde de Puerto Hermoso hizo ver la necesidad de misionarlos al padre

Arnaiz, que hacía cábalas para reorganizar al personal de las Doctrinas, pero no le salían las cuentas y pidió ayuda de nuevo a Emilia Werner, la buena de Emilia, como la llamaba, porque siempre estaba dispuesta. Con lo mismo que habían llevado a Gibralgalia arreglaron el oratorio, donde el cura de Pizarra puso el Reservado. Fueron muchos, deseosos de aprender cosas y de conocer a Dios; hasta un viejito daba gracias a Dios llorando ante el sagrario. Al estar las casas tan distantes, no les valía llamar a aquellos campesinos con la campana: lo hacían con una caracola. Como solía pasar en cada nueva Doctrina, pronto se sintieron superadas por la afluencia de gente. Cuando ya se habían instruido algo y les habían hablado de la vida y muerte del Redentor, un mocetón de los más asiduos, que escuchaba con avidez, dijo conmovido: «¡Haber vivido yo tantos años sin saber nada de Jesucristo ni de lo que hizo por nosotros...!». Los domingos después de volver de misa en Pizarra (a hora y media en caballería), tenían a las tres de la tarde rosario, doctrina y cánticos para todos los que no podían ir entre semana.

En octubre de aquel año 1923, Concha Heredia, Julia Crooke y Cecilia León habían comenzado en Las Mellizas, una barriada de Álora, camino al pantano del Chorro. Acudió mucha gente, aunque ellas no tenían material ni luz suficiente, y las ratas se las comían. En diciembre volvió el padre a dar una vuelta a las tres Doctrinas que tenían funcionando. En esas visitas rápidas daba la primera comunión a los que estaban preparados; así iban comulgando por tandas, pues casi nadie lo había hecho. Las misioneras de Montecorto, las de Las Capuchinas y las de Las Mellizas se fueron a Málaga para fin de año. Pero María Isabel y Carolina subieron a Gibralgalia a celebrar la Navidad con el padre Castellanos, y allí estrenaron el año 1924, para instruir a los serranos sobre la devoción al Corazón de Jesús y el Apostolado de la Oración. Más de ciento veinte personas comenzaron los primeros viernes de mes, para lo cual subió el padre Quintín Castañar, superior de Arnaiz. Si había recibido muchas críticas del celo intempestivo e imprudente del santo misionero y de las excursiones campestres de sus dirigidas, ahora se pasmó ante aquel milagro de la gracia.

Del 8 al 16 de enero de 1924 hicieron los ejercicios con el padre Arnaiz en las reparadoras la mayoría de las beatas de la séptima morada. Para animarlas a trabajar por las almas, el misionero les hablaba del ansia de Cristo por salvarlas y, con un fervor que se clavaba en el alma, les ponderaba el precio infinito que tendrían sus pequeños trabajos o sacrificios:

> ¡Hijas, no hay comparación posible, lo dice San Pablo, entre los trabajos de esta vida y el precio que se nos ha de dar por ellos! Si a un hombre se le dijera que de una habitación llena de dinero sacara todo lo que pudiera en un día, que esa sería la riqueza que iba a tener para toda la vida, ¡con qué prisa lo cogería! ¿Creéis que pensaría en comer o descansar, o nada que no fuese sacar el oro de allí? Ya tendría tiempo de descansar al día siguiente. Ganar cielo, ganar cielo, que es ganar Dios, tener más Dios.

Tras los ejercicios María Isabel fue una semana a Las Capuchinas, antes de ir con Emilia Werner a Nerja, a preparar la misión que daría el padre Arnaiz, a quien el cura, don Jerónimo Bueno, había invitado porque lo conoció en unos ejercicios espirituales a sacerdotes, y le pareció un san Pablo. Arnaiz dijo al cura que lo precederían sus catequistas a preparar el terreno, pues en las misiones encontraba gente con muy buena voluntad, pero sin idea de nada, con riesgo de que recibieran sacrílega o inválidamente los sacramentos. De Emilia y María Isabel diría don Jerónimo:

> Lo que privadamente hicieron estas señoras solo Dios puede saberlo; de los trabajos públicos en la parroquia, puedo afirmar que fueron muchos y constantes por espacio de quince días. Esto dio por resultado, y produjo, una grande admiración, y se despertó un entusiasmo sin límites para recibir a los Padres Arnaiz y Anselmo.

El padre Arnaiz visitó a todos los impedidos y les llevó la eucaristía bajo una lluvia torrencial. Al saber que una enferma desahuciada vivía a dos kilómetros, fue allá y, tras confesarla y viaticarla, volviendo ya de noche acompañado de dos hombres, a cada poco se postraba en tierra y, estrechando el crucifijo que pendía de su cuello, repetía: «Jesús mío, dadle la salud, que hace mucha falta a sus niños». Aquella mujer mejoró repentinamente y vivió con perfecta salud. Por estas cosas crecía su fama de santidad entre la gente, y la veneración de sus dirigidas. Al morir el padre, María Isabel escribiría sus recuerdos de lo vivido con él en aquellas misiones agotadoras, sobre todo en los pueblos grandes, aunque lo auxiliase un compañero:

> Era en estas misiones cuando más le admiraba la caridad y paciencia del Padre: ni se acordaba de su descanso, ni de la comida, ni de nada. Aunque lo llamasen a cada momento para pedirle una estampa, o para preguntarle a qué hora era el sermón o la procesión, siempre acudía con igual paz y mansedumbre, y eso que a veces le hacían interrumpir el rezo del breviario.

En Las Mellizas las clases estaban muy animadas; solo los hombres por la noche eran casi cien. Como pasaban estrecheces con tantos alumnos en las casitas prestadas, Concha Heredia quiso construir a su cargo un local y el padre, escarmentado con la Sierra, le puso por tope diez mil pesetas, trazándolo así: «Una parte pequeña para capilla y con puertas que se corrieran separándola de la escuela. Cuando no hubiera quien ahí se quedase, sería capilla que se entregaría al señor obispo». Y así salió, sin pedir ayuda a María Isabel. Participó el cuñado de Concha, don Rafael Benjumea, conde de Guadalhorce, con su familia. El padre Arnaiz se ponía en guardia cada vez que sus discípulas decían de hacer obras, pues a ellas las sobrepasaban, y a él lo sobrecargaban. Por eso advertía a María Isabel sobre la ermitica que quería agrandar en Montecorto, pues la gente no acababa de corresponder: «De la iglesia, cuando sean cristianos, ellos la harán, como las hicieron en las catacumbas».

6. El noviciado de María Isabel

Ángeles hubo de abandonar Montecorto para cuidar a su hermana enferma y, un poco harta del ritmo que María Isabel imprimía a las demás, en Málaga se desahogó con el padre Arnaiz, que amonestó a María Isabel:

> Doy gracias al Señor, porque siga siendo Sol para usted. Usted séalo también para con quienes sirve, que a Leonor la apabulla usted de tal modo que, aunque ella no lo dice, no respira hasta que no se la quita a usted de encima, aunque, por otra parte, quiere tenerla cerca.

Pero ella lo estaba pasando mal en Montecorto. Sobre saber cosas muy poco agradables del cura del lugar, estaba tentada de impureza y decidió grabarse a fuego en el pecho el anagrama de Jesús. El padre le escribía el 29 de marzo de 1924:

> Mucho siento cuanto me dice, por lo que la hace sufrir y por referirse a eso de que no se ha de nombrar ni pensar; mas pecar, no creo que peque, ni me parece bien que tanto se angustie [...]. Hasta que no esté bien del todo no haga lo del JHS, y no muy grande ni muy fuerte. No pida que el Señor la lleve por ahora, antes, al revés, que la dé salud y vida para gloria de Dios.

El padre también sufría por los celillos entre ellas, que enfriaban la caridad. María Isabel era más joven que muchas, y de las últimas que se había agregado al grupo, pero a nadie dejaba indiferente y algunas no tragaban que el padre descansara mucho en ella y le diese ciertas alas en la organización de las Doctrinas incipientes. ¡Pero era lógico! María Isabel era inteligente, resolutiva, generosa, tenía mucho mundo y gran celo de almas, y era la que más aportaba económicamente y la que más tenía las Doctrinas en el corazón como cosa suya. Por ello el padre la consideraba de un modo que hacía que, aun sin haber directora, a veces lo fuera ella en la práctica, pues, rápida y resolutiva como era, le solucionaba siempre la papeleta. Ella no quería que el padre perdiese ante las demás, que, como no leían sus cartas llenas de correcciones a María Isabel, decían que estaba obcecado y no veía defectos en ella. Sí los veía, pero como defectos temperamentales y, por tanto, involuntarios; sin embargo, conocía bien la hondura y el temple de aquella alma, sus deseos humildes y sinceros de santidad, y no dejaba de insistirle en la sumisión y la obediencia. Para practicarlo, ella le pidió que la enviase a algún lugar donde tuviera que sujetar su voluntad a alguien, y él le contestó: «Ya le buscaré yo un noviciado».

Como eran tantas las hablillas desde que comenzaron las Doctrinas, en Semana Santa iría a verlas a Gibralgalia el virtuoso padre Juan Cañete, provincial de los jesuitas, a quien María Isabel había conocido en Málaga en 1920. Por eso el padre Arnaiz la mandó ir para allá, y el primer viernes de abril de 1924 ella salió de Montecorto con Leonor. Se les unió Carolina y enseguida empezaron las clases. El provincial, que después las acompañaría en otras correrías apostólicas por pueblos y cortijos de Málaga, Sevilla y Cádiz, vio de cerca las virtudes cristianas nada vulgares de María Isabel, como escribirá en la carta de pésame a sus compañeras, al morir ella en 1937:

> Noté en María Isabel un amor tan verdadero, sólido y a la vez tierno a nuestro Señor Jesucristo, que le inclinaba constantemente a complacerle en todas cuantas ocasiones se le presentaban sin reparar en sacrificios de cualquier género que fuesen. Este mismo amor a Jesús encendía en ella el deseo constante de llevar a Nuestro Señor almas, preparándolas por sí y con el auxilio de sus heroicas y buenísimas compañeras, a fin de que conociesen, amasen, alabasen y sirviesen a su amante Jesús. Noté también en ella gran caridad con las personas con quienes trataba, y en especial con sus compañeras del apostolado; una humildad, sencillez y verdad en su trato, que se hacía querer y respetar de todos.

Esta descripción de María Isabel, tan distinta de la idea de quienes la miraban con prejuicios, revela el motor de su vida misionera: un amor apasionado a Jesús, cuyo nombre se grabó a fuego en Gibralgalia en esa Semana Santa, terminada la cual fue con otras dos a ayudar al padre en la misión de Peñarrubia, perteneciente a la entonces inmensa diócesis de Sevilla. Después se volvió con Leonor y Ángeles a Montecorto, mientras Cecilia León y Emilia Werner iban a los pueblos y cortijos de la campiña gaditana, a preparar la visita pastoral del obispo, don Marcial López Criado, que lo había pedido al padre Arnaiz. Allí, casi ochocientos fieles comulgaron y fueron confirmados. Después, ellas regresaron a sus Doctrinas de Las Mellizas y Las Capuchinas, donde iba a predicar una misión el padre Anselmo López, para quien Arnaiz les encargaba: «Le dan cien pesetas y trátenle lo mejor que puedan, que es un bendito». María Isabel también acudió a ayudar a esta misión de Las Capuchinas, a la que fueron muchos hombres desde muy lejos por montes y caminos imposibles, después de haber trabajado todo el día. Como no se cabía en la capilla, se puso el altar fuera, en una pared de la casa; la gente sentada en el monte oía la predicación bajo la luna llena. Todos querían confesar al terminar el sermón, y en la misa, a las dos de la mañana, comulgaban con mucho fervor. Al final los convidaban a café con leche porque algunos se volvían desde allí a trabajar. Terminada la misión, desmontaron la capilla y se llevaron los bultos a Santa Amalia, partido rural de Alhaurinejo, el actual Alhaurín de la Torre, cercano a la estación de Campanillas, cuyo cura lo había pedido al padre Arnaiz. Para montar la capilla y la escuela, la familia Larios, dueña de ese cortijo a partir del cual había ido creciendo la población, cedió a las misioneras un local, antiguo cuartel de la Guardia Civil. Y en octubre comenzaron aquella Doctrina Asunción Rocatallada, Ana María Jiménez y Cecilia León.

En espera de su noviciado, en destino que ella ignoraba, María Isabel fue a Málaga unos días, a médicos. Según su hermana salesa tenía unos tumores en el vientre, con hemorragias continuas. Aun así, como no sabía estar ociosa, desde Málaga se escapó unos días a echar una mano en Las Mellizas. La misma señora que les había dejado la casa donó el terreno para la iglesia, y el 17 de junio fue el padre Arnaiz a bendecir la primera piedra. Para celebrarlo, sacaron al Santísimo en procesión por aquellos olivares bajo un palio hecho de mantones de Manila. Y de allí, el 1 de julio María Isabel salió para Murcia, a su noviciado. Se presentó a la madre Nieves, religiosa de Jesús María, confesada del padre Arnaiz, única que sabía quién era ella y qué hacía allí, porque el padre le había pedido que buscase una casa donde su hija espiritual trabajase como criada. La monja la endilgó a la plaza de Santa Isabel, a doña Elena Meseguer, señora de Girón. Era el 5 de julio, y le escribía el padre: «No es extraño que en la casa estén recelosos; pero, ya que la conozcan, se avendrán bien y sentirán que los deje [...]. Debe pensar que hace la voluntad de Dios». Doña Elena decidió hacer limpieza y remodelación general de toda la casa, bajando los muebles de un piso a otro. Era un trabajo muy superior a las pocas fuerzas de María Isabel, con sus tumores del vientre. Al llegar la noche, la otra criada con la que compartía cuarto no la dejaba dormir, quejándose de la señora. El día 18 el padre Arnaiz fue a Murcia. Viéndola tan débil le aconsejó tomar un corto descanso a fin de mes y ella se fue con sus queridas Magdalena y Manuela a Belmez. Allí le escribió el padre planeando los próximos trabajos y dándole noticias del Carmelo de Ronda, pues para entonces Carmen García y un puñado de descalzas de Málaga se enclaustraban en una casita de la ciudad del Tajo esperando trasladarse al nuevo convento, en el que María Isabel dejaría una linda imagen del Corazón de Jesús que le habían mandado de Oviedo.

Tras el breve descanso, María Isabel continuó su noviciado murciano. Se levantaba muy temprano para poder ir a misa, pues a las siete ya comenzaban las tareas. Su actitud desconcertaba a sus compañeras: empleaba el tiempo sobrante en ayudarlas, acarreaba cubos de agua para la cocinera, barría las escaleras... Ellas le decían: «No seas tonta, no trabajes más que en lo que te manden, pues la señora es capaz de todo con tal que no paremos». Ella sonreía, sobre todo cuando las cosas no le salían bien y rompía algo sin querer. Mas, viendo que no podía con tanto, el padre la mandó a la madre Nieves para que le buscase otra casa. Al verla vestida con un traje de percal y un mantón de luto, en la portería del colegio de Jesús María la hicieron esperar mucho. A ella se le representaban san José y la Virgen buscando posada, y se preguntaba cómo los recibirían hoy en una casa religiosa. Cuando llegó la madre, después de oírla le dijo que ¡era un poco floja! Así que seguiría en aquella casa. Cuando tenía algún tiempo libre visitaba al Señor en las reparadoras, y de paso pedía libros a una de las madres, antigua amiga suya, sin descubrir nunca el motivo de su estancia en Murcia. Un día de aquellos, estaba en otro locutorio doña Elena, contando a las religiosas que tenía una muchacha que debía de haber sido monja porque, entre otras cosas, tenía unas manos impropias de criada. Y al ver pasar a María Isabel, exclamó: «¡Es esa!». Muertas de risa, las reparadoras le dijeron que aquella era una señorita de la mejor sociedad de Oviedo. El padre Arnaiz, que acababa de llegar a Murcia para dar ejercicios espirituales a las religiosas de Jesús María y a las reparadoras, temiendo se descubriese la cosa y preocupado por la salud de su dirigida, decidió terminar con aquel noviciado, que, aunque breve, a María Isabel le vino muy bien. Después ella comentaría que llevaban razón las criadas: que todas las señoras debían estar una temporadita sirviendo para saber mandar.

7. De nuevo en la brecha: Naveros, El Palmar, Barrio Nuevo

Si fue grande la alegría con que recibieron a María Isabel la mayoría de sus compañeras, las celosillas temían que después de aquello hubiera crecido en la confianza del padre, quien veía cada vez más claro que si las Doctrinas habían de durar, sería por ella. A mediados de septiembre María Isabel subió a Gibralgalia a echar una mano a Ana María, Leonor y Ángeles, que habían ido para preparar la comunión de setenta serranos que habían terminado los nueve primeros viernes. Hasta Navidad de 1924, por su salud tan quebrantada y la frecuencia de médicos, el padre no quiso darle mucho trabajo y en la Sierra podría estar sola, cultivando la semilla de fe sembrada allí. Para acallar las habladurías y para embridar aquel carácter tan independiente y dispositivo, el padre quería que continuasen funcionando las Doctrinas sin tanta María Isabel, a la que ejercitaba en la humildad y paciencia con sus compañeras de trabajos: era una prolongación del noviciado pedido por ella que, sin embargo, como se le hacía muy cuesta arriba aquella inactividad, estaba tan tristona que hasta le parecía ser áspera con la gente. El padre la exhortaba a corregirlo: «Así no se hace apostolado». Mas la animaba, paternal: «No deje de escribirme largo cuando está murriosa, porque la sirva de algún descanso». El 8 de octubre de 1924 le dio el lema que había marcado su propia vida y que debía marcar la de ella en las Doctrinas, cambiando de sitio el *no* en la frase de san Pablo a los filipenses (2,21): «*Omnes quaerunt non quae sua sunt, sed quae Iesu Christi*: Todos buscan, no sus cosas, sino las de Jesucristo». Para que mudase de aires, la mandó a la Doctrina de la Colonia Santa

Inés, llevada desde hacía casi dos años por una maestra dirigida suya, Dolores Quiñones, que había estado varios años en Marbella, también con una escuela de niñas supervisada por el padre. Por entonces, el padre iba a predicar una gran misión en Jerez y se llevó como ayudantes a Emilia y a Julia. Mas, como era tanto el trabajo, el 12 de noviembre escribió a María Isabel para que fuese. Emilia añadía: «Vente enseguida, en cuanto recibas la carta. Haces muchísima falta, pues es enorme este barrio y pocas para trabajar». Allá fue, y tras la misión jerezana pasó a Montecorto con Leonor y Ángeles a inicios de 1925, pero a fin de enero el padre la mandó a Las Mellizas, donde el 4 de febrero bendeciría la nueva capilla el provincial, padre Cañete, que estaba pasmado de las misioneras. El padre Arnaiz predicó una misión los cuatro días siguientes. Después volvió María Isabel con Emilia a Montecorto, donde Natividad, una pequeñuela, estando un día junto al sagrario, exclamó lloriqueando: «¡Yo tamién lo quiero vé! "¿Er qué?", 'preguntó otra; y Nati, mirando embobada a María Isabel, respondió': "¡Ar Zeñó, como la "zita" María Izabé, ¡que ve ar Zeñó!"».

En marzo el padre Arnaiz pidió a María Isabel y a Emilia que le preparasen la misión que iba a dar con el padre Rodríguez en Villanueva de Córdoba. En abril de 1925 tuvieron la de Montecorto, con diecinueve matrimonios, diez bautizos y quinientas comuniones: la mitad de los aldeanos, muchos de ellos por primera vez. Clausuró la misión el obispo, que confirmó a casi todo el pueblo. Como las misioneras dejaron establecido el Apostolado de la Oración, un jesuita de Jerez iría una vez al mes. María Isabel decía a sus hermanas:

> Lo que les falta es iglesia, que los sermones y todo tuvieron que ser desde un balcón que da a cuatro calles, y la gente en la calle [...]. Fue una noche la Adoración Nocturna que tuvieron la Vigilia en nuestra capillina y resultó preciosa. Pasamos toda la noche con el Señor manifiesto, y por la mañana hicieron la procesión bajo palio por todo el pueblo y la bendición desde la calle. La gente ha quedado allí muy fervorosa. Ellos rezan el Rosario todas las noches en una ermita que tienen, pero la mayor parte se tienen que quedar en la plaza, pues no caben.

El 5 de mayo, María Isabel, Emilia Werner, Julia Rusiano y María Martos (que iría más tarde), comenzaron otra Doctrina en Naveros, diócesis de Cádiz, donde la gente vivía pobrísimamente en veintiséis chozas; una se la cedieron a ellas para tener a Jesús Sacramentado. El padre Arnaiz decía a Emilia que estaría muy orgullosa con su basílica: «Se siente más la presencia del Señor en esos nuevos Belén donde vuelve a nacer Jesús, al decir la Santa Misa entre pajas y en tanta pobreza». Ellas dormían en el establo; para cocinar les hicieron un chamizo. Escribía María Isabel a sus hermanas:

> La capilla la tenemos en un chozón, pero muy arregladina con cortinas y doseles, que está preciosa [...]. Para dormir las tres nos han dado lo que hasta ahora fue cuadra, y lo hemos separado con cortinas y sábanas [...]. No teníamos donde comer ni guisar y nos han hecho un sombrajo; en fin, estamos como en la India, pero muy contentas, pues están acudiendo a la escuela todos, y con tan

> buen deseo de aprender la doctrina que da gusto. Nos dijeron que aquí cerca hay otro barrio como este [...]; tan abandonado que les repartiremos el tiempo con los de aquí e iremos un día sí y otro no. Se tarda bastante, pues es casi una legua y otra para volver, así que iremos en burro.

Al tiempo, el padre envió a El Palmar, aldea de la misma parroquia, junto al mar, a Julia Crooke, Concha Heredia y Asunción Rocatallada, que fueron desde Santa Amalia. María Isabel había ido unos días a preparar la casita y la capilla y volvió a Naveros, donde estuvo un tiempo sola con Julia Rusiano, tan difícil de trato. Entre esto, el mucho trabajo y su salud nada buena, aquellos días se le hicieron muy cuesta arriba. El padre Arnaiz, que le escribía que las contrariedades y la vida común la santificaban, fue allí en julio de 1926 para una misión de tres días. La gente recibió entusiasmada al obispo, que, bajo unos eucaliptos, celebró la santa misa, predicó, comulgó a trescientos y confirmó a ciento cuatro, de Naveros y del cortijo Cañada del Tarahe, también peinado por las doctrineras. Después siguió otra breve misión en El Palmar, adonde fue también el prelado. No pudo decir misa al aire libre por el fuerte levante: celebró en la choza-capilla, a cuya puerta predicó y administró doscientas comuniones y ciento diez confirmaciones. En el *Boletín Diocesano* testimoniaba su gratitud a «las piadosas y abnegadas señoras catequistas, que bajo la dirección del Padre Arnaiz tanto bien hacen a las almas, trabajando con celo heroico en la instrucción de los habitantes de nuestros campos, muchos de los cuales apenas si han oído hablar de Nuestro Señor Jesucristo». Al terminar allí marchó el padre a

San Fernando a dar ejercicios; para hacerlos ese año fueron allí las misioneras, antes visitaron Barrio Nuevo con el párroco de Conil para tener allí una Doctrina más adelante. Acabados los ejercicios, volvieron a Málaga con el padre. No le quitaron ojo. María Isabel apuntó:

> En todo el camino no modificó su postura tan modesta y mortificada, sentado en el filo del asiento, sin apoyarse en el respaldo, con los pies muy juntitos sin cruzarlos nunca... Salimos de San Fernando a las 7:30 de la mañana y habíamos desayunado antes de las 7. A las 11 ya teníamos todas hambre y propusimos al Padre almorzar; al pronto accedió, pero sacó el reloj y al ver la hora dijo que hasta las 12 no almorzaba, y aunque yo le insistí y poniéndole razones de lo temprano y mal que habíamos desayunado etc., no quiso, pareciéndole desorden comer antes de la hora señalada.

En agosto las misioneras fueron a descansar de sus correrías apostólicas. A María Isabel, muy pocha, el padre le dio permiso para ir a Belmez con sus queridas amigas. Le escribía el 26: «La vida es corta y el camino de la santidad muy largo, para llegar hay que no hacer pausas e ir de prisa». En septiembre volvió ella unos días con Leonor a Montecorto. El padre apareció por allí y les encargó que antes de marcharse fuesen a La Muela, una pedanía de Algodonales que hacía un año habían ido a inspeccionar, «por ver lo que se podría hacer allí». Como era diócesis de Sevilla, había dado el permiso el cardenal Ilundáin, para quien era su primer contacto con las Doctrinas, aunque ya tenía noticias de ellas; después las ayudó y protegió mucho.

Para ir a Barrio Nuevo entró en escena una nueva misionera, Carmen Pineda Herraiz, de dieciocho años, que conocía al padre Arnaiz desde pequeña, pues su madre doña Emilia se confesaba con el jesuita, que frecuentó su casa por la enfermedad de su hermana Ana Joaquina. A veces llegaba sudando y contando ilusionado cosas de las Doctrinas, que doña Emilia escuchaba llorando de emoción. Un día se lo encontraron por la calle madre e hija y él dijo a esta: «¿Te quieres venir a las Doctrinas, que te habían de gustar mucho?». A la jovencita le dio un vuelco el corazón: «Fue la llamada de Dios», comentaría ya anciana. Con no menos viveza recordaba su primer encuentro con María Isabel, al visitarla esta de parte del padre, para convidarla a pasar una temporada con las doctrineras: «Me hacía el efecto que esa señora tan regordeta y habladora me había de regañar mucho y me extrañaba su pronunciación de las eses...». Para preparar la casa de La Muela María Isabel fue con Leonor, y se hospedó en la casa del notario de Algodonales, que se había convertido en el centro de operaciones de las Doctrinas cuando las tenía cerca. Carmen Pineda no tardó en reunirse con ellas, y le bastaron unas horas de ausencia de María Isabel para perderle el miedo:

> Comencé con una añoranza de esa señora que ya no la veía regañona sino una santa simpatiquísima [...]. Desde el primer momento que conocí a María Isabel noté una persona extraordinaria. Tenía un amor al Señor como en nadie he conocido, era indulgentísima con los defectos y defendía siem-

pre que se hablaba con poca caridad de alguna persona.

Estuvieron en La Muela hasta dejar en marcha esa Doctrina a mediados de octubre, cuando llegaron Emilia Werner y María Martos. A Barrio Nuevo fueron María Isabel, Leonor, Julia Crooke y Carmencita. Pusieron el Santísimo «en una chocina, tan pobre y tan contento». En otra adosada, la escuela, y al lado del pozo, la vivienda. María Isabel, que al poco de llegar quedó ronca, pedía telas a sus salesas para convertir en capillas tantas chozas y cuadras. Ya les habían regalado algunos damascos, pero todo era poco porque, al haber tan poco sitio, «casi siempre tenemos que dividir la capilla con cortinas que corran para hacer escuela y capilla según convenga, dejando una capillina muy chica para nosotras». Pero sobre todo les pedía oraciones y sacrificios:

> Son muchas las almas que el Señor nos confía para que las llevemos a Él, y necesitamos pidan mucho [...]. No podemos acudir a tantos campos como hay abandonados y que desean que los instruyamos, y somos pocas y no viene gente nueva, pues es trabajoso vivir así y sin comulgar ni oír Misa más que los domingos y eso con trabajo, aunque para las que estamos en esto no nos cuesta.

Pedían al padre Arnaiz que fueran más, que ellas no podían con todo, pero él decía: «De no quitar la Doctrina de La Muela, no hay nadie útil que mandar». Y atajaba, simpático, a Leonor: «Nada me dicen de las chozas que han hecho, ni cómo se alojan, solo que vayan más, y no cabrán ni de pies». En un viaje rápido fue desde Sevilla a Barrio Nuevo y a La Muela. Llevaba una mala noticia para Carmencita Pineda: su familia se marchaba a Madrid y su madre la reclamaba. Ella se marchó llorando, dejándose el corazón en aquella vida. Ese otoño llovió torrencialmente; preocupado porque las chozas no resistían y por el trabajo agotador de sus misioneras, el padre decidió suspender lo de La Muela y que fuesen las de allí a Barrio Nuevo. María Isabel pidió a su hermano José María madreñas asturianas para no mojarse los pies; pero, como no estaban acostumbradas a llevarlas, a medio camino se las quitaban porque se les torcían los tobillos. A pesar del tiempo, no menguaba la asistencia de los campesinos: casi doscientos al catecismo; la choza-capilla no daba de sí. El 17 de noviembre llegaron de La Muela Emilia y María. El padre las recordaba con ternura: «Mucho me acordaba de ustedes los días de la lluvia, no tanto porque se lloverían los chozos, como porque no podrían andar sino con las almadreñas». María Isabel explicaba a Carmen Pineda un mes después: «No tienes idea de cómo se puso aquello con la lluvia. Emilia y Julia, que eran las que vivían en la casa, tenían que dormir con el paraguas abierto y la choza que le hicimos para María se inundó». Pero seguían trabajando con denuedo, preparando la misión. Parecía que el padre no iba a poder estar, pero ellas lo arreglaron: «Iba a ser la primera vez que creía yo que no se haría lo que ustedes querían; pero no me he salido con ella». En la misión confesaron y comulgaron casi cuatrocientas personas. De los hombres, menos uno o dos todos lo hacían por primera vez. El obispo clausuró la misión el 10 de diciembre: celebró la santa misa, predicó, y confirmó en la choza-capilla a ciento cincuenta personas. Estaba feliz con las catequistas, que el día 12 dejaron Barrio Nuevo y regresaron a Málaga. Poco después, María Isabel y Leonor fueron a pasar la Navidad a Gibralgalia, adonde el padre les escribía que amasen mucho al Niño, «que tiene frío por la frialdad de los corazones nuestros». El 24 subió para la misa del gallo y del 7 al 15 de enero de 1926, de nuevo en Málaga, les dio los ejercicios espirituales, de los que María Isabel recordaba:

> ¡Era un fuego y un ardor el que tenía!, como el de un serafín, aunque él tratase de disimular; pero sus palabras eran tan encendidas y su cara tan transfigurada, que parecía que comunicaba su amor a Dios y llegaba una a creerse que estaba también con ese amor tan encendido, y era solo reflejo del suyo.

Así, salían dispuestas para todos los sacrificios y trabajos por las almas.

Las de Santa Amalia estuvieron hasta el verano. Doña Cristina Nemesio continuaba su fructífera labor en Alfarnatejo. Al valle de Abdalajis, en socorro de Concha, envió el padre a Julia Crooke y a una nueva, Concha Valera, sobrina del famoso jesuita. El 20 de enero María Isabel y María Martos volvieron a La Muela, donde se les unieron Leonor y Emilia.

La Semana Santa de 1926 la predicó el padre Arnaiz en Gibralgalia, donde formó una Hermandad de la Virgen del Carmen para los hombres, que hacía tiempo pedían. Sería su última visita a aquellos serranos que tantos desvelos le habían causado y que, sin pretenderlo, habían originado las Doctrinas. Fue María

Isabel, y en Pascua regresó a La Muela, donde el padre dio una misión, tras la cual ella se retiró a descansar a Algodonales. En mayo volvió con Emilia Werner a Naveros para preparar a la gente al cumplimiento pascual. Con las lluvias se les anegó la cocina de la choza y tuvieron que ir a guisar a casa de la vecina. El 16 de abril llegó el padre, haciendo malabares para sacar un par de días. Para ese verano tenía preparada una casa en Nerja pensando fuesen todas a descansar allí. Pero los planes de Dios eran otros...

8. Muere el padre Arnaiz: «Padrecito mío, acuérdese de venir por mí»

A mediados de junio María Isabel fue a Granada, a un congreso sobre catequesis, animada por el padre: «Que se edifiquen al ver que hay gente que ama a Cristo y desea que se le conozca». Después descansó unos días en Belmez con Magdalena y Manuela. Al regreso pasó de nuevo por Granada, donde el padre predicaba la novena del Sagrado Corazón, terminada la cual, el 3 de julio empezaba otra en Algodonales. De camino paró en Ronda para confesar a las carmelitas y ver las obras, casi concluidas, del nuevo monasterio, en el cual tenía él tanta parte e ilusión. Su amigo el notario don Francisco San Miguel, que había ido a buscarlo con el coche, contaría que el padre llegó a la estación de Ronda a las tres de la tarde, con un sol de justicia, muy sofocado y sudoroso; al bajar después a la cripta de la nueva iglesia, sintió mucho frío. Además, durante el viaje, al equivocarse de tren en el trasbordo que hizo en Bobadilla, saltó con el tren en marcha y al caer se golpeó el pecho. En fin, que cuando llegó a Algodonales la mujer del notario notó que iba con calentura. Como solía, él no hizo caso de lo que llamaba menudencias, pero que ahora fueron el principio de su fin. Se entregó al trabajo como siempre: predicó por las noches la novena, y durante el día recorrió el pueblo sin descanso, aunque más febricitante cada día; extrañaba que se retirase a ratos a descansar. El quinto día de la novena pidió un sustituto: ya no podía más. El padre Martínez llegó el 8 del Puerto de Santa María, pero tan tarde que aún ese día tuvo que predicar el padre Arnaiz. Al día siguiente consintió en que lo viese un médico, que diagnosticó bronquitis y pleuritis. Aquella noche llegó María Isabel con otras dos misioneras. Junto con la familia San Miguel, arrodillados y llorando rodearon al padre, que los animaba: «¡Qué bien estaremos en el Cielo cuando volvamos a vernos!» María Isabel sabía que eso era así, porque él le había confidenciado su pacto con el Corazón de Jesús: que si le concedía diez años de vida se mataría por Su gloria, trabajando sin descansar ni atender para nada a su salud. Al decírselo, añadió que él siempre había deseado que los superiores lo retirasen a la comunidad de la Cartuja, en Granada, para poder infiltrar en los jóvenes estudiantes jesuitas el celo apostólico; y que, ya que se moría, se encargase de fomentarlo ella. María Isabel le pidió que volviese pronto a buscarla. Él se lo prometió. Con intuición de hija, ella le previno: muchos santos que habían tenido grandísima confianza en Dios, a última hora habían temido su justicia; que no le fuese a pasar eso. Él le contestó que no tenía más escrúpulos que haber aplicado a las Doctrinas alguna limosna que le hubieran dado para la residencia. María Isabel le preguntó cuánto calculaba que podía ser, que ella lo devolvería. El padre le dijo que como unas dos mil o tres mil pesetas. Ella, con un rasgo que la retrataba, dio a los jesuitas quince mil.

El 10 de julio todavía pudo el padre decir misa, pero al terminar le flaquearon las fuerzas. Ya tenía bronconeumonía, como diagnosticó el doctor Martos, que había ido desde Málaga con un coche para llevárselo, pues María Isabel y los San Miguel, alarmados, habían telegrafiado el día anterior a su hermana, María Martos. El padre exclamó: «¡Me entrego!». Antes de marcharse, todavía confesó al padre Martínez y a otros, entre ellos María Isabel, que allí quedó desconsolada, como todos los que se habían congregado para despedirlo e hincados recibieron su bendición. Y mientras el padre iba camino de Málaga, en un acto heroico de obediencia, según él le había mandado, María Isabel fue a La Muela, donde estaban algunas de Doctrina. Después de cumplir el encargo voló a Málaga, cierta de que era el fin del padre. Insistía para verlo, y como no fue posible, para confortarlo y despedirse, le hizo llegar este billete:

> Padrecito mío, tenga mucha fuerza para sufrir, pensando en lo poquitín que le falta para ver al Señor, que quiere llevarlo derecho al cielo. Acuérdese de venir por mí; mire que le espero. Bendígame y dígame algo. Dichoso usted, mi Padre. Que no se olvide de mí. Su hija, María Isabel.

Tras aquella esquela, el día antes de morir, pese al pulso descontrolado por la fiebre, con trazos apenas inteligibles, su padrecito garabateó:

> JHS. Una palabra, María Isabel... Aunque sin grandes triunfos, algo se hará. Siempre lo mismo. Yo estoy en el purgatorio; poco dije. Vivamos con fe y vivamos en paz. Rueguen por mí, porque, ahora, salvarme me parece cosa muy difícil. Estoy como atontolinado o loco, tonto o condenado. Se me va la cabeza a cosas pasadas, casi todas de nuestros trabajos. Anoche, con poco... a Él un momento. Ayer la Virgen un paraíso, mas, ahora, no sé. Yo entregado. El Señor haga con nosotros...

No le quedaban fuerzas para más, pero su abandono en las manos de Dios era la mejor herencia que podía dejar a aquella hija espiritual que tan sola quedaba.

Como ella le advirtiera, el moribundo sufrió las últimas acometidas del Maligno. El día en que murió, después de recibir la comunión llegó a decir: «Nunca he sentido a Jesús más alejado que ahora». Agonizando, solo le dolía «haber ofendido a Dios». «Hermano, padezca mucho por Dios», fue su último consejo al jesuita que lo atendía. Le susurraron lo que él había cantado mil veces por los pueblos: «Oh, María, Madre mía, oh consuelo del mortal, ¡amparadme y guiadme a la patria celestial!». Y sonrió, antes de expirar. A las diez y media de la noche del 18 de julio de 1926 la campana de la comunidad comenzó a doblar y muchos de los que habían acudido rompieron a llorar, cayendo de rodillas. Pero en aquella noche de luto y de lágrimas María Isabel no tuvo tiempo de llorar a su padrecito, como ella diría años más tarde. En medio de su dolor, con entereza pasmosa, recogiendo el clamor popular, removió cielo y tierra para que el padre fuese enterrado en la iglesia del Sagrado Corazón, de la Compañía. Apremiándolo para que lograse la autorización, telefoneó inmediatamente al conde de Guadalhorce, entonces ministro de Fomento en el gobierno del general Primo de Rivera, amigo suyo y admirador entrañable del padre Arnaiz. A la mañana siguiente, muy temprano, notició de las gestiones al obispo, sugiriéndole que él lo pidiese al nuncio, recabando también la autorización eclesiástica. A las diez, en la misa *corpore insepulto*, el prelado, san Manuel González, pronunció una larga y emocionada oración fúnebre, y bajo su presidencia se reunió después, en la residencia de la Compañía de Jesús, una pequeña asamblea de seglares, sacerdotes diocesanos y jesuitas, para valorar si era oportuna la sepultura en la iglesia. Algunos jesuitas argüían no haber motivo suficiente para aquella excepción. Pero María Isabel consiguió comunicarse por teléfono con el provincial, padre Juan Cañete, que tanto veneraba al padre Arnaiz, y él dio su beneplácito, en teniendo las autorizaciones necesarias. Al advertir que sería muy caro, María Isabel contestó que ella correría con todos los gastos. Así las cosas, se determinó esperar hasta la tarde del 21, trasladando la capilla ardiente a un recibidor de la residencia, por el ininterrumpido desfile de quienes querían venerar el cadáver del padre y encomendarse a él. Y, aunque se preparó la sepultura al lado derecho del crucero, junto al altar de san Ignacio, se adelantó la hora del entierro: así sería imposible que llegase la autorización gubernamental. Pero... ¡llegó justo una hora antes! A todos les pareció cosa de milagro, mas no fue tal: sabiendo que se trataba del padre Arnaiz, las telefonistas dieron preferencia a las llamadas que se referían a eso. Una multitud quiso echarse a las calles de Málaga a acompañar, en recorrido triunfal, los restos mortales del misionero. El mismo obispo quiso rendirle este honor póstumo procesionando su cadáver por la ciudad, que cerró todos los comercios. El cortejo fúnebre pasó por las mismas calles que lo hacía la procesión del Sagrado Corazón; este iba encabezado por todas las autoridades eclesiásticas y civiles en una manifestación de duelo imponente a aquel infatigable cazador de almas, abnegado servidor de los pobres, amigo y padre de todos, luchador imbatible por el reinado del Corazón de Cristo.

María Isabel aportó mucho dinero: para eso, dijo, las Doctrinas estaban dispuestas a quedarse sin un céntimo. Amén de correr con todos los gastos del sepelio, regaló a los jesuitas de Málaga un copón riquísimo, grabado en memoria del padre. El 24 de julio, en vista de incoar la causa de canonización, asistió a la primera reunión para la constitución del patronato que se fundó, y del que también formaban parte María Martos de Benítez, Concha Heredia, Julia Crooke, Emilia Werner, Antonio Herrero Sevilla, Cristóbal Benítez, Salvador Hinojosa y Fernando Mora Corrales; todos, personas de mucho viso en Málaga. En la siguiente reunión, el 17 de agosto, se agregaron Rosa Alessandri de Luque y Leopoldo Werner, conde de San Isidro.

Después de tantas idas, venidas y preocupaciones porque recibiese el homenaje merecido su padrecito, María Isabel se sentía sola, muy sola. Empezó a confesarse con los que se sentaban en el confesionario del padre Arnaiz: primero, el padre Romero; poco después, otro que le causó muy buena impresión: el joven Bernabé Copado, destinado a Málaga tras hacer en Manresa su tercera probación.

María Isabel González del Valle Sarandeses

Antes del padre Arnaiz S. J.

Palacetes de Oviedo en que vivió María Isabel.

Casa construida por los padres de María Isabel en la calle Toreno.

Quinta de Roel, tercera vivienda de María Isabel.

Las tres hermanas pequeñas: María Isabel, la primera de la derecha.

Familia González del Valle Sarandeses. Los hermanos con sus padres y abuelos maternos. María Isabel asomando a la izquierda-arriba junto a su padre.

Todos los hermanos de María Isabel. Ella, la quinta desde la derecha.

María Isabel adolescente con sus hermanos, antes de la entrada de sus hermanas en la Visitación.

María Isabel, sentada, con María Asís y una amiga.

María Isabel de asturiana.

En Tierra Santa, vestidas de belemitas en el año 1909. María Isabel recostada sobre María de Asís.

Dos fotos de su juventud: Sus amigos la llamaban «La reina».

María Isabel con su primer sobrino Anselmo.

María Isabel en uno de sus paseos madrileños.

Con familiares y amigos. María Isabel, la segunda desde la izquierda de las mujeres que están en pie.

Con el padre Arnaiz S. J.

Padre Tiburcio Arnaiz Muñoz S. J. Fundador con María Isabel de la Obra de las Doctrinas Rurales.

En Algodonales, 1924. María Isabel, la esposa del notario que las acogió en su casa y Leonor Werner.

En Montecorto (Málaga), 1925. María Isabel sentada con Leonor Werner.

El Padre Arnaiz y María Isabel en una Doctrina en los campos andaluces.

Después del padre Arnaiz S. J.

En Gibralgalia, 1927. En el grupo, desde la derecha: Leonor Werner, María Martos y María Isabel. El sacerdote es el Padre Bernabé Copado S. J.

María Isabel con Blanca Werner.

Padre Juan Antonio Segarra S. J.

María Isabel, ya muy enferma, con las primeras misioneras en casa de su hermano Manuel Antonio (Gijón, 1934): María Isabel en el sillón; hacia la izquierda: Lourdes Werner y Carmen Pineda. Detrás del sillón desde la derecha: Blanca Werner, Leonor Werner y María Jesús González del Valle.

Naveros (Cádiz). Chozas del tiempo de María Isabel.

Barriada de Pelegrí (Barcelona, 1934-35): El padre Arbona S. J. con la Junta de los «Luises», fundada por María Isabel y sus compañeras.

En casa de su hermano en su viaje a Oviedo, 1934.

Con su sobrina Mª Dolores, que con el tiempo sería Misionera de las Doctrinas Rurales.

Con sus hermanos. Sentados, Anselmo y su primo Martín. José María de pie y su esposa Amparo con Mª Dolores recién nacida. Detrás de María Isabel, Carmen Pineda.

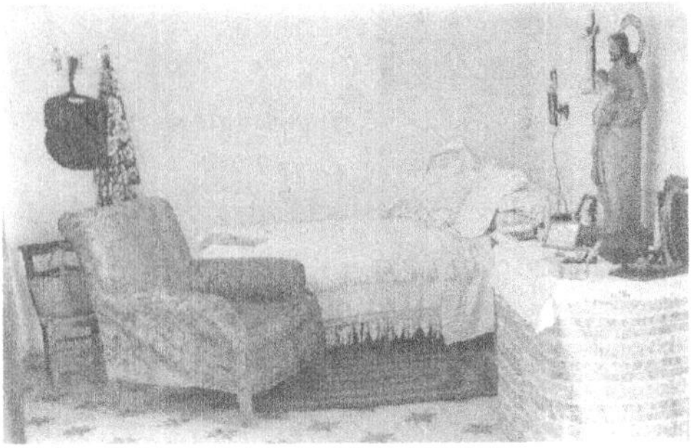

Habitación de la casa de Jerez de la Frontera (Cádiz) donde murió María Isabel en suma pobreza y desamparo el 6 de junio de 1937.

Traslado de los restos de María Isabel a la Sierra de Gibralgalia en 1954. En el centro niño besando la urna con sus restos. Desde la izquierda: el Padre Segarra S. J., José María González del Valle y sus hijas María Dolores y Amparo.

Sepulcro de María Isabel, en la iglesia de la Sierra de Gibralgalia (Málaga). Su primera Doctrina Rural.

III
DESPUÉS DEL PADRE ARNAIZ
(1926-1937)

1. ¿Duraría la herencia del padre Arnaiz?

El santo artificio del padre Tiburcio Arnaiz había sido arrancar a muchas mujeres de una vida muelle y rutinaria, dulcemente devota, sin trascendencia y con peligros de vanidad femenina, a un apostolado en el que esa vanidad mundana no podía germinar y para el que, al ponerse en contacto con las lacras sociales de su tiempo, se necesitaba un temple no común y la intensa vida espiritual que él supo imprimirles. Sin embargo, si todas habían trabajado a sus órdenes en las Doctrinas, no todas, por muy buena voluntad que tuviesen, eran capaces de entregarse de por vida a aquella empresa. ¿Quién prolongaría la fuerza que suscitaba el misionero, si a todos parecía locura continuar aquel modo de evangelizar del que él era inventor y alma? El duro e incomprendido trabajo de las doctrineras tenía razón de ser bajo alguien tan santo y tan bregado en la vida apostólica, pero faltando él y sus misiones incesantes, ¿qué hacían sus precursoras, cuya labor, si ya parecía descabellada en vida del padre Arnaiz, ahora sería vista como una quijotada destinada a naufragar?

Los superiores de la Compañía encargaron al padre Bernabé Copado que examinase los escritos de Arnaiz y se hiciese cargo de las Doctrinas y de las que las componían. Copado les dio los ejercicios espirituales; a ellas les gustó por su fervor, pero a algunas les pareció demasiado joven y con poca experiencia. María Isabel encontró en él un apoyo, al poder abrirle su alma y comunicarle resoluciones que la ayudaban en su vida espiritual, como hablar bajo, poco, sin vehemencia ni insistir en sus opiniones; pasar desapercibida; no quejarse ni hablar de enfermedades ni contar penas o contrariedades o preocupaciones a nadie; hablar del prójimo siempre con estima. El padre le añadió: «Desconfíe de su juicio y no se lance a decir cosas que no tenga pensadas de antemano. Cuando se le ocurre pensar o decir alguna cosa que vea ser en desdoro de otro, piense en lo que usted sabe con certeza de sí. Nunca, en las discusiones o deliberaciones, rechace usted a carga cerrada con una frase despectiva la opinión de los demás, sino oiga con tranquilidad y después, con dominio de sí misma, proponga las razones que en contrario se le ocurran». En aquellos ejercicios, meditando en la grandeza de ser hija de Dios, y en la exigencia de no hacer nada que desdijese de esa nobleza, anotó María Isabel:

> El examen particular llevado con seriedad y constancia puede hacerme una santa. Todo lo que hiciste con uno de estos mis pequeños hermanos conmigo lo hiciste. (Para no tener modos ásperos ni ser exigente, pensando que el Señor lo toma como echo a Él). Viendo Dios el mundo lleno de crímenes y de ignorancias... le amó tanto que le dio a su Hijo Santísimo. (Para tener indulgencia y entregarme y dar más amor cuantos más defectos vea). Si hago con fidelidad y con deseo de agradar a Dios todos mis ejercicios espirituales, lo moveré a compasión y Él me enseñará y me dará el propio conocimiento y todo lo que necesite para ser santa. Pero tengo que tener fidelidad y constancia y vencerme, para hacerlos bien aunque esté mala y cansada. Él no me dejará nunca y me ayudará en todo lo que haga puramente por darle gusto.

Terminados los ejercicios María Isabel y María Martos visitaron Valladolid, la diócesis que había visto nacer y crecer al padre Arnaiz, para recabar información en orden a escribir su vida. También fueron a Poyales del Hoyo, donde él ejerció su sacerdocio, y a Murcia. Y mandó hacer treinta mil recordatorios del padre. Nada más regresar comenzó a pensar en la organización de las Doctrinas hasta fin de año. Pero no era ella sola la que pensaba en reunir a sus compañeras de fatigas apostólicas: fueron varios los que intentaron aprovechar a las personas que se habían movido alrededor del padre Arnaiz y hacerlas trabajar en las diversas empresas que cada uno llevaba entre manos. Se fijaban sobre todo en María Isabel, que había sido el motor de las Doctrinas y a la que ahora creían despistada y sin saber en qué ocuparse: era solo una pobre mujer, sin más respaldo que un muerto, en olor de santidad, sí, pero muerto. Sin embargo, ahora ella oía resonar en su pecho, más poderosa que nunca, la voz de Dios. Enamorada de Él, quizá era la única que ni se había planteado abandonar aquel apostolado al que se había entregado de por vida, con su «casina a cuestas» por esos mundos de Dios dando a conocer a Jesucristo, predicando su amor y preparando los caminos al misionero. En cuanto a la manera de vivir y al modo de evangelizar y preparar los pueblos, ¿por qué iba a variar lo que había aprendido de su padre Arnaiz? Ahora, del padre Copado no le atraía nada el modo de ser, tan hierático y distante. Tampoco el padre Castro, su antiguo confesor, veía claro el porvenir de la ovejita pequeña, a la que, ya antes de la muerte de Arnaiz, escribía desde las islas Carolinas, el 26 de mayo de 1926: «Mucho corres, y veremos cuánto te dura esa vida. Otros también eran corretones y se han parado, sin saber cuándo podrán volar».

Algunos comenzaron a tacharla de ilusa, de cabezona y visionaria, de andariega: ¿habría apenas dos más que sintiesen la vocación misionera tal como el padre la había concebido y ella la practicaba? Hubo varios jesuitas que las animaban a seguir, como el padre Ulpiano López (compañero de Arnaiz en algunas misiones) en esta carta a María Martos:

> No pueden hacer nada más provechoso que trabajar por que sus obras (las del padre Arnaiz) prosperen y se muestre que sus Doctrinas y sus beatas no eran obra personal suya sino de Dios, y que por eso vive pujante después de su muerte. Ánimo y a continuar sus misiones con cualquiera que Dios les dé por guía. ¿Qué más le da al Señor para sus obras, una persona que otra?

Meses después, el mismo padre Ulpiano, para publicar unos artículos sobre Arnaiz en la revista *Sal Terrae*, agradecía la documentación enviada por María Isabel y la impulsaba a seguir adelante:

> Lo mejor son sus cartas, pues le retratan cual es; que no se pierda ninguna, que serán el mejor elemento para su vida, unido a la simple enumeración de sus trabajos apostólicos... Mucho pido al Sagrado Corazón de nuestro buen Jesús que la aliente a trabajar y a continuar su obra [...]. Este es el secreto, desconfiar de nosotros, de nuestras industrias, de todos los medios humanos, de to-

dos los hombres, y confiar en la omnipotencia de nuestro Rey.

Sin embargo, el desfile de las colaboradoras asiduas de las Doctrinas comenzó, lento pero inexorable, y poco a poco fue dispersándose el grupo. El punto de unión había desaparecido. Las que trabajaban fascinadas por el padre Arnaiz no volvieron. Las que, habiendo murmurado de las demasiadas alas que el padre daba a María Isabel, ahora cuestionaban más aún su liderazgo práctico, se distanciaron de ella para organizar Doctrinas y trabajos aparte; y, aunque al principio parecieron estar bajo la supervisión del padre Copado, con el tiempo se fueron aviniendo a intentos de reforma que los superiores jesuitas proponían para proteger el espíritu de las asociadas: votos públicos, hábito, noviciado... Total: una nueva congregación religiosa que nunca cuajó.

En realidad, el padre Arnaiz nunca había exigido a sus colaboradoras igual grado de abnegación y de entrega: conocía las condiciones y limitaciones de cada una, y que al fin habían de volverse a sus antiguas ocupaciones. Pero a María Isabel, que lo había dejado todo para entregarse a aquella vida trashumante, desde el principio le exigió todo lo que podía dar de sí según el reclamo de una total dedicación al apostolado, como él lo entendía y vivía. Ella había actuado cual mujer fuerte, y lo seguía haciendo. Daba por bien empleadas todas las murmuraciones que la rodeaban, con tal de asemejarse cada vez más a su Señor, como escribía:

> No hablar de disgustos, quehaceres, quejas ni preocupaciones, deseando que solo el Señor por Quien trabajo sepa lo que por servirlo tenga que

> sufrir; y agradecérselo y tenerlo como la mayor gracia y distinción que me puede hacer, pues así trata a los que ama y quiere que le sigan de cerca. Hacer por cada falta cinco minutos de oración sobre esto, pidiendo al Señor que grabe en mi corazón que este es el camino verdadero por donde Él fue y lo siguieron los santos. No me desanimaré ni dejaré de trabajar por conseguirlo, aunque vea que caigo muchas veces, estando segura de que el Señor siempre me dará su gracia y de que Él es el que quiere mi perfección, pues me da a mí este deseo constante de alcanzarla.

A pesar de la desbandada y de acuerdo con las que sí estaban dispuestas a continuar como hasta entonces, el 2 de octubre de 1926 María Isabel pidió permiso al cardenal, arzobispo de Sevilla, Ilundáin, que ya las conocía de La Muela, para comenzar otra Doctrina en El Álamo, en los campos de Zahara, donde les ofrecían casa con local para capilla y escuela. También irían a Coripe para la escuela dominical y, si podían, otras dos a Zahara para establecer otra. Pidió también al purpurado abrir en la estación de Gobantes otra Doctrina, que Concha Heredia quería llevar con su grupo, porque estaba cerca del Chorro, Las Mellizas y El Valle, que eran los poblados que más había trabajado ella, y así podrían darles un repaso de vez en cuando. Muy complacido, Ilundáin dio licencia a «la señorita doña Isabel González del Valle como representante a este efecto de las señoras catequistas llamadas "Catequistas del Padre Arnaiz"».

El 20 de octubre, en la quinta reunión del Patronato del padre Arnaiz, María Isabel, con María Martos, dio cuenta de su viaje a los demás miembros. Además de repartir los recordatorios por doquier, empezó a entresacar sentencias espirituales de las cartas del jesuita, para hacer un folleto. Tras escribir todo lo que recordaba de su amado padre Arnaiz, lo envió al padre provincial, Antonio Revuelto, sucesor de Cañete, que la contestó agradeciendo «el tesón, tan grande como el interés, en todo lo que se relaciona con la buena memoria de nuestro Padre Arnaiz». En otra de las reuniones, María Isabel todavía refirió un viaje que había hecho por Andalucía con María Martos para indagar más sobre la vida del padre Arnaiz, para la biografía que encargaron poco después a don Antonio García y García, canónigo penitenciario de Málaga, y más tarde obispo de Tuy, y arzobispo de Valladolid. En estas diligencias gastó más de treinta mil pesetas en 1926: ya dijo en los preparativos del sepelio que para promover la canonización del padre Arnaiz las Doctrinas estaban dispuestas a quedarse sin un céntimo. Y en ese momento las Doctrinas, tanto en lo económico como en lo logístico, eran... ella y poco más. Pero su magnanimidad amaba sin calcular. En diciembre se fue a La Muela, a terminar la Doctrina suspendida a la muerte del padre Arnaiz. La acompañó solamente Leonor; en Navidad acudió el padre Copado a ver por primera vez aquel apostolado.

2. Obedecer a quien no la entiende

A comienzos de 1927 María Isabel, ya en Málaga, en un retiro con el padre Copado, se propuso vivir en plenitud su voto de confianza en el Señor:

> Examinar si dejo en sus manos de verdad todas mis preocupaciones sobre mi perfección y sobre las Doctrinas. Si cuando se deshace un proyecto o viene una contrariedad lo recibo con paz y alegría, segura de que el Señor vela por todo y de todo sacará bien.

En su interior se libraba una batalla, porque Copado, aunque sentía la Obra de las Doctrinas como algo querido por Dios y la cobijaba paternalmente en aquellos momentos de orfandad, sin embargo, impulsado por sus superiores y con la mejor voluntad, tampoco dejaba de proponer proyectos de reforma. María Isabel, inquieta, sentía que no le ocurría como con el padre Arnaiz: ahora no encontraba la certeza de dar con la voluntad de Dios en lo tocante a las Doctrinas. Aun así, procuraba someterse humildemente al padre Copado, que para calmar sus escrúpulos le escribió un borrador con una promesa de obediencia; ella lo copió con su sangre en Málaga el 2 de enero de 1927, «Fiesta del Dulcísimo Nombre de Jesús, mi Señor, mi tesoro y todas mis cosas». Rezaba así:

> Jesús mi Señor y único amor de mi alma. Puesta de rodillas delante de Ti, y después de darte gracias con todo mi corazón por haberme dado a entender tu Voluntad que sabes que es la única que quiero

> cumplir, te prometo seguir en todo las indicaciones, consejos y disposiciones del Padre Copado, sean como sean y por contrarias que me parezcan a lo que hasta ahora ha sido tu Voluntad, teniendo por cierto que solo por él he de conocer de aquí adelante lo que quieres de mí, pues así me lo diste a entender después de tantas oraciones y consultas como hice para conocer tu Voluntad. Guarda, mi Señor, dentro de tu Corazón este propósito que hoy hago con el deseo de agradarte y cumplir tu Voluntad y lo escribo y firmo con mi sangre, pues con gusto daría toda la de mis venas por conocer y cumplir siempre tu Voluntad Santísima. No me dejes, mi Señor, y ayúdame siempre a cumplirla, ya que me das este solo deseo. Señor, también te pido por la dulzura de tu Nombre precioso que me concedas que no busque yo en el Padre más que a Ti, y a Ti encuentre siempre; y si alguna vez buscase en él mi consuelo o alguna satisfacción de mi amor propio, haz, mi Señor, que encuentre tus clavos, azotes, espinas y cruz, para que estos compañeros tuyos me hagan acordarme de Ti y volverme a Ti, único amor mío. No me dejes nunca sola, mi Señor, y haz que viva y muera unida siempre a Ti y sin querer nada fuera de Ti. María Isabel.

Copado añadió, satisfecho: «Parece ser que Dios por ahora aprueba y bendice esta resolución». Y ella quedó algo más tranquila, aunque no por mucho tiempo. Hizo los preparativos para la nueva Doctrina y marchó a El Álamo, cortijada de los campos de Zahara, no muy lejos de Algodonales, con Leonor, Emilia Werner y Carmencita del Río, que iba por primera vez, entusiasmada. A La

Salada, otra aldea sevillana a pocos kilómetros de Estepa, fueron Concha Heredia, Julia Crooke y Concha Valera. Prácticamente eran las que quedaban de las dirigidas del padre Arnaiz, fieles a su espíritu, y que aún permanecerían en las Doctrinas por temporadas, alrededor de María Isabel. Esta, contra viento y marea, luchaba por mantener su fidelidad a la promesa de obediencia al padre Copado hecha dos meses antes:

> Someterme ciegamente a todas sus disposiciones. En las cosas referentes a las Doctrinas o a su gobierno exponerle mi criterio una sola vez y por escrito, y después hacer lo que él vea mejor, segura de que por él me manifestará el Señor su Voluntad. Respecto a las demás, no decretar mi juicio. No insistir en mis opiniones. En las cosas que creo que debo inculcarles, hacerlo suavemente, sin tratar de arrastrarlas a mis caminos.

Después de Semana Santa el padre Copado fue a dar una misión a Gibralgalia, y allí conoció la cuna de las Doctrinas del padre Arnaiz. Si algo veía cada vez más claro era que una reforma iba a ser difícil; con el tiempo iría comprendiendo que la obra de Arnaiz era María Isabel. Ella, en esta época de discernimiento, también pidió orientación al padre Aicardo, quizá por indicación de Copado, que lo había tenido como formador espiritual y lo veneraba, tanto que llegaría a escribir su biografía. Aicardo la remitió al antiguo provincial, el padre Cañete (tan respetado por todos y tan querido por María Isabel), que ahora era superior de Sevilla, y, como ya vimos, conocía bien las Doctrinas y las había protegido mucho. Parecía la persona idónea para aconsejar y ayudar ahora a Copado y a sus dirigidas. María Isabel lo invitó a pasar la Semana Santa en La Muela, adonde el buen Cañete acudió el 12 de abril de 1927 con el padre García Alonso, el que había acompañado al padre Arnaiz en sus últimos momentos. Fueron días muy provechosos para María Isabel, que desde entonces comenzó a tratar con asiduidad al ejemplar jesuita, que recordaría aquella Semana Santa como algo nunca visto, con adoración ininterrumpida al Santísimo en el monumento, y muchas comuniones el Jueves Santo. Cañete las acompañó además en las misiones de El Álamo y Zahara. Después, conmovido, escribiría a María Isabel y a sus compañeras:

> Encantado de mi pequeña expedición apostólica y con ansias de repetir estas santas correrías, en las cuales a la vez que se hace algún bien a esas pobrecitas almas, tan abandonadas y privadas de todo auxilio espiritual, se siente más la presencia dulcísima de Cristo en nuestras almas; y la satisfacción de hacer algo por nuestro buen Jesús, que tanto nos ama. Es tan grande su amor, que quisiera uno centuplicar el trabajo y los pequeños sacrificios para sentirlo más... Que el Señor me las bendiga, pero de veras, que me las santifique, que me las abrase en amor a su Hijo Jesús y en amor a las almas redimidas por Él.

María Isabel continuaría carteándose con el padre Cañete, que participaba plenamente de sus ideales apostólicos, y con naturalidad se aconsejaba con él, sin pensar que eso afectase a su promesa al padre Copado, quien, sin embargo, a propósito de ello reveló su carácter susceptible y celoso. Tan a pecho tomó el asunto, que devolvió a María Isabel el papel con la promesa de obediencia y hasta se negó a recibirla para hablar. ¡Después de tantos vencimientos como había hecho para ponerse bajo su dirección, a pesar de la repugnancia que sentía!

Además de las nuevas Doctrinas, lo mismo que en tiempo del padre Arnaiz, seguían visitando los campos ya misionados, facilitando a las gentes el cumplimiento pascual y procurando que no muriese la semilla sembrada. María Isabel buscaba algún padre para esas misiones, en la Doctrina en que trabajaba ella y en las demás. El 24 de junio de 1927, día aquel año del Sagrado Corazón, ya en Málaga renovó los votos de castidad, perfección y confianza en el Corazón de Jesús. Días después, el 18 de julio, en el primer aniversario de la muerte del padre Arnaiz, toda Málaga se volcó en el recuerdo del santo jesuita; incluso en pueblos donde había misionado hubo actos en su memoria. Sirvió también ese aniversario para reanudar la relación con el padre Copado, porque María Isabel no paró hasta hacer las paces con él: sería su director y el responsable de las Doctrinas, pero ella seguiría siendo libre para consultar con otros padres. Por eso, y por sus caracteres tan diferentes, aun apreciándose mucho, nunca llegaron a entenderse del todo. María Isabel diría que lo quería a su pesar. Copado se preciaba de ser verdadero padre, de no andarse por las ramas con las almas, de no endulzarles la cruz. Eran cualidades muy buenas en un director espiritual, y características del padre Arnaiz, pero la distante suspicacia y la solemne parquedad de Copado chocaban con la afectuosa espontaneidad de María Isabel, que, si alguna vez podía resultar imprudente por haber vivido siempre muy libre, era siempre muy recta.

En agosto empezaron una tanda de ejercicios que les predicó el padre Cañete. María Isabel ansiaba esos días de serenidad. Para Cañete fue la ocasión de conocerlas a fondo. ¡Este sí que era un padrazo con ella! Continuó su correspondencia, dirigiendo también a otras misioneras y, como superior de Sevilla, proporcionándoles padres para sus misiones. Él le infundió la devoción a la Dolorosa de Quito, pues, durante sus años en Ecuador, en el colegio de Quito, en cuya iglesia estaba el cuadro, organizó y encauzó su culto, restaurando y propagando la imagen por todo el mundo. Por entonces madre Nieves escribía desde Murcia a María Isabel:

> El Padre Cañete será de primerísima cuando usted se ha puesto en sus manos, porque, acostumbrada, como yo, a aquel manjar espiritual tan sólido y exquisito de nuestro inolvidable y santo Padre Arnaiz, no es fácil halle gusto en otros [...]. Creo que, con haberle usted conocido mucho después que yo (al Padre Arnaiz), consiguió ser su predilecta y, como se lo mereció, me alegro mucho y nunca la tuve envidia, aunque santa; antes al contrario, la felicito con toda el alma.

En efecto, el padre Cañete era de primerísima; protegió e impulsó las Doctrinas, pero, jesuita al fin, también cayó en la tentación de querer retocarlas, dándoles cierta estructura para acallar tanta oposición. E instó a María Isabel a que, en colaboración con las doctrineras veteranas, tomándolas de las cartas o de sus recuerdos del padre Arnaiz, escribiera unas normas básicas. Y fueron estas: que no se establecerían definitivamente allí donde catequizasen, ni por largas temporadas;

que pondrían escuelas gratuitas para niños y jóvenes, y nocturnas para hombres, y catecismos para mujeres casadas y viejos; que visitarían enfermos; que darían alguna vez pequeños premios como estímulo a la aplicación y buena conducta; que jamás castigarían; que no se ocuparían de colocar muchachas de los campos a servir en ciudades; que tendrían una hora de oración mental, media de lectura espiritual, dos exámenes, visitas al Santísimo, letanías, oficio parvo (en privado) y los jueves la hora santa; rosario con el pueblo; un día de retiro mensual y diez de ejercicios anuales; que habría un horario de levantarse, meditación, clases, comidas, etc.; que salvo las horas de comer y recreo guardarían silencio; que no aceptarían invitaciones a comer, merendar ni aun tomar un refresco, contestando amablemente que su reglamento no se lo permitía; que no admitirían ninguna limosna de aquellos que las llamasen a trabajar, ni aun con la excusa de socorrer a los pobres; que ellas mismas cocinarían y limpiarían; que no tendrían gallinero, ni animales domésticos, ni macetas. Y que las que quisieran pertenecer a la Obra deberían tener sólida formación cristiana, intención recta de buscar solo la gloria de Dios y la santificación propia trabajando por la salvación de las almas, buena educación e instrucción necesaria para las clases, y medios suficientes para atender a sus necesidades personales. Para los gastos de comida, luz, lavado de ropa, etc., aportaba cada una setenta y cinco pesetas mensuales, corriendo luego por su cuenta los demás gastos de vestir, medicinas... Para los gastos generales de las Doctrinas, como instalación de capillas, casas, escuelas, viajes, premios, misiones..., había un fondo al que contribuían voluntariamente las que pudieran hacerlo.

3. Del Barranco del Sol a Jerez, pasando por Asturias y Vascongadas

En noviembre de ese año 1927 María Isabel, Emilia Werner, Carmencita del Río y Leonor comenzaban una Doctrina preparada por el padre Copado en el Barranco del Sol, de la parroquia de Almogía (Málaga). Las veteranas Ana María y Ángeles Macías iban y venían a ayudarlas. A los pocos días de estar allí, María Isabel se puso tan mala que hasta le administró el viático el padre Copado, en la misa que dijo en su cuarto. Leonor puso al corriente al padre Cañete, que contestó a vuelta de correo:

> He ofrecido al Señor mi vida por la de María Isabel, pues ella puede hacer mucho bien, y ganar muchas almas para Cristo, y este viejo ya poco podrá hacer a pesar de los bríos y deseos que aún siento [...]. Dígale que aún tiene que trabajar mucho por nuestro buen Jesús, arrancando muchas almas de las garras del demonio, y llevándolas a los brazos de Jesús.

Al enterarse, acudieron al Barranco Julia Crooke y María Martos, que fueron de gran ayuda. Como María Isabel quería dejar sus bienes a las Doctrinas, el padre Cañete, aunque esperaba que Dios la pondría bien hasta que la Obra pudiese andar por sí, le aconsejó firmar un papel indicando bien clara su voluntad y señalando alguien para cumplirla. Ante tantas muestras de afecto, ella se manifestaba agradecida con su efusiva expresividad, lo cual, según el padre Copado, era impropio de una persona virtuosa. El buen jesuita pretendía cambiar el temperamento de María Isabel que, sinceramente cariñosa y expansiva, con frecuencia participaba sus sentires íntimos a los que la rodeaban. Desde su conversión había actuado así: era su natural, y... ¡menos mal que Copado no lo estropeó! Cañete, tan distinto, la animaba a cuidarse y dejarse cuidar. El día de Reyes de 1928 escribía la convaleciente a sus hermanas salesas quitando hierro a sus males: «En noviembre estuve algo mala y aunque no fue más que un dolor hepático o cosa parecida, las compañeras me tuvieron no sé cuánto tiempo sin dejarme escribir ni hacer nada, pues todo temían me hiciese daño». Por entonces la escribió el provincial jesuita, padre Antonio Revuelto, congratulándose de su mejoría; y el padre Ulpiano López, que le recordaba el lema paulino que había dejado Arnaiz a sus hijas: «La encomendé mucho al Señor cuando supe que estaba enferma y continúo haciéndolo todos los días en la santa misa, para que siga buscando con fervor "*non quae sua sunt, sed quae Jesuchristi*"».

La pequeña comunidad del Barranco seguía su vida ordinaria de clases y catecismos. Carmen Pineda, a quien tanto costó marchar de Naveros, al fin consiguió permiso de mamá para volver a las Doctrinas. Con ella, Carmencita del Río, Leonor y Concha Díaz (una dirigida del padre Cañete) eran cuatro jóvenes, con las que María Isabel era una madraza, tratando con toda naturalidad de la vida espiritual con ellas, aunque el padre Copado se empecinara en reprimirla, como le repetía en una de sus cartas, tan poético y tan pesado como siempre:

> Corte de raíz y con mano fuerte esos brotes del afecto malentendido y no destruya la obra de Dios en las almas que Dios de alguna manera pone bajo sus cuidados [...]. Procure usted ir por entre los

> trigales de las almas acompañada y guiada por Jesucristo y cuantas espigas de afecto, o de cariño o de agradecimiento coja usted, presénteselas al momento a Él.

Días después volvía a la carga:

> Convénzase de que Dios la quiere a usted desligada por completo de todo lo que es gustoso a la naturaleza; que le irá quitando lo que hasta aquí tenía; que le cerrará todos los caminos para ver si por fin cae usted en la cuenta de que lo único para usted en el mundo es el buscarle a Él y el buscar las almas para Él.

El día de la Purificación, Copado fue a predicar al Barranco del Sol. Allí, sobre el escrito que hacía un año María Isabel había copiado con su sangre, tomándolo como director, añadió, con su acostumbrada solemnidad: «La tomo por hija en absoluto y para siempre». De nuevo, el ingenuo padrecito creía domeñar así el alma de aquella mujer de fuego.

El 16 de febrero, Copado llevó al Barranco del Sol al provincial, que se informó *in situ* de la organización de la Obra de Arnaiz. Contra las habladurías y lo que pudiera parecer, María Isabel no iba por libre: procuraba organizarse con el beneplácito de su director espiritual y de las doctrineras más antiguas. Reelaboró las *Normas dadas por el padre Arnaiz de palabra y por carta a las señoras de las Doctrinas Rurales para la buena marcha de la Obra*, que ya había presentado al padre Cañete, añadiendo ahora la distinción de varios grados de pertenencia a la Obra: las que se dedicasen de por vida; las que, por no poder dejar del todo su casa o cualquier otra causa, no se prestasen más que a trabajar algunas temporadas; y las que ayudasen con sus oraciones y limosnas. Además, se establecía un Consejo para la dirección de la Obra. En Cuaresma hubo misión en el Barranco, con mucho fruto. Tras dos meses en las Doctrinas, Concha Díaz escribió al padre Cañete lamentando lo que más sentía: no poder recibir al Señor diariamente, piedra de escándalo con la que tropezaban muchos piadosos. Cañete, que lo era más que ninguno, entendiendo perfectamente el espíritu de la Obra de Arnaiz, escribía a María Isabel el 22 de marzo, aludiendo a las quejas de su dirigida: «Esto es dejar a Dios por Dios, y en estas ocasiones nada pierde el alma, antes por el contrario, Dios Nuestro Señor le aumentará las gracias y auxilios aún más que si le recibiese todos los días, pues ve que esta privación solo la hacen por ganarle almas y por Su Amor».

En esta primavera de 1928, Concha Heredia organizó el cumplimiento pascual en la zona del pantano del Chorro. María Isabel la ayudó en Las Mellizas y durante la Semana Santa en la estación de Gobantes. Fueron días intensos, en los que se preparó para hacer el voto de pobreza. Aunque desde que se entregó a su Señor lo hizo con todo cuanto era y tenía, deseaba hacer esa renuncia más radical. Y el 5 de abril, Jueves Santo, en Gobantes prometió a Jesús crucificado vivir en la pobreza que su director le permitía. El texto, que firmó con su sangre, como solía hacer en las ocasiones solemnes, es también copia de un boceto que le preparó el padre Copado, aunque ella añadió algunas expresiones (que subrayó), y donde él puso «te ofrezco», ella escribió «te hago voto», concretando las condiciones. Y aprovechó, al final, para rebautizarse:

> Dios y Señor mío, único amor de mi alma: deseosa de conformarme con la pobreza que Tú tienes en la Cruz, en este día de tus dolores y tormentos, elijo y quiero y me abrazo con todo aquello que indique desprendimiento de las cosas y bienes terrenos, y te hago voto de pobreza en las condiciones que mi director me permite, no deseando tener más tesoro que a Ti Redentor mío. Tú eres mi parte y mi heredad, Señor y Dios mío. Concédeme que llegue a sentir los efectos de la pobreza semejante a la que Tú tuviste en el Calvario. Que a Ti solo tenga en mi vida; que a Ti solo busque en todas las cosas y que a Ti solo encuentre ahora y siempre.
>
> María Isabel de Jesús Crucificado.
> Gobantes, Jueves Santo 1928.

El 22 de abril, aniversario de su conversión, en Málaga presentó el voto al padre Copado. Se iba haciendo realidad, y cuán concreta, la determinación de cuando niña: «¡Yo no seré nunca rica!».

En septiembre del año anterior, el padre Jesús María de la Mata, desde Jerez, noticiaba a María Isabel que los marqueses de Domecq estaban muy contentos con la labor que las misioneras proyectaban en sus cortijos de El Majuelo y Espartina, en Sevilla; que sus hijas, muy aficionadas a enseñar la doctrina, se entusiasmarían viéndolas, y que luego podrían continuar esa labor. Y, conociendo bien lo rompedor y adelantado del método evangelizador de las Doctrinas, le escribía que darían mucha gloria a Dios yendo allí, porque, viendo cómo trabajaban ellas, esos señores descubriesen nuevos horizontes, «pues ellos se interesan por el bien de las almas, sí, pero todavía siguen sistemas bastante rutinarios de los que conviene que salgan, dado que pueden hacer mucho bien con tantos centenares de empleados como tienen». Y a principios de mayo de 1928, con Concha Heredia a la cabeza, fueron varias a El Majuelo y Espartina; y María Isabel, con otras, a Tahivilla, de Cádiz, y a los cortijos y poblaciones aledañas de Acicar, El Moro, Almarchal, La Zarzuela y Bolonia, para preparar con unas misiones la visita pastoral del obispo. Fueron días de intenso trabajo y gran fruto espiritual. María Isabel comenzó a sentirse tan mal, que el prelado gaditano la visitó postrada en cama. El padre Cañete la escribía consolándola una vez más, con unción evangélica:

> Esa vida que llevan ustedes por esos campos, buscando por ellos las ovejuelas que andan errantes, lejos del buen Pastor, expuestas las pobrecitas a ser devoradas por el enemigo y lobo infernal, por Satanás, es vida de privaciones de todo género, aun de los poderosos auxilios de la Misa y Santa Comunión frecuente; es vida de sacrificio, de trabajo, de sufrimientos físicos y morales; es vida muy parecida a la que Jesús llevó cuando andaba por los pueblos y aldeas y campos de la Palestina, hambriento, cansado, durmiendo en cualquier parte y aun sobre la dura tierra, teniendo que luchar con dificultades de todo género. Pero, así como a Jesús el amor a su Eterno Padre y el amor a las almas le dulcificaba aquella vida y todos aquellos sufrimientos, así a ustedes el amor a Jesús y el amor a esas pobrecitas almas les debe dulcificar la vida y sufrimientos que por amor a Jesús han abrazado.

Copado era distinto: no dejaba de agobiarla. Por una frase imprudente que se le había escapado, le endilgó esta original penitencia: «Esté veinticuatro horas sin escribirme a partir de la hora en que reciba esta, no hable con nadie ni de la falta ni de la penitencia. No mire a la Virgen en el día en que llegue esta a sus manos y no hable por gusto con Carmen en un día». En fin, era curioso el buen Copado. Tanto que, inmediatamente después del réspice, contando a María Isabel de un sermón que él había echado el día antes en Linares, le dice sin rebozo que resultó «grandioso»; que, tras una hora hablando él, la gente quería que continuase. En fin...

Menos mal que, por otro lado, recomendó a María Isabel que, para recuperarse, fuese a descansar aquel verano con su hermano José María a Asturias. Así, después de siete años, en aquel julio de 1928 ella volvía a Oviedo. José María fue a buscarla en coche a León. ¡Qué alegrón al abrazarse! Al parar un rato en la estación invernal de Valgrande, en lo alto del puerto de Pajares, ella pidió ¡un *whisky*! Sus allegados la instaron a tomar las aguas en Cestona. Ella lo consultó con el padre Copado, que desde Francia le contestaba que sí, pero solo si alguien le costeaba «esos lujos de balnearios»; y que la dentadura se la podría arreglar al pasar por Madrid de vuelta, y que se la hiciera barata. Las salesas disfrutaron unos días de su María Isabel, de quien decían encontrar cada vez más santa y que sus visitas les hacían mucho bien, pues todo lo veía sobrenaturalmente.

María Isabel llamó a Leonor para que la acompañara en el balneario de Cestona. Copado le anunció que iba a estar cerca, porque haría ejercicios en Loyola, y allí, el 12 de septiembre, les desveló que lo habían nombrado superior de Jerez de la Frontera, por lo que

María Isabel determinó, de acuerdo con él, trasladar allí su centro de operaciones. El 28 de septiembre de 1928, en las reparadoras de Málaga comenzaron los ejercicios espirituales con el padre Cañete, todas las que seguían colaborando en las Doctrinas y tres nuevas incorporaciones: Blanca Werner, hermana de Leonor, que estaba decidida a dejar su casa y entregarse a aquella vida, y las dos hermanas madrileñas, Carmencita Pineda y Anita, a la que aquella había entusiasmado. Antes de comenzar los ejercicios, el Señor purificaba a María Isabel con tristezas, desalientos y zozobras. Copado le escribía el 1 de octubre, como siempre por las bravas, casi amenazándola con dejarla por imposible:

> Es evidente que mi doctrina y dirección se borran por completo en usted en el momento en que el vendaval asoma. ¿Para cuándo deja usted esos deseos, que dice tener, de amar prácticamente a Jesucristo? Servirle por la soldada es cosa vulgar, propia de esclavos y jornaleros; de usted, prevenida con tantas gracias, sostenida con tantas bendiciones, tiene el Señor derecho a esperar otra cosa. ¿O es que vamos a estar siempre con el manjar de los niños y las alternativas y dudas de los ignorantes? Si no se encuentra con ánimos de santificarse de veras, no piense en Jerez.

Acabados los ejercicios, abrazada ella a la voluntad de Dios y reafirmada en su vocación, a pesar de sentirse sin fuerzas, el 6 de octubre, primer viernes de mes, escribió con su sangre la consagración de las Doctrinas al Corazón de su Señor:

Jesús mío, amor verdadero de mi alma. Puesta de rodillas delante de Ti y en presencia de la Santísima Trinidad, de tu Madre Purísima y de todos los Ángeles y Santos, consagro irrevocablemente a tu Corazón Santísimo las Doctrinas y todos mis trabajos. Te ruego que desde hoy te consideres su único director y apoyo en el cielo y en la tierra y veles por ellas, ya que tu amor fue su principio. Desde hoy, Señor, no quiero tener otra preocupación que la de servirte con fidelidad, segurísima de que Tú velarás por esta Obra de tu Corazón y, para que pueda demostrarte con las obras la confianza llena de cariño que en Ti tengo, ayúdame a que sufra sin quejarme ni hablar de ello todo lo que tenga que sufrir por seguir esta vocación a la que tan sin merecerlo me llamaste y en la que me conservas a pesar de lo mal que te sirvo. Imprime con fuerza en mi corazón el deseo de salvar las almas como Tú las salvaste, con el sufrimiento, la humillación y el abandono de todos. Señor, Tú sabes que, como te quiero con todas las fuerzas de mi ser, quiero ir por el mismo camino que Tú y muy cerca de Ti, pero que no tengo fuerzas. Desde hoy méteme en tu Corazón Divino y así tendré fuerza y luz y alegría al saberme tan unida a Ti. A Ti me entrego y mis trabajos, y escribo y firmo esta consagración con mi sangre, pues en ella llevo el amor y la confianza que tengo en Ti. Corazón de mi Señor, de tu amor lo espero todo.

4. La Cala, La Media Legua, La Parra y El Cuervo

Cuando María Isabel terminó su retiro y supo que se estaba construyendo una iglesita en El Cuervo, poblado muy desfavorecido en la carretera de Sevilla a Jerez, escribió al cardenal Ilundáin ofreciéndose para ir a instruir a aquellas gentes. Si el prelado accedía, ella cambiaría su plan de ir ese otoño a La Cala, cerca de Fuengirola, y a La Media Legua, en Mijas. Como Ilundáin respondió que mejor esperar a inaugurar el templo, ella empezó a buscar en La Cala una casa, que encontró el 17 de octubre de 1928, día de Santa Margarita María de Alacoque, en que hicieron todas juntas la consagración de las Doctrinas, con una fórmula similar a la que ella había usado diez días antes. Después marcharon a Mijas, y estuvieron trabajando los dos grupos muy cerca, en La Cala y La Media Legua. Estando allí, Ilundáin les comunicó que el día 30 de noviembre bendeciría el nuevo templo de El Cuervo y que desde entonces podían ir. Aunque pachucha, fue María Isabel con Carmen Pineda y alguna más. Pero el día de la bendición le impidió asistir a la ceremonia un dolor hepático, con vómitos. Fue mucha gente de Sevilla; los campesinos comentaban los trajes y sombreros de las señoronas pitongas. Como apenas cabían en la iglesuca, y no entendían nada, montaron un tiberio que, sin lograrlo, intentaba amainar el cardenal. Cuando por fin iba a dar la bendición con el Santísimo Sacramento, entró una aldeana, gritando: «¡Fulanaaa, que tus cabras s'an metío en el sembrao!». Entonces Ilundáin, con la custodia en las manos, tronó: «¡¡Silenciooo!!». Y en medio del mutismo, otra voz malhumorada sentenció: «¡El tío malage...

encima que habemos venío...!». Y comenzaron a desfilar dejando en el templo solos a los forasteros. Después, el prelado visitó a María Isabel, encamada, y le reconoció que, efectivamente, habría convenido preparar a los lugareños. A los pocos días se fueron trasladando al piso de alquiler que el padre Copado les buscó en Jerez, en la calle Francos, 49. Como era grandote, lo llamaron el caserón. Allí acudieron para fin de año las que habían quedado en las Doctrinas de Málaga, después de haber administrado san Manuel González más de doscientas confirmaciones. Les convenía alejarse de Málaga y de cuantos deseaban modificar las Doctrinas; en Jerez tendrían más libertad de acción con el padre Copado, que les facilitó víveres y enseres para montar la casa y la capilla, y les puso el Santísimo.

En los primeros meses de 1929 fueron a trabajar a una finca muy cerca de Jerez, en la carretera de Sevilla, llamada La Parra, o El Loro. «Somos siete y no paramos ni un minuto», escribía María Isabel a sus hermanas. Ella, como no podía seguir todas las actividades pero no sabía estar parada, hacía detentes que repartían en las misiones, y labores para el Señor, para lo cual era muy habilidosa y delicada. Le gustaba bordar los cubre copones por la parte interior, más en contacto con Jesús Sacramentado: «¿Por qué ha de ser lo más bonito solo por fuera?». Hasta en la menor cosa traslucía su enamoramiento del Señor, que atraía con suma naturalidad. Su cariño y su interés por el bien espiritual y corporal de todas las invitaba a la confianza. Varias de las que empezaron a juntarse en estos meses sentían su vocación a las Doctrinas como algo vitalicio, y ella las formaba en ese espíritu. A veces, les parecía que adivinaba cosas que después iban saliendo. Los jesuitas y otros sacerdotes que las apreciaban estaban persuadidos de que ella era la responsable de que se fraguase la obra del padre Arnaiz como algo consistente. Cuando les preguntaban si escribían alguna reseña de sus trabajos, respondían bromeando que su periódico se titulaba *El Callao*, porque Arnaiz no las quería escribanas. Lo hacían solo por el Señor: Él lo escribía en el libro de la vida. No obstante, con su carácter vehemente y apasionado, a veces María Isabel se excedía al defender sus Doctrinas del alma, en conversaciones privadas y públicas. Por eso en el último retiro del año había propuesto no hablar de las desatenciones que sufrieran: El Señor siempre callaba.

Hubo mucho fruto en La Parra: los cien hombres que fueron a su escuela quedaron tan fervorosos que formaron cinco coros del Apostolado de la Oración. Al irse las misioneras, decidieron comprar una imagen del Corazón de Jesús y pedir al dueño de un cortijo que les dejase hacer una ermita en un local muy a propósito. Ese señor, que había sido muy amigo del padre Arnaiz, regaló la imagen e hizo la capilla. Mientras, cada noche se reunían todos a rezar el rosario allí donde tocaba la capilla domiciliaria de la Virgen.

Concha Heredia y otras habían estado en una barriada de Arcos de la Frontera. En marzo prepararon diversos cumplimientos pascuales por la diócesis de Málaga. Y en abril ya estaban en la nueva Doctrina de El Cuervo, adonde la gente acudió desde el comienzo, ansiosa de instruirse desde las primeras letras hasta el catecismo. Los que se habían marchado con cajas destempladas de la capilla comenzaron a ir a la misa dominical y hasta al rosario diario que las misioneras rezaban con ellos antes de la clase nocturna. El 7 de junio de 1929, día del Sagrado Corazón, María Isabel hizo perpetuos los votos de castidad, perfección y confianza que venía renovando desde hacía algunos años:

> Oh Padre Eterno. Padre de mi Señor Jesucristo y Padre mío, a quien amo con toda mi alma, con todo mi corazón y con todas las fuerzas de mi ser. Puesta de rodillas en tu presencia y delante de tu Hijo Sacramentado y del Espíritu Santo te hago voto perpetuo de castidad, de hacer en todo lo que entienda que es más perfecto y de confianza en el Corazón de tu Hijo y mi Señor, esperando de su amor todo lo necesario para la perfección que quieres de mí y para las Doctrinas. Tomo por intercesores a mi Madre la Virgen María, a mi Padre San Ignacio y a mi Padre Arnaiz para que velen por mí, me ayuden a cumplir estos votos y me alcancen de tu bondad la gracia para no faltar nunca deliberadamente a ellos en lo más mínimo, pues Tú sabes que prefiero mil muertes antes que disgustarte advertidamente. Dame tu gracia para que te sirva con fidelidad hasta la muerte. Amén.

Para curarse de sus males a toda costa, el padre Copado le mandó volver a tomar las aguas a Cestona. Ella fue hasta Madrid con Carmen y Anita Pineda. Su madre, al verlas decididas a dedicarse a la Obra de por vida, quería disuadirlas, instigada por algunos sacerdotes: «Aquello no podía tener continuidad; no estaba aprobado por la jerarquía eclesiástica; era una chaladura de María Isabel». Para defenderse, ellas comenzaron a decir que ya tenían normas, que iban a poner una directora... aumentando la crispación de doña Emilia y los comentarios negativos sobre la Obra del padre Arnaiz.

En resumen: la causante de todos los males era María Isabel. Esta coincidió en Cestona con el cardenal don Pedro Segura y Sáez, entonces arzobispo de Toledo, primado de España, y le habló de la Obra con su habitual entusiasmo. Segura dijo que una Obra tan hermosa pedía un temple extraordinario y le pidió le entregase por escrito su origen, fines y normas, a ver si alcanzaba alguna aprobación de Roma. Ella se puso a prepararlo con Concha Heredia, que estaba con ella, y quiso contrastarlo con los padres Cañete y Copado; más tarde, también lo envió al padre Castro. Además de las normas del padre Arnaiz, elaboró un apartado con el modo de gobierno y la organización interna de la Obra: como asociación piadosa no tenían votos públicos ni casa noviciado: era un ensayo de lo que podría ser; ni el nombre oficial se daba por definitivo. Y añadían una lista de todas las Doctrinas que hasta entonces habían tenido.

A pesar de los baños de Cestona, no mejoró mucho. En septiembre de 1929 hizo sus ejercicios en Jerez con el padre Copado y propuso «imitar al Señor sobre todo en sufrir con paciencia y en silencio todo lo que digan de mí» y «acordarme de la casa de Nazaret, tratando de ver cómo ordenaría o se dejaría servir san José de la Virgen y del Señor, con qué humildad, consideración y agradecimiento». Por si era poco el sufrimiento que tenía por su precaria salud y la lluvia de críticas que seguía cayendo, Copado no le ahorró la rociada de costumbre: «Me dijo el Padre que no puede entender cómo sea verdadero el amor que tengo al Señor, viendo las faltas tan grandes y tan continuas que hago».

En octubre de 1929 reanudaron los trabajos en El Cuervo, donde los alumnos se habían doblado: más de trescientos. Algunos con más de doce años no sabían cómo se llamaban. En la iglesia corrían y chillaban como en la calle. Pero poco a poco se iban civilizando y estaban tan bien dispuestos que hasta se les organizaron ejercicios espirituales; don Juan Pedro Domecq puso un camión para transportarlos. El 18 de diciembre el cardenal Ilundáin fue a confirmar al pueblo entero. Acogieron muy bien al que un año antes habían llamado «tío malage». Desde entonces el purpurado tomó gran aprecio a las misioneras y las defendió siempre. Al volver de Roma, Segura les dijo que no pudo hacer gran cosa, pues la Obra tenía que mudar de forma si quería perpetuarse...

5. La Jarana, La Mora, y enferma en Jerez

A finales de 1929 Concha Heredia ingresó en las salesas de Sevilla. También las dejó María Martos, que tanta paciencia hizo derrochar a María Isabel, quien, sin embargo, siempre siguió siendo su amiga. Las demás se reunieron para el retiro de Navidad en el caserón jerezano, donde les felicitó las Pascuas uno de sus alumnos, que, a falta de otros datos, puso por dirección: «Misioneras del JHS». Ante el regocijo de todas, por su devoción al Santísimo Nombre de Jesús, decidieron llamarse así, como también vestir un traje negro, largo, y llevar el pelo recogido: que se notase que daban un mentís al mundo. Habiéndose ido las demás unos días a sus casas a principios de 1930, quedaron solas con María Isabel las dos Werner y las dos Pineda. Y, por primera vez en su pequeña historia, celebraron con gran fervor el día del Nombre de Jesús, con esta consagración a su Corazón, escrita por María Isabel, que en la misa el padre Copado puso sobre el altar:

> Señor Jesús, Salvador de los hombres, que nos llamaste a seguir Tus pasos y a trabajar en que tus pobres te conozcan; te bendecimos mil veces por esta vocación y te pedimos que estés siempre a nuestro lado para ser nuestro Maestro y nuestra fuerza. Haz que nos parezcamos a Ti, que imitemos tu mansedumbre, tu caridad y tu celo por las almas. Que tratemos de salvarlas yendo por el mismo camino que Tú fuiste; no nos dejes pasar sin castigo en este mundo ninguna falta que sea obstáculo para tu acción en los demás; danos las

> actitudes que requiere nuestra vocación. Que tu Corazón supla nuestras faltas y haga que nuestras obras sean todas para gloria de tu Padre y tuya. Nos consagramos para siempre a tu Corazón y de Él esperamos todo lo necesario para ser santas, que ya sabes que es nuestro deseo, cueste lo que cueste. Que tu Madre nos ayude y vele siempre por las misioneras de tu Nombre.

El obispo de Cádiz, don Marcial, deseaba que las Doctrinas volvieran a su diócesis, diciendo a María Isabel que su precaria salud sería «la mejor prueba de que es obra de Dios, y no de los hombres, pues solamente Él puede servirse, y se sirve, de instrumentos pequeños y despreciables para obtener las grandes victorias de su glorificación y de la salvación de las almas». A fines de enero de 1930 ya estaban todas en el barrio de La Jarana, en la carretera entre Puerto Real y San Fernando, con veinte chozas formando calle, un puesto de guardias civiles y otro de carabineros. Emilia Werner, Anita, Leonor y Concha Díaz se instalaron en media casita de peones camineros, techando el patio con uralita para convertirlo en capilla. A una legua, en un montecito, estaba La Mora, en el centro de varios cortijos y partidos de chozas. Aquí, en otra casita, se instaló María Isabel con Carmen Pineda y Blanca. Al ir a las cortijadas tocaban una cuerna, y la gente se reunía en una casa donde tenían preparado un altarcillo. Manuela, una mujercita de La Mora, llorando canales les contó que había tenido que abjurar de la fe para casarse por lo civil, y que una amiga le había dicho que eso ya no tenía perdón. Estaban sin bautizar sus cinco hijos, porque su marido se hizo masón; sin embargo, poco después, en la capillita de las misioneras, se casaba con Manuela, comulgaba con ella al cabo de treinta años y bautizaba a sus hijos. Manuela abrazaba a las misioneras diciendo que el Señor las había llevado solo para ella. Después, también la abuela, que estaba enferma, recibió todos los sacramentos, y una sobrinilla de siete años, tísica, comulgó por viático en la capillina, adonde la llevaron en un borriquito. En abril, terminó aquella misión con una misa en la que comulgaron las familias; y con una procesión para entronizar en las chozas el Sagrado Corazón, que recibían llorando. En La Mora anduvieron más de diez kilómetros. En La Jarana, al dar la bendición con el Santísimo en la carretera, los guardias y carabineros rindieron armas. María Isabel contaba a sus hermanas salesas que había sido casi misión de infieles, con milagros de la gracia. Al final fue el obispo a confirmar a 136 en pleno campo, entre las dos Doctrinas, y bendecir un monumento al Sagrado Corazón en el cortijo de Zurraque. Tras celebrar con ellos la Semana Santa, en Pascua marcharon a Jerez a tomar un respiro. Pero enseguida, en dos grupos, empezaron a recorrer cortijadas y pueblos, para facilitar a los campesinos las confesiones y comuniones pascuales: el cortijo de Morón, en La Gironda, cerca de El Coronil; Barrio Nuevo, para la inauguración de la capilla; Naveros, en Vejer. A las Pineda las reclamó su madre desde Madrid y tuvieron que marchar, con gran sentimiento de todas.

Por entonces el Congreso Catequístico Nacional pidió al padre Copado una memoria de las Doctrinas para presentarlas allí. María Isabel lo ayudó a preparar un borrador que decía que las Doctrinas eran muy semejantes a «las misiones entre infieles, pues salvo rara excepción todos ignoran que hay Dios, que tienen alma, etc. Y por supuesto no tienen ninguna idea de Jesucristo. Son sumamente rústicos y sencillos, por eso el método que se sigue para la enseñanza de niños se emplea igualmente para jóvenes y ancianos. Pero al mismo tiempo son almas de sentimientos nobles y agradecidos y completamente sanas, que responden pronto a la gracia y aman al Señor en cuanto le conocen». Hablaba del método de enseñanza; de la oración; de los medios de atraer a los campesinos; de la forma de vida de las misioneras: «No tienen votos, pero aspiran al cumplimiento de ellos entregándose totalmente y para siempre a esta obra de santificación propia y enseñanza de los campesinos abandonados. Tienen por lema: "Todas buscan no sus intereses, sino los de Jesucristo"».

En Jerez, a María Isabel le volvió a dar un cólico tremendo: ¿y si la llamara el Señor en cualquier momento? Le preocupaba el futuro de las poquitas que perseveraban a su alrededor, y quiso dejar escritas ciertas disposiciones económicas elementales y manifestar a su hermano José María su voluntad sobre sus bienes:

> Que a mi muerte hagas saber a los demás hermanos que hace tiempo que para entregarme del todo al Señor dispuse de mi capital dedicándolo todo a los pobres, y si algún objeto me queda aún, como el cuadro de Gerardo de la Notte y mi parte en la cruz de plata, deseo que el producto de su venta lo entregues a las que sigan la Obra de las Doctrinas de los Campos, que se llaman del Nombre de Jesús, para que ellas lo distribuyan según mis instrucciones. No quisiera que ninguno de mis hermanos dudase de mi cariño hacia ellos y hacia mis sobrinos, al saber que había dispues-

> to de mis bienes sin tenerlos a ellos presentes en mis disposiciones, pero, desde el momento en que Dios me llamó a Su servicio, entendí que era no solo con mi persona, sino con mi salud, bienes etc., y por eso al dejar la casa os dediqué un pequeño recuerdo a cada uno como despedida. Otra vez os digo lo de siempre: os quise a todos, y que pidáis por mí. María Isabel JHS.

A veces no tenía ni fuerzas para salir a misa. Cuando ni siquiera le podían llevar la comunión, al volver las demás de comulgar, pedía a alguna que se sentase al borde de su cama, para tener al Señor cerquita. Así se consolaba. El 27 de junio de 1930, día del Sagrado Corazón, en un largo rato de oración escribió algo de lo que Jesús le hacía sentir:

> El Señor quiere que viva siempre dentro de su Corazón y esté íntimamente unida a Él, que con Él adore y ame a su Padre y a su Madre Santísima. Que con su mismo amor quiera a las almas y desee su salvación. Que aprenda de su Corazón viviendo en Él, su dulzura, su mansedumbre, su humildad, su paz. Que viva allí rodeada del amor que me tiene; que todo lo que yo tengo por contrariedades, disgustos y temores lo tome siempre como pruebas que me da de su cariño, pues su amor es el que va disponiéndolo todo para mi santificación. Que nunca pierda la confianza en Él ni la seguridad de su cariño; me promete que las llamas de su amor me purificarán, que en Él viviré en paz y que Él mismo será mi Cielo eternamente.

Antes de terminar el verano tuvieron que dejar el caserón y pasar a un nuevo pisito de alquiler, ahora microscópico, en la calle del Horno. En septiembre a María Isabel volvió a darle el cólico del hígado, con dolores como para necesitar inyecciones de morfina. Al padre Copado no le pareció que viajase a Asturias y le aconsejó ir al balneario de Marmolejo, en Jaén.

6. De La Polvorilla de Cádiz a la pólvora de la República

A finales de octubre prepararon la capillita en el cortijo de Cuéllar y, el día de Cristo Rey, Él, Sacramentado, tomó posesión de aquella nueva Doctrina. El padre García iba desde Jerez los domingos y primeros viernes. María Isabel escribió al obispo de Cádiz que pronto acabarían en Cuéllar e irían a La Polvorilla o Teja, con más de mil habitantes y una extensión de casi cincuenta kilómetros, entre Facinas, Alcalá de los Gazules y Medina Sidonia. Eran catorce dehesas incultas, dedicadas a ganadería y caza. La mayoría de la población se había reunido en caseríos, con acceso por veredas de herradura.

Al comenzar 1931 las misioneras del Nombre de Jesús eran solo cinco, pero muy unidas en el propósito de permanecer constantemente en aquella vida, con un mismo fervor y un mismo espíritu. Unas quedaron en Jerez junto a María Isabel, que en diciembre había recaído; y las Pineda desterradas en Madrid. Su madre, comida de celos al ver el cariño de sus hijas a las Doctrinas y a María Isabel, las amenazaba con no dejarlas volver, y hasta incautaba su correspondencia con ella, quien escribiendo a las Pineda reflejaba su corazón tan afectuoso, y tan enamorado del Señor:

> Queridísima Carmencita: En este momento recibo tus papelinos y los renglones de Anita, que leo con mucha pena, pues veo que la situación no mejora nada. Tú, chiquitina, no te pongas en ese estado, procura ver en todo la mano del Señor, que ahora quiere probarnos con lo más duro y más penoso que podíais pasar; pero Él quiere sacar de

esto mucha santidad para vosotras y es menester que lo aprovechéis, tú sobre todo, que eres la mayor y debes dar ejemplo a Anita. Yo no sé las veces que al cabo del día le pido al Señor que os bendiga, y se conoce que ahora todas sus bendiciones son en pruebas, que es lo que más nos convendrá a todas. Que lo lleves bien, princesa, que cuando pase esta tormenta (que pasará pronto), sentirás no haberte aprovechado mejor de este tiempo para demostrarle al Señor tu cariño sufriendo con humildad y mansedumbre. Ya comprendo que es muy difícil, pero cuando el Señor os pone en esos caminos extraordinarios es que os quiere santas de almanaque como diría Blanca. Adiós nena, no sabéis bien lo que pedimos por vosotras, todo el día os tenemos en el pensamiento. Te abraza y te quiere muchísimo, cada día más: María Isabel. Por Dios que seáis buenas y humildes y respetuosas.

Poco después, el día en que cumplía veinticinco años (entonces la mayoría de edad de las mujeres), Carmen Pineda anunció a su familia que se marchaba, y entonces ellos la encerraron. Mas, aunque se puso enferma, el 27 de marzo se escapó y tomó un tren rumbo a sus Doctrinas del alma. En su casa quedó terminantemente prohibido el nombrarla siquiera y, con tal presión y totalmente incomunicada, la pobre Anita perdió la vocación. Este episodio trajo más animadversiones a la Obra.

En los primeros días de ese año 31 tuvo lugar la misión de los barrios de las Puertas del Sol y de La Plata, en Jerez, donde estaban ubicadas las escuelas-capilla construidas por Copado e inauguradas por el cardenal Ilundáin hacía un mes. Durante este tiempo habían trabajado allí las misioneras. Después fueron a preparar más escuelas a otra barriada de Jerez, Cañameros. María Isabel, achacosa, no pudo. El padre Copado las enviaba allí para que las maestras tomasen el ritmo de las clases que tenían en las Doctrinas, el trato con sus alumnos, etc. Pese a sus indisposiciones, María Isabel tenía prisa por comenzar en La Polvorilla, adonde fueron en febrero. Ya desde allí escribía a las Pineda, aún en Madrid: que era una Doctrina encantadora, que la gente acudía con tal gusto e interés a las clases, que iban a tener que cerrar la matrícula. Hasta pidió permiso al obispo para tener los domingos misa de campaña porque no cabían en el local. Un carpintero muy mañoso les hizo unos barracones que servían de aulas. Y muy cerca de los jesuitas, en la plaza de las Victorias, Copado compró una casita y una bodega inmensa que tenía adosada, para que se trasladasen allí sus misioneras en los tiempos de descanso. Por este tiempo ya tenía él en Jerez un círculo extenso de amigos y dirigidas, varias de las cuales comenzaron a frecuentar la casa de las misioneras y a colaborar con ellas en las barriadas marginales de la ciudad y en las Doctrinas: la baronesa de Algar (Pepita Algar), Pepita Terán, Carmen Cantillo, Antonia Abreu, Angelita Lacalle, las García Angulo, etc. Otros, por las atenciones del jesuita para con ellas, empezaron a desprestigiarlas.

En Pascua fue Copado a La Polvorilla. Estaban en puertas las elecciones municipales del 12 de abril de 1931; la dictadura de Primo de Rivera terminaba de manera convulsa. A los campos iban comunistas a dar mítines. «¡Qué pena me da que los engañen!», decía María Isabel. El 14 de abril se proclamaba la malhadada Segunda República. El padre Francisco García Alonso escribía a las misioneras: «Ahora que arrojarán al Señor de las escuelas, ayuntamientos etc., es menester que trabajemos con más fervor y celo por llevarle al corazón de las gentes». El odio anticlerical crecía por momentos. Tal tormenta se veía venir, que los jesuitas tenían preparados trajes de paisano, y señaladas casas para refugiarse. El 1 de mayo el cardenal Segura publicó una pastoral, desatando las iras del Gobierno. Aconsejadas por Copado, las misioneras pasaron de La Polvorilla a Jerez. Antes de haber cumplido un mes la República, se produjo la quema de conventos en Madrid y muchas otras ciudades. En Málaga ardieron prácticamente todos los conventos e iglesias de la ciudad y se perdieron para siempre innumerables obras de arte y archivos históricos de incalculable valor. El 11 de mayo, de madrugada, el obispo san Manuel González, con sus familiares y las Hermanas de la Cruz, salía *in extremis* por una puerta trasera del Palacio Episcopal en llamas. El cardenal Segura, expulsado por el Gobierno, se instaló en Roma. En esos días las Werner visitaron a los suyos en Málaga, y María Isabel encargó a Blanca que subiese con alguno de sus hermanos a la sierra de Gibralgalia, a ver el estado del Santísimo. Así rescataron los vasos sagrados, entre ellos el copón que regaló san Manuel González, que se salvó de la profanación posterior.

En Jerez los disturbios comenzaron el día 12 bien temprano, y las turbas incendiaron varias iglesias, entre ellas la de los jesuitas, que se dispersaron. Copado se refugió en casa de los Barroso y desde allí escribió a las misioneras que se marchaba a un sitio seguro y secreto. Ellas, que vivían en pleno centro, también marcharon de Jerez: María Isabel, las Werner y Carmen Pineda, a un piso en Gibraltar. Menos mal, porque además en

Jerez se hablaba ya más de la cuenta de la relación de María Isabel con los jesuitas y de sus arranques. Hasta el provincial, Antonio Revuelto, estaba ya molesto con ella porque, siempre tan impulsiva, se presentó un día en casa de los Gordon, donde él se ocultaba, para convencerlo de que los padres estarían más seguros en Gibraltar. Otro día en que, con Blanca, entró a echar una ojeada a la iglesia devastada de la Compañía en Jerez, en la que estaba desescombrando un grupo de gente, entre ellos varias de las beatas de Copado, al verlas fue como si entrasen pecadoras públicas. Todo esto hizo que Copado cambiase su actitud para con ellas, evitándolas en público y ocultándoles su paradero. La pobre María Isabel consiguió contactar con él y le dijo que actuando así daba la razón a las malas lenguas. Él le pidió por favor que se marchasen, asegurándoles que «tomaba distancia de ellas por obediencia».

Invitada por su tío, María Isabel marchó con Carmen unos días a Cestona, donde la escribió Copado, que había vuelto a Jerez. Firmando con el seudónimo de Atanasio y como «un pobre perseguido y desprestigiado», les aseguraba, en clave, que continuaría dirigiéndolas como hasta entonces, mientras sus superiores no le dijesen lo contrario. Como superior de Jerez, normalizó la vida de los jesuitas y volvió a frecuentar la casa de la plaza de las Victorias. Pero ante el negro panorama político y social, ni a él ni a las autoridades eclesiásticas les parecía que las misioneras comenzaran ninguna Doctrina: hasta temían por sus vidas. Y como ese año no había maestros para las escuelas que fundó Copado en el barrio de la Plata, las mandó allí. María Isabel, que hacía prendas de punto que vendía para ayudar a los niños, quiso que les diesen su sueldo en bocadillos de chorizo para la merienda de los chaveas, con quienes iban los domingos a jugar; al volver a casa, María Isabel, que, achacosa, en la cama o en un butacón hacía detentes y rosarios o tricotaba para los niños, les tenía preparada una buena merienda a las misioneras. Más que por sus enfermedades, sufría porque no las dejasen trabajar precisamente cuando más se necesitaba evangelizar en los pueblos. El 9 de octubre, aniversario de la fecha en que dejó su casa para seguir al Señor, escribió en un papelico: «Si este verano seguimos en República, nos marchamos a Italia». Pensaba consultar allí al cardenal Segura. A fines de noviembre comenzó con cólicos nefríticos que no la dejaron en todo el invierno.

7. Lourdes Werner, «mi niña chica»

De entre todas las chicas que pululaban alrededor de las misioneras y del padre Copado en esos años de Jerez, hubo varias que incluso estuvieron alguna temporada en las Doctrinas. María Isabel las animaba si advertía en ellas buen entendimiento y celo apostólico, pero si no eran mortificadas o carecían de dominio propio, aunque fuesen útiles para aquel apostolado, veía el daño que podían hacer o hacerse a sí mismas. No podía con la vanidad. Si apreciaba la facilidad para la convivencia dentro de la Obra, valoraba más el comportamiento social, sobre todo con los campesinos. A la que quisiera irse con ellas le pedía que no se preocupase del porvenir, de si la Obra continuaría o cambiaría o desaparecería: exigir seguridades era falta de espíritu para aquella vida. Tal discernimiento de las vocaciones reflejaba lo que a ella la había llevado hasta la sierra de Gibralgalia. Por exigir ese desprendimiento total, llegó a perder alguna excelente vocación; pero si solo querían ayudar temporalmente, era con ellas muy condescendiente. Algunos, como Copado, no entendían ese aguante con unas y esa exigencia con otras.

Al estallar la República, tía Emilia, como cariñosamente llamaban todas a Emilia Werner, estaba en su casa de Málaga recuperándose, pues en La Polvorilla se había puesto tan enferma que se temió por su vida; con el devenir de los acontecimientos aún no había podido regresar. También Carmencita del Río se quedó con su familia, aconsejada por el padre Copado y por María Isabel.

Hacía casi dos años que, en Málaga, había tocado el Señor el corazón de Lourdes, hermana de Blanca y Leonor, haciendo un retiro en el renombrado Colegio de la Asunción, donde se habían educado todas las Werner. A Lourdes la cautivaba el entusiasmo con que sus hermanas y su tía Emilia referían, con sencillez, sin triunfalismos ni alharacas, el apostolado, incomprendido, ignorado y pobre de sus andanzas misioneras en las Doctrinas. Sin embargo, por el bien que le habían hecho las Religiosas de la Asunción, al cumplir dieciocho años decidió fijar la fecha de entrada con ellas. Sus generosos padres no habían puesto impedimento a ninguna de sus hijas para consagrarse al Señor. ¡Con Lourdes eran cinco! Una cuñada muy simpática decía a su madre: «¡El Señor debe de estar harto de esposas Werner!». Lourdes fue a despedirse de sus hermanas Leonor y Blanca a Jerez, con idea de pasar las Navidades con las misioneras. Y allí sintió un misterioso vuelco en su corazón. María Isabel le propuso las acompañase en un retiro de tres días que el padre Copado comenzaba el 12 de diciembre. Las meditaciones de los *Ejercicios espirituales* de san Ignacio: "Dos banderas", "Tres binarios", "Tres maneras de humildad" y los puntos para hacer sana y buena elección, permitieron a Lourdes conocerse y conocer los designios de Dios sobre ella: vio que en la Asunción, adonde la llevaba su afecto natural, sería la madre Lourdes Werner, mientras que en las Doctrinas viviría una pobreza efectiva y doliente, y un abandono y olvido totales por parte del mundo. El día 13 ya estaba decidida. El padre Copado y María Isabel le aconsejaron volver a Málaga para comunicarlo a sus padres y madurar su decisión: que no fuese un fervor pasajero. Pero no lo era: Lourdes veía perfectamente el *cuadro* de las Doctrinas, con María Isabel casi siempre enferma, sus dos hermanas, la entusiasta Carmen Pineda, y... ya. Un panorama bastante oscuro, pero era el que precisamente la había movido a tomar aquella resolución: allí sería menospreciada y humillada. Era una decisión totalmente en contra de su propio amor e interés; la abrazaba con su entendimiento y su voluntad, aunque no sin sangre del corazón. Su padre, que ya le había dado la venia para marchar a la Asunción, le confesó, llorando, que siempre había soñado para ella una carrera brillante en el mundo, como la de su hermano Carlos, que era el ingeniero más joven de España en su promoción. Don Leopoldo hubiese querido que Lourdes estudiase arquitectura, pues la veía con gran talento y disposición para ello. No obstante, le dio su bendición: «No quiero impedir lo que Dios te inspira. Solo te pido que pases aquí el día de mi santo. Luego, yo mismo te llevaré». Y así lo hizo.

Los primeros pasos de Lourdes en Jerez fueron duros: una cosa había sido dejar su casa y a los suyos, y ponerse de vez en cuando el «silicio» (como escribía en su diario), y otra, superar su pereza, su amor propio... Y a veces se amohinaba. Por eso María Isabel, que captó pronto sus cualidades y también sus dificultades (como lo mucho que le costaba hablar con ella), comenzó a llamarla cariñosamente mi niña chica. Al mes de estar allí, en la noche del Jueves al Viernes Santo, Lourdes se grabó el JHS en su pecho, como ya sabía que habían hecho las demás. Se esforzaba en adaptarse a la nueva vida y hacía sus pinitos con la costura y en la cocina, que le costaba horrores: un día tiraba el café, otro rompía un vaso, otro quemaba el guiso... Cuando se le juntaba todo, creía no tener vocación, pero se le pasaba pronto su chispilla de pena, como ella decía. El padre Copado le dio permiso de hacer voto de no negar nada al Señor en las cosas de la vida ordinaria. Poco a poco intimaba con María Isabel, que la iba poniendo en verdad, y la niña chica se esforzaba cada día en mortificar sus perezas, curiosidades y gustos. Las visitas al hospital se le hacían cuesta arriba, pero un día se acercaba a una cancerosa, otro, a un tísico, otro, a un enfermo maloliente... En sus ejercicios espirituales de julio escribía: «Dios tiene derecho a que yo sea santa, luego yo tengo obligación de ser santa».

El año 1932 sería muy difícil para María Isabel, por su cada vez más quebrantada salud y porque le parecía poca confianza en Dios el restringir tanto el apostolado de las Doctrinas. El horizonte político se entenebrecía por momentos. El 13 de octubre Manuel Azaña declaró: «España ha dejado de ser católica». Ciertamente, su Gobierno trabajaba sin descanso para que así fuese. En enero el Estado disolvía la Compañía de Jesús: no reconocía su personalidad jurídica y prohibía a los jesuitas convivir en un mismo domicilio. Les fueron incautados ciento dieciocho casas y colegios, pero muchos siguieron ejerciendo su ministerio clandestinamente, hasta cerca de las elecciones de febrero de 1936. Copado estuvo hasta el Alzamiento Nacional como superior en diversos *coetus*, o refugios clandestinos, y pudo continuar más o menos en contacto con las misioneras y aprovechar esos meses para redactar unas constituciones a fin de que las autoridades eclesiásticas aprobasen las Doctrinas del Nombre de Jesús, pues, ¿y si en el futuro faltaba María Isabel, dada su pobre salud? Además, había llegado Lourdes, y estaban por aparecer las dos jerezanas Carmen Cantillo y Antonia Abreu (que no perseverarían). Copado preparó un borrador sobre la base de lo que María Isabel había enviado a Segura en 1929. Pero chocaban en algunos criterios. Él no quería misiones en los pueblos; solo en barrios extremos y pobres. Ella no estaba de acuerdo: desde el padre Arnaiz, venían preparando misiones populares. Además, no excluían a los ricos de su apostolado si se les podía hacer bien, aunque siempre trabajarían preferentemente con los más pobres o abandonados espiritualmente.

El ambiente anticlerical, que azuzaba el propio Gobierno, iba calando en las masas populares. Aun así, en Jerez las misioneras no dejaban de visitar a los enfermos del hospital, y dar catecismo en una escuela del barrio de Picadueñas. Los quince días antes de Semana Santa fueron a las fincas jerezanas de Sangarriana y Santa María del Pino. En la de los Barroso quisieron ponerles un guarda que las acompañase, pero María Isabel repuso que, si lo hacían, ellas se marcharían. A Lourdes le impactaba su valor, y que lo mirara todo bajo un punto de vista sobrenatural, sin ñoñeces. «Todo en ella era verdad y fuerza», diría. Atraía por su delicadeza con todos y por su modo sencillo y natural de tratar a Jesucristo, por su amor a Él, tan sincero y vivo que parecía verlo presente. Aquella casa era como un noviciado donde corregir las faltas y forjarse. Además, María Jesús, sobrina de María Isabel, que estaba estudiando como interna en el Colegio Compañía de María en Jerez, pasaba temporadas con ellas y comenzó a sentir la vocación. Pero Copado se hartaba de corregir a María Isabel por erigirse, decía él, en guía espiritual de sus compañeras. ¡No se enteraba de que era la regla viva de lo que pretendían formular! ¿Qué mal podía haber en que las tres o cuatro que estaban con ella se empapasen de su estilo y sus criterios? Ella se sentía incomprendida por el jesuita y, al no verse obedecido a pies juntillas, él no quería ya ni darles pláticas. Aun así, aconsejó a María Isabel, muy malica, ir de nuevo con Blanca al balneario de Marmolejo para evitar viajar a Cestona en verano. Pero la enferma empeoró tanto que a los pocos días tuvo que volver. Antes de marchar había consultado a don Manuel González, refugiado en Ronda desde hacía un año, si le parecía oportuno que fuesen un mes o dos a trabajar a su diócesis. El santo obispo de Málaga le respondió que encantado, por la falta que hacía trabajar por esos pueblos y campos, en donde la ignorancia religiosa había sido el terreno abonado para la propaganda del mal: «Pido al AMO que te ponga fuerte para que puedas darlo a conocer a muchas almas que no le conocen ni le aman [...]. ¡Ánimo y a ponerte buena!, que hay mucho que hacer en la viña del Señor. A ver si la Real Presencia, cuando lo tengas en casa, te fortalece espiritual y físicamente». Estaban esperando que llegara de Roma el permiso para tener el Santísimo siempre en sus casas, y tuvieron el alegrón de recibirlo estando en Málaga, instaladas en una casa de los Werner, en la céntrica calle Trinidad Grund, 33. Pero en Málaga poco más pudieron hacer que en Jerez: hospitales, catequesis y escuelas. El 27 de junio María Isabel escribía a sus hermanas salesas: «Esto está perdido, la gente pobre parece que tiene odio a la Iglesia y a Dios. No me podía hacer idea de que estuviese esto tan mal». Pese a la situación, el celoso y audaz padre Copado había vuelto a comprar un terreno para construir otra escuela para niños pobres, de la Asociación de Cristo Abandonado, fundada por él. La regentarían los Hermanos de las Escuelas Cristianas. Con eso se ganaba las iras del periódico socialista de Jerez, que se metía con él en todos los números. Tanto, que la gente quiso arrastrarlo por las calles, y tuvo que refugiarse en Córdoba.

Al final de aquel verano de 1932 las misioneras volvieron a Jerez; ahora ni iban a catequesis ni a hospitales: era mucho más peligroso que los campos, adonde tampoco podían ir. Sufriendo por no poder hacer apostolado, María Isabel procuraba serenar maternalmente a aquellas jóvenes que se habían entregado a la vida misionera y ahora debían permanecer entre cuatro paredes. Con su carácter alegre y optimista les tomaba el pelo cariñosamente; para todas tenía un mote, un diminutivo que establecía una intimidad personal. Se le ocurrían mil detalles para con ellas: hasta les hacía los vestidos con todo cariño. Pero Leonor marchó a su casa: esa vida no era para ella. Quedaban sus hermanas Blanca y Lourdes, que fue intimando con María Isabel, de la que escribirá, ya mayor:

> Sabía mandar con una autoridad que subyugaba o con una zalamería graciosísima; conseguía de ti lo que no necesitaba pedir por obediencia [...]. Tenía todas las cualidades que hacen la obediencia simpática, y aunque [...] conocía a fondo todas nuestras debilidades, teníamos la seguridad de ser queridas por ella tal como éramos cada una, que es la mayor prueba de cariño. [...] Un día, mientras me sacaban una muela (faltaría de casa unas dos horas escasas), mandó traer media docena de pañuelos de hilo muy bonitos y me los marcó todos estupendamente para darme esa sorpresa al volver del dentista. Siempre sabía caer en la cuenta de cuando teníamos una preocupación o una alegría y hasta si se tenía alguna devoción especial. Todo eso era de una manera sencilla y natural que la hacía más simpática y cariñosa. Esto a muchos despistaba y no sabían ver que aquel cariño era más fuerte que el solo humano.

8. En Roma, Segarra, *«el ciendoblado»*

María Isabel pasó en cama casi todo aquel invierno, bajo la supervisión del doctor Durán. Lourdes y las otras la cuidaban lo mejor que sabían, y para tareas de la casa empezó a ir por horas Encarnación, una mujer que les tomó mucho cariño. En diciembre, aunque seguía mal, María Isabel dijo al padre Copado que quería ir a Roma en 1933, Año Santo de la Redención, para consultar otros pareceres. Indignado porque irían «gastando un dinero que no tenían, para pasar unos meses de turismo, mientras las almas las esperaban en los campos de Andalucía», el jesuita le dijo que buscara un sustituto, aun sabiendo que María Isabel estaba pasando por una desolación terrible, como «sin adentros, con una especie de vacío helado y negro», temiendo si no se habría ido Dios de su alma, en vista del frío que había en ella y del amor tan insípido con que le correspondía. El 15 de enero escribía a sus hermanas salesas que, aunque llevaba un invierno muy malo, con cólicos nefríticos casi crónicos y sin levantarse hacía tres meses, iría a Roma:

> No voy en busca de aprobaciones sino a tratar con el santo cardenal Segura del porvenir y consolidación de la Obra. Él sigue con la misma solicitud e interés por nosotras y me ha escrito una carta llena de bondad y cariño animándome a ir y tratar con él de todo. Así que a pesar de estar tan mala me decido, y en cuanto me deje el cólico dos o tres días me embarcaré en Gibraltar.

Aprovechando una mejoría, el 1 de febrero de 1933 María Isabel, Blanca, Carmen y Lourdes salieron en tren para Barcelona. El día 2 subieron a Montserrat, donde consagraron las Doctrinas a la Santísima Virgen. Se hospedaron en las reparadoras de la calle Caspe, que, como siempre, acogieron a María Isabel con todo cariño. Allí tenía varias conocidas; la madre Covadonga les habló del jesuita Juan Antonio Segarra, que por entonces iba a Roma, destinado a la Gregoriana. No es un padre como los demás, les dijo. El día 5 llegaban a Roma. Se hospedaron en Borgo Santo Spirito, 41, junto a la plaza de San Pedro, con unas monjas alemanas con las que apenas se entendían. El cardenal Segura las citó durante varios días, les preguntó por menudo sobre la Obra y las exhortó a perseverar, y a que, si hallaban dificultades en otras partes, se fuesen a Barcelona: él las recomendaría al obispo. Sabiendo los escollos con que tropezaban en su labor, sobre todo por parte de los sacerdotes y debido al ambiente anticlerical que se vivía en España, las exhortó a seguir trabajando sin miedo a nada ni a nadie, pues, si los primeros cristianos hubiesen pensado así, el Evangelio no se habría extendido. María Isabel jamás había dudado ni temido que les pudiese acaecer nada que no fuese voluntad de Dios; y sus tres compañeras se sentían igualmente impulsadas a arrostrar cualquier contrariedad: seguir en el apostolado a pesar de todo y de todos no era temeridad, sino fortaleza y confianza en la Providencia. Además de la necesidad de unas constituciones, Segura les insistió en pedir cartas de recomendación a todos los obispos de las diócesis donde habían trabajado, cosa que María Isabel obtuvo rápidamente de san Manuel González, de Málaga, del cardenal Ilundáin, de Sevilla, y del vicario capitular de Cádiz, pues el obispo don Marcial había fallecido. También les aconsejó Segura hacer ejercicios en

Roma; para encontrar el padre adecuado, María Isabel se encomendó al padre Pignatelli, que sería beatificado días después.

El 6 de marzo fueron a la Universidad Gregoriana, a ver a algunos jesuitas que les recomendó Copado. También, como les indicó la reparadora de Barcelona, al padre Juan Antonio Segarra, que había hecho los últimos votos el 2 de febrero anterior y había llegado a Roma en esos días. Conociendo su ciencia enciclopédica, el prepósito general de la Compañía, el polaco padre Ledóchowski, le encargó corregir las obras que saliesen de la imprenta de la Gregoriana. María Isabel dijo a sus compañeras que hablasen con el otro padre que salió a la visita; «yo sonsacaré al Padre Segarra a ver qué me parece». El sonsaque se prolongó más de dos horas: ¡coincidían en tantas cosas...! Las otras ya no sabían cómo entretener al otro jesuita, mientras intentaban pescar algo de lo que, a su lado, hablaba María Isabel con Segarra, quien anotaría en su diario:

> Esta mañana he tenido una visita enteramente inesperada; una señora con tres señoritas que con otras cuatro forman el grupito que el santo Padre Arnaiz organizó para ir a los pueblos más abandonados e instalarse allí una temporada preparando a la gente con la instrucción y el ejemplo. Es una vocación heroica.

Impactado por la personalidad de aquella señora y por la Obra que llevaba entre manos, Segarra, que hasta entonces solo sabía del padre Arnaiz que era «uno de tantos operarios insignes entre los insignes de la moderna Compañía, comparable con los Conde,

Tarín, etc.», preguntó al padre Ledóchowski, quien le declaró que «no solo no tenían nada contra él, sino que le estimaban como uno de los más preclaros hijos de la moderna Compañía y uno de los más insignes misioneros». En la iglesia de Il Gesù María Isabel cubrió de violetas la tumba del inminente beato Pignatelli, pues Segarra accedió a darles los ejercicios, que empezaron el 12 de marzo, en los que el padre Segarra les dio a conocer la doctrina de sor Isabel de la Trinidad, joven carmelita descalza fallecida en 1906, hoy santa, y sobre todo les habló de la entronización del Corazón de Jesús en el propio corazón, siendo con Cristo un solo cuerpo, espiritualidad que caló profundamente en María Isabel y sus compañeras desde que la conocieron, tanto que, el día de la Encarnación, entronizaron el Sagrado Corazón en sus corazones con grandes deseos de plenitud divina y anulación propia. El jesuita, en quien las misioneras vieron un santo, anotaba en su diario: «Es admirable cómo el Corazón de Jesús se ha apoderado de estas cuatro almas. A mí me confunden y anonadan, y me ha servido el conocerlas para humillarme y estimularme al servicio de mi Amor». María Isabel respiraba como desde hacía tiempo no lo hacía, decía a sus compañeras: «Yo creí que al morir el Padre Arnaiz el Señor rompió el molde y resulta que me lo devuelve mejorado» y, aludiendo al ciento por uno que Jesús promete en la tierra a los que por Él dejan todo, lo llamaba mi ciendoblado. Segarra le dio a leer su diario espiritual; se estableció entre ellos una profunda relación espiritual en el Corazón de Cristo. Segarra veía una obra de Dios, necesaria y urgente:

> [...] Un retorno a la condición de aquellas primeras mujeres que intervinieron en la Iglesia y que andaban con Cristo. Es notable cómo el Señor se está sirviendo de las novísimas maneras de ser de la civilización moderna, para volver a hacer posibles formas de vida apostólica que parecían definitivamente desaparecidas y no viables.

El Corazón de Jesús las dirigiría. Pero ¿cuál podría ser la fórmula jurídica para introducirlas en la vida pública de la Iglesia, sin ser religiosas ni terciarias ni pía unión, pero tampoco una reunión accidental de señoras? María Isabel le pidió un esquema de estatutos, que esbozó su amigo el padre Vidal, insigne profesor de Derecho Canónico en la Gregoriana y acreditado consultor de casi todas las congregaciones romanas. Este les aconsejó que no buscasen todavía la aprobación pontificia ni intentasen una congregación religiosa, ni cosa semejante; que hubiera un domicilio como centro de acción; que tuvieran un reglamento ancho, revisado por un sacerdote y aprobado por un prelado, pero decidiendo ellas, para que cupieran muchas animadas del mismo celo, aunque algunas vivieran con sus familias; que cada una en particular podría hacer votos privados y podría haber una directora. Con estas directrices se dispuso Segarra a componer los estatutos.

También acudió María Isabel al famoso orador padre Alfonso Torres, que la alentó, aun viendo imposible vivir la pobreza sin una renuncia jurídica y pública de la propiedad, que había de ser absoluta, en el sentido literal del consejo evangélico: «Si quieres ser perfecto, vete y vende lo que tienes y dalo a los pobres y ven y sígueme». Para María Isabel, el desprendimiento efectivo de los bienes les impediría llevar a cabo su apostolado: perderían la libertad de movimientos y la gratuidad. Por el mismo motivo por el que renunciaban a los votos públicos y a otros bienes, tenía claro que no debía renunciar a la propiedad, que debía mantenerla en beneficio de la evangelización de los pobres. Era posible vivir la pobreza sin la renuncia jurídica y pública de la propiedad: ellas lo hacían así y jamás les impidió cumplir lo que Dios les exigía. Desde que el Señor la llamó, ella comprendió que no era solo con su persona, «sino con mi salud, bienes...». Y cuando Copado le permitió hacer voto de pobreza y desprenderse de todo lo que no necesitaba para vivir a la apostólica, ella suplicó a Jesús: «Concédeme que llegue a sentir los efectos de la pobreza semejante a la que Tú tuviste en el Calvario». Que María Isabel tenía el espíritu de pobreza, bien se veía en la vida de las Doctrinas, pero renunciar a la propiedad era dejar el apostolado tal como se venía ejerciendo, o comenzar una vida más estable en casas, para poder buscar otros medios de manutención.

En la Semana de Pasión fueron con el padre Segarra a la misa que celebraba cada día en distintas iglesias de Roma. El Domingo de Ramos, 9 de abril, en las catacumbas de San Sebastián, recibió María Isabel una gracia extraordinaria: nunca había sentido al Señor con ella tan bueno y suave, tan perdonador y cariñoso, tan esposo. Un mes después escribía al padre sobre la Obra:

> Yo sé que por muchos estorbos que yo ponga Él saltará por todos y la llevará a cabo y esto me da una confianza...Y veo tan claro que todo, todo lo va a hacer Él solo, que ni por un momento pienso que la Obra está en mi mano.

Aquella gracia le confirmó que la Obra era «la Obra de Su Corazón», como había escrito con su sangre en 1928, al consagrarle las Doctrinas. También recibió en Roma otra gracia: la promesa de Jesús de tenerla «con Él en la cruz... para cooperar con Él a la salvación de las almas». Fue algo tan intenso y especial que quedó grabado en su alma para siempre y lo celebró cada año desde entonces.

El martes oyeron misa en Santa Práxedes, junto a la columna de la flagelación y, para que Jesús los bendijese, Segarra puso en el altar, bajo los corporales, los estatutos que había acabado de redactar. Después los llevaron a Segura, que... pretendía rehacerlos con su idea, para que fuesen pía unión. El padre Vidal les advirtió que el cardenal sería un mal enemigo y le aconsejó que se fuesen pronto de Roma, y sin despedirse de él: era la única manera de evitar roces. El Domingo de Resurrección, tras la misa en San Sebastián, acudieron a recibir la bendición *urbi et orbi*, especial por el Año Santo; después, a dar las Pascuas a Segura. El 28 de abril Segarra dijo misa en Il Gesú y anotó en su diario: «Sentía que mi Corazón de Jesús quería que estableciésemos unión de méritos e intercambio en Él para siempre los dos, María Isabel y yo». Al comenzar mayo ella se puso muy mal: no pudo ir siquiera a la misa. Dijeron a Segura que por ese motivo se iban. Segarra, a quien dejaban el crucifijo del padre Arnaiz, escribía, después de tres meses en contacto con las misioneras: «¡Cómo no admirar, Jesús mío, tus caminos maravillosos! Tú querías que interviniese en esto sin duda para que las entregase a tu Corazón». Y tras despedirlas en la estación, anotaba: «Mi Jesús ha vinculado mi santificación y fruto espiritual al de esta Obra [...]. Me ha mostrado su gran complacencia en ellas y me asegura que velará por ellas de una manera especial». Él y María Isabel guardarían toda su correspondencia, que revela la noche oscura que ella sufrió en ese tiempo, y su corazón enamorado de Jesús.

En Roma todas habían madurado espiritualmente. Pese a lo mala que estaba, María Isabel volvía con una alegría interior desbordante, con la paz y la seguridad de quien se sabe por buen camino. Por eso decía a Segarra: «Aunque diésemos la vida por usted no le pagaríamos lo que le debemos, que es más que la vida temporal: es la vida divina». Y añadía: «A nadie puedo llamar padre con verdad más que a usted». A su vez, él les escribía: «Poco he podido hacer por vosotras; pero ¡cuánto habéis hecho por mí! Nunca os lo podré ni remotamente pagar».

9. Misionando en Cataluña... desde la cama

Las cuatro llegaron a Barcelona el 7 de mayo de 1933 y posaron de nuevo en las reparadoras, pero ahora en San Gervasio. El doctor García Díe, conocido de Segarra, vio a María Isabel y le recetó descanso. Muchos otros conocidos del jesuita, a los que él las había recomendado, al conocer la labor apostólica de las misioneras, las animaron a establecerse en alguna barriada de Barcelona o en pueblecitos de Gerona. Visitaron al obispo, el doctor Irurita, gran amigo también del padre Juan Antonio, quien les pidió quedarse allí, porque «el Espíritu Santo estaba con ellas». En el barrio del Bogatell la gente vivía junto a la playa en barracones de latas. Pertenecían a la parroquia de San Francisco de Asís; cuando le propusieron una Doctrina allí, el cura lloraba emocionado.

Tras diez trepidantes días en Barcelona, pusieron proa al sur. En Málaga, en casa de las Werner, María Isabel se encamó. Las del antiguo testamento, como llamaban a las catequistas de los tiempos del padre Arnaiz, que se habían ido retirando, reaparecieron para oír la experiencia romana y la doctrina de la entronización. El 24 de mayo llegaron a Jerez; María Isabel, malísima. El padre Copado escuchó mohíno sus aventuras y la noticia de que iban a poner Doctrina en Barcelona. Veía precipitados los estatutos: ¡él había estado un año dándoles vueltas! Y encima, ¡ponderaban tanto la doctrina del padre Segarra! Conque el buen Copado, que había encauzado desde sus primeros pasos a las Werner, dijo que dejaba de dirigirlas y devolvió a María Isabel su ofrecimiento escrito, apostillando, finamente: «Jamás olvidaré el bien que con su ejemplo me han hecho, y ustedes serán siempre todos los días de mi vida la porción más escogida de mi agradecimiento y de mis oraciones». Disgustadísima, María Isabel marchó con Lourdes a tomar las aguas a Cestona. En Oviedo visitó a su familia y a sus hermanas salesas. En el balneario empeoró más, porque las aguas le removieron una cantera de piedras en el riñón; ni para misa se levantaba: «Si las aguas siguen produciéndome estos cólicos tendré que dejarlas, porque, aunque la limpieza me venga bien, quedo demasiado extenuada de sufrir tan seguido». Desde allí escribió a Copado: que tenía una de las penas más grandes de su vida y no comprendía nada. Ella, tan agradecida, amaba filialmente a quien la había cobijado en los momentos de orfandad, comprendiendo que la Obra era de Dios, y protegiéndola y defendiéndola contra todo y contra todos, con no pocos sufrimientos. Pero él respondió que no soportaba que se le ocultasen las cosas y le quisieran hacer creer lo que no era: si ahora se aconsejaban con otro padre, él ya no les hacía falta. Además, le parecía un disparate lo del Bogatell.

Y es que, en esta barriada de Barcelona, ya estaban Carmen, Blanca y Carmencita del Río, que había vuelto, comenzando por vez primera una Doctrina sin María Isabel: el 5 de julio se habían instalado en la avenida de Icaria 208, en una casucha destartalada y húmeda, adosada a una fábrica. Como fueron a ayudarlas tía Emilia y Leonor, metieron dos catres en un gallinero anejo, que enjalbegaron. El padre Arbona escribía a su íntimo amigo Segarra que todos las querían mucho: el obispo de Barcelona, el párroco, los señores Díe, y él mismo: «Desde que las vi, las amé y admiré y he estado a toda su disposición [...]. En aquella miserable barriada las miran como sus ángeles; [...] y es que el Corazón de Jesús las ha tomado por sus apóstoles predilectas». Con su larga experiencia en la diócesis barcelonesa, el santico de Arbona fue un gran apoyo. Segarra sabía que estaban en buenas manos: «Es la misma bondad y celo en persona; dulce y fuerte; de los hombres fidelísimos y que no se doblegan más que a Dios». A María Isabel no la dejaban los médicos ir: debía expulsar las piedras, y se quedó una semana más en Loyola, leyendo la vida de sor Isabel de la Trinidad.

> Para mí es una cruz no estar con ellas —escribía a Segarra—, pero me parece que la voluntad de Dios ahora es que me cuide y tome estas dichosas aguas... Estoy otra vez con el dolor y me tengo que acostar [...]. A Él me entrego para que sea Él Quien sufra en mí, porque yo no sé llevar la enfermedad ni nada.

Y en una postal de su hotel, le escribía:

> Como las montañas no han cambiado, contemplamos el mismo paisaje que mi Padre San Ignacio contemplaría tantas veces en los días tan largos de su convalecencia, cuando pensaba en hacer tanto y cuanto por Dios. No sabía él que de su correspondencia iban a salir la cantidad tan enorme de santos no solo entre sus hijos, porque de San Ignacio para acá yo creo que no hay alma santa en la que él no haya intervenido o con su doctrina, Ejercicios, etc., o por sus hijos. Tengo para mí que a nadie ha querido dar el Señor más gloria y más almas que a él. Estoy loca de ser su hija y nieta.

El 18 de julio telefonearon las de Barcelona, asustadísimas: unos gamberros se metieron en la clase que tenían con los hombres y armaron una tremenda. María Isabel les mandó cerrar la escuela nocturna una semana, diciendo que no toleraban escándalos. Que el entusiasmo por la afluencia de gente no las hiciese admitir a todos, pues después de tantos años sabían lo que pasaba siempre al comenzar. Aquella misma tarde fueron unos hombres a pedir disculpas, asegurando que se encargarían de que no volviesen aquellos indeseables. Las pobres respiraron cuando el día siguiente vieron aparecer a María Isabel, que escribía al padre Segarra:

> Gracias a Dios ya estamos todas juntas. Vivo tabique por medio con mi Señor, pero todavía no tuve tiempo de estar con Él a mi gusto. Llegué cansada del viaje, tuve otro cólico de piedra en el camino y hoy tampoco me encuentro bien. No creo que mi Señor me quite esta cruz de la enfermedad porque es con la que mejor crucifica mi carácter, tendencias y todo. Así que creo que hasta que me lleve con Él me tendrá así.

Y en otra carta:

> El hígado también se me revolucionó y pasé la tarde con vómitos continuos y después con fiebre. Total, que ya estoy otra vez peor y hoy no puedo levantarme ¡Bendito sea mi Señor! Desde luego, si no hago esto de estar enferma, no hago nada, así que el Señor para que no esté ociosa me manda la enfermedad.

En aquella casucha, encamada, asfixiada de calor y febricitante, María Isabel debía luchar con pulgas y chinches, con sus cólicos y sus faltas de paciencia, y con las niñas, a quienes quería ver ya responsables y capaces de llevar una Doctrina adelante, y a veces le parecía que no eran conscientes de lo que llevaban entre manos. Segarra, que se preguntaba cuántos jesuitas serían capaces de hacer la vida que hacían estas del Padre Arnaiz, le decía que no fuera durilla con ellas, que las corrigiese a su tiempo y con mansedumbre, que más vale pecar por exceso de bondad que por dureza con las almas que tienen buena voluntad: «Queriéndote como te quieren todas, tus resoluciones serán siempre recibidas y amadas y ejercitadas amorosamente». El 31 de julio de 1933, fiesta de san Ignacio, unidos espiritualmente, Segarra y María Isabel hicieron voto de confianza al Padre celestial. Ese día fue el obispo a bendecir la casa y la escuela, y a ella en su camastro: «Dice que hemos perdido el juicio, pero se quedó muy contento de esto». Segarra también las llamaba loquillas: así aparecían a los ojos de cualquiera que asomase por allí, y así procedían, sin medir lo que entregaban ni dar importancia a lo que hacían. María Isabel culpaba al santo del día:

> Yo debo mi conversión a los Ejercicios de San Ignacio y como desde entonces (hace más de 13 años) lo tomé por Padre y le cogí un cariño loco, él ha cuidado de darme lo mejor de sus hijos para que me enseñen. Así que todo lo que hagan estas infelices va a cargo de los jesuitas, porque San Ignacio es el causante de todo.

El día 5 de agosto programaron consagrar las Doctrinas al Padre celestial. María Isabel, muy malita, fue también a oír la misa a Santa María del Mar, en el altar de la Virgen del Carmen, pero al volver se acostó y al poco tiempo echó dos piedras.

A fines de julio reabrieron la escuela. La mayoría, acostumbrados a vivir desatendidos, no sabían cómo agradecer su presencia en el barrio. María Isabel puso unas letras al padre Juan Antonio desde la cama, con casi 39º de fiebre, diciéndole que ya no podían con tantos «en esta facha de clase. Toda la gente, no solo del Bogatell sino de todo el barrio, están entusiasmados. Bendito sea mi Señor que los atrae con tanta suavidad desde nuestra capillita». Algunos, inficionados de marxismo, intentaron asustarlas y disuadirlas de vivir allí. De vez en cuando sufrían algún asalto. Una noche oyeron voces las dos que dormían en el gallinero que comunicaba con la casa, y al mirar por la ventana vieron hombres en el patio. Despavoridas acudieron a María Isabel, que las mandó callar y acostarse para no alarmar a las demás. Y Dios veló por ellas: los hombres se fueron sin que nada ocurriese. Pero era preocupante la situación de España. Cada día que pasaba sin saber de ellas, Segarra temía que les hubiera sucedido algo, «por la clase de personas que ahí viven, por los tiempos que corren, por ser vosotras mujeres y la mayor parte jóvenes». Por eso después de otro susto en agosto, María Isabel dio vacaciones y desaparecieron unos días del barrio. Con 39º de fiebre casi continua, ella estaba:

> De salud, imposible. De confianza en mi Padre Celestial, en cuyos brazos vivo, bien, a pesar de la falta absoluta de ánimos físicos. Llevo 15 días sin

> tomar más que horchata y gelatina, sudando que calo colchón, mantas y de todo. Con vómitos casi continuos [...]. En Él confío que sacará partido de tantas tonterías como en estas circunstancias estaré disponiendo. No puedo pensar, cosa que nunca me había pasado.

Para descansar, se fueron en tren a San Juan de las Abadesas, población gerundense del pirineo catalán, a orillas del Ter, así llamada por un antiguo monasterio donde se venera el Santísimo Misterio, milagro eucarístico del siglo XIII. Allí se repuso algo la enferma y planeó viajar a ver al padre Segarra, que en aquel agosto de 1933 quedó de jefe en Roma, ya que la numerosa comunidad de la Universidad Gregoriana estaba de vacaciones. María Isabel se presentó allí con Lourdes; el padre iba a celebrarles misa, y hablaban largamente. El 11 de septiembre ya estaban de vuelta en Barcelona. A la mañana siguiente, fiesta del Dulce Nombre de María, en la capillita del Bogatell, dijo misa el padre Francisco Segarra, hermano del padre Juan Antonio, también jesuita. Había ido a conocer a María Isabel, que días después volvió a ponerse malísima, y sin recetas no querían despacharles en ninguna botica inyecciones ni ampollas:

> Como casi todos los médicos dicen que no puedo resistir el dolor con esta calamidad de corazón que tengo, todas pasaron la noche pensando que me iba a morir, que con la cantidad de aceite alcanforado y esparteína que me ponían, me hubiese costado trabajo. Por fin en cuanto amaneció fue Carmen al hospital a una monja que conoce, y le dio dos ampollas y con eso mejoré un poco.

Aun así, la Doctrina seguía marchando con un ritmo de clases y actividades más intenso del habitual, a fin de terminar con una misión que comenzaría el 10 de octubre el padre Arbona, que, a pesar de sus años, trabajó con la ilusión de un joven. Un día se presentó en aquel local destartalado un padre redentorista, pidiendo ayuda económica, pues había acudido a él una chica que estaba en peligro de darse a la prostitución. María Isabel le dio las únicas veinticinco pesetas que tenía en casa; después, pensando en la obligación de velar por la manutención de sus hijas, se preguntaba si habría sido imprudente quedarse sin un céntimo, e inquieta, pidió al Señor una señal. A la mañana siguiente, encontrándose algo mejor, fue a ver al obispo, que le dijo muy contento que un señor acababa de darle mil pesetas para ellas: ¡la prueba de que el buen Dios bendecía su desprendimiento!

A primeros de octubre fue con Blanca a Oviedo, donde en las inevitables salesas asistió a la boda de su queridísimo hermano José María, que quiso que, con su traje pobrecito, ella fuese su madrina. A la esposa, Amparo, le pareció muy santa María Isabel, a quien le encantó su nueva cuñada. Tras el viaje de vuelta a Barcelona, como siempre, tuvo que encamarse, con el consiguiente abatimiento interior, mas, sintiéndose abandonada de todos, con mil pensamientos peregrinos:

> Muchas veces es físico casi todo, porque me da cuando tengo el cólico hepático, que produce un pesimismo atroz. Se lo ofrezco a mi Padre Celestial, pero es como de cumplido, sin sentirlo. En la cama, siempre que estoy sola y no estoy durmien-

do, hago oración a mi estilo, queriendo y adorando al Padre con mi Corazón de Jesús.

El 11 de octubre de aquel año 1933 recibió una carta de Copado que suavizaba la ruptura:

> Den por retirados todos los que ustedes han tomado por insultos, y perdonen las intemperancias, no de mi soberbia que para nada interviene en este asunto, sino de un interés tan fuertemente sentido por las Doctrinas y por ustedes como yo mismo lo ignoraba [...]. No en vano las he formado y sostenido en años de lucha y contrariedades sin cuento, unas conocidas por ustedes y otras completamente ignoradas.

Tras examinar los estatutos de la Obra, perfilados en estos meses, el 15 de noviembre de 1933 el cardenal Ilundáin firmó la aprobación, con el júbilo de todas. Para Segarra esa era la señal de la voluntad divina, y de que el santo padre Arnaiz desde el cielo las ayudaría a ser fieles y les enviaría compañeras fervorosas:

> Ni ahora ni nunca os dejéis llevar del afán inmoderado de ser muchas, sino poned todo el empeño en el cumplimiento de vuestra vocación y en que las nuevas sean como deben ser. La Obra viene a la vida pública en la Iglesia de Dios con una forma peculiar, que parece la más apta para evitar el peso muerto de que suelen cargarse las Órdenes religiosas a los pocos años de crecimiento. No vayáis a estropear y arrancar lo que constituyen sus notas características.

En San Adrián del Besós, pueblo colindante a Barcelona, el obispo quería erigir una segunda parroquia, pues en quince años había aumentado su población de novecientos a doce mil habitantes. Con ese motivo se establecieron allí los pasionistas hacía unos meses, pero ahora se habían trasladado a la barriada badalonesa de Artigas. Por eso el prelado pidió a las misioneras que fuesen a trabajar allí, en el extremo de las vías del tren, donde eran casi todos inmigrantes murcianos, gente sencilla y buena que con el ambiente irreligioso y la presión de los sindicatos no se atrevían a ir a la iglesia y, víctimas de la propaganda subversiva y la prensa impía, caían en la relajación moral. Al menos el diez por ciento estaba sin bautizar. A finales de octubre se instalaron en la sede de la futura parroquia, en la entonces avenida García Hernández, 45 (actualmente Gran Vía de les Corts Catalanes). La casa, ya alquilada y habitada por los pasionistas, no era ningún palacio, pero mejor sin comparación que la del Bogatell. En los bajos, local del antiguo Bar Madrid, los religiosos tenían la capilla, con un gran Crucificado. En la parte alta se instalaron las misioneras. Con el cambio de Doctrina se marcharon tía Emilia y Carmencita del Río, y quedaron solo las fijas, más la sobrina de María Isabel, María Jesús, que iba para fija también. El Día de los Difuntos abrieron la escuela, que se llenaba, e iban muchos a misa y al rosario. Las familias que visitaban las acogían con cariño; muchos se sinceraban con ellas, desvelando su situación irregular, sus problemas y necesidades. A María Isabel le pesaba su enfermedad, sin poder levantarse casi nunca, y las «miles de dificultades por falta de personal, por falta de medios económicos, por sobra de discípulos y de disgustos». Copado le giró quinientas pesetas de un testamento, para «una Doctrina o misión en el término de Jerez». Ella suspiraba por la situación de España:

> ¡Cuánta ambición y cuánto traidor! Estos días hago la tontería de comprar *El Debate* y me pongo mala nada más que de leerlo. Pensar que los malos cuando triunfaron se atrevieron, siendo una minoría tan pequeña en España, a derribar el trono, a perseguir a la Iglesia, a dictar tanta ley injusta y persecutoria... etc. ¡Y que ahora triunfan los buenos que tienen consigo a toda España y no se atreven a barrer la porquería que amontonaron los otros en dos años! Claro que no es que no se atreven, es que buscan elevarse ellos aunque sea poniendo su pedestal encima de toda esa inmundicia. Y la gente cree que es prudencia, que poco a poco se reconstruirá todo. En fin, que el número de tontos es infinito.

10. La dichosa novenita y la pequeñez de las misioneras

Las misioneras eran pobres entre los pobres, dándose a ellos y viviendo con ellos. Zumbón, Segarra les decía que todas juntas no valían cuatro cuartos, que parecían fundas de paraguas. María Isabel lo minimizaba, escribiéndole a fines de aquel año 1933:

> No llegamos nunca ni con mucho a sufrir como los pobres de verdad. Pasamos frío, pero tenemos más ropa que ellos y en eso, y en todo (comida, etc.), aunque a veces tengamos alguna estrechez, no puede compararse con lo que los pobres pasan habitualmente sin quejarse y pareciéndoles la cosa más natural.

Empezaban a presentarse familias que querían bautizar a sus hijos; otros pedían confesar y comulgar después de años sin hacerlo. Las niñas, novatas, se entusiasmaban: «¡No hay una vocación más preciosa que la nuestra! ¡Cómo quiere el Señor a las Doctrinas! ¡Hace verdaderos milagros! Claro, como es la misma vida que Él hacía en el mundo, está loquito con la Obra». María Isabel, temiendo hacer un mito, les dijo:

> —Vamos a hacer una novena al Padre Celestial para pedirle que, trabajando nosotras con todo entusiasmo y lo mejor que podamos, nunca nos dé fruto en la Doctrina, sino que el fruto de nuestro trabajo se lo dé a un misionero de China o del Congo o donde sea, pero que no lo veamos nosotras.

> —Ay, María Isabel, pero eso no puede ser —repusieron ellas, cayéndoseles los palos del sombrajo.
>
> —Pues mirad, yo conozco muchos religiosos, personalmente pobrísimos, y humildes, pero... que no les toquen la Orden: las casas necesitan ser grandes y hermosas, por el bien de la Orden; el prestigio de la Orden exige que no sea atacada o humillada. O sea, que la gloria de la Orden compensa de la gloria personal, y la seguridad de la Orden contrapesa el abandono a la Providencia.

Segarra les dijo que, si la Obra no hacía nunca fruto visible, la Iglesia la tendría por inútil y nadie las llamaría para trabajar. Pero que hiciesen la novena para que el Padre celestial las tuviese humilladas, que Él ya sabría cómo hacerlo. Que, según el santo padre Ferris, las misiones más fructuosas habían sido aquellas en que fracasaba, habiendo puesto todo de su parte, porque el amor propio desea la apariencia del fruto, pero el amor de Dios desea el fruto y no la apariencia. Buscar el fracaso, no; gozarse cuando viene, sí. Cuidar de no confundir cantidad con calidad, de no creer que es fruto lo que no es más que curiosidad, moda, o efecto de cualidades naturales. Y evitar el peligro de la vanidad. Si los fracasos aparentes no desaniman ni apartan del esfuerzo espiritual y del apostolado, son la prenda más segura de la unión con Jesús Redentor, crucificado, abofeteado, escupido... Con el tiempo, siendo ya directora de la Obra, Lourdes achacaba a la dichosa novenita el no crecer en número: «El Señor rarísima vez nos ha negado el fruto en una misión; al revés, suele darnos un fruto desproporcionado a nuestro trabajo y pequeñez.

Pero ha hecho de esa pequeñez un motivo constante de nuestra humillación».

El doctor García Díe le había dicho a María Isabel que, a no ser en una clínica, no podía mejorarla; y el padre Arbona hizo que la viese otro médico, sacerdote, de toda su confianza, que le mudó el tratamiento:

> Es todo por procedimientos ultra modernos de electricidad, rayos, etc. Para el tumor no cabe duda que deberé tratarlo así porque la intervención quirúrgica sería peor. De lo demás también asegura que me curaré, pero eso mi Señor lo sabe. Yo sigo con los mismos deseos de estar crucificada con mi Señor adorando, queriendo, ofreciéndome con Él a nuestro Padre Celestial para la salvación de las almas.

A mediados de octubre de 1933 comenzó sus sesiones terapéuticas en casa del doctor Riera, en la calle Pau Claris, 34, pasando por cuatro máquinas distintas: «Me cuesta cerca de 30 duros diarios que, como ve, no los valgo yo, ¡pero están las niñas con una ilusión de que voy a mejorar! No sé qué querrá el Señor». Y otro día escribía: «Estoy mejorando de una manera inesperada. Hace tres días que no orino sangre después de una temporada malísima que llevaba y me encuentro con más fuerzas y menos dolores. Sea lo que Dios quiera. El médico está radiante». Pero a finales de año estas esperanzas ya se habían desvanecido de nuevo y las cuatro jóvenes sufrían viendo que las curas, en las que tantas ilusiones habían puesto, fracasaban también: María Isabel, mucho peor, el 17 de diciembre escribía al padre Segarra que estaba con una tristeza, un decaimiento y una desgana enormes. Y, además, sin blanca, porque últimamente los gastos habían sido muchos: amén de las Doctrinas y los viajes a Roma, se habían llevado un buen pellizco los médicos. Y con su ruin salud todo se le hacía tan cuesta arriba que pensaba a veces en dejarlo todo:

> Y por dentro estoy de una insipidez como no recuerdo haberla tenido, así que en las noches, cuando no duermo, y en los ratos que estoy sola y dedico al Señor, no hago más que llorar y decirle que se apiade de mí, que me dé lo que sea mayor gloria Suya y cosas así, que Él está viendo que no las siento [...]. Estoy hecha una piltrafa de cuerpo, de alma, en lo material, en lo espiritual. Es como una ola negra, fría, que lo invade todo con una fuerza increíble. Dios quiera que en todo esto no haya nada de ofensa Suya.

El padre le decía que en aquello veía la señal más clara de que la Obra era de Dios, porque los fundamentos siempre se han de regar con lágrimas y sangre del corazón: «Cada día en la Santa Misa, siento que el Señor me dice: "¿Es que tú crees que me ganas en interés por la Obra? La Obra es Mía y Yo la llevo y la llevaré hasta el fin"». Las misioneras no daban abasto a trabajar, tenían muy buena voluntad, pero María Isabel no las veía como para darles la responsabilidad de una Doctrina; como no le salían las cuentas para montar otro grupo en Jerez, escribió a tía Emilia y a alguna otra, por ver si podía contar con ellas.

La propaganda marxista hacía estragos en los obreros con los que trabajaban, por su ignorancia, llenándolos de odio a la Iglesia como culpable de su situación. Los peligros a que se exponían las misioneras eran como para temer; no todas estaban hechas de la madera de María Isabel, que tenía una serenidad increíble. El 11 de diciembre tuvieron una amenaza de bomba, con gente sospechosa alrededor de la casa; las niñas de la escuela se fueron muertas de miedo.

> Las cosas de España —escribía María Isabel— son tan tristes que más vale no hablar de ellas, ya que no se puede poner remedio. Y mientras se forman grupos y se hacen pasteles, están arrancando la fe a casi todos los pobres de esta generación. Da pena ver y oír a los niños.

Segarra les recordaba que la fecundidad espiritual ha de construirse sobre el fundamento de desprecio, pobreza y muerte, que es Cristo: «No temo por la Obra mientras vea en ella las señales estas; temblaría si viese la vanidad, la pompa, el mundanismo, la moda, la riqueza, la afición al trato con los ricos». Debían ser, les decía, el contrapeso a tanto egoísmo y superficialidad, tanta sensualidad muelle, y tanta sensiblera gazmoñería de los cristianos que viven en el mundo «y no menos entre los que se han entregado a la vida de perfección en las Órdenes religiosas».

En aquella Navidad de 1933 la soledad, el frío y el hambre hacían de la casa de San Adrián otro portalico de Belén, al que comenzaron a asomar, cual los pastores, algunas devotas que el padre Segarra les mandó para socorrerlas, como la señora Salvans, que les dio mil pesetas, o la de Elizalde, que entregó cien duros a María Isabel para que fuese a un buen médico. En San Adrián hubo muchas confesiones y varios matrimonios de amancebados. El padre Arbona celebró la misa del gallo, que estuvo de bote en bote, con muchas comuniones. María Isabel gozaba con la cosecha: «Nadie diría que estamos en uno de los barrios peores (dice el cura que todos son comunistas) y en estos calamitosos tiempos». Pero seguía pasándolo mal, como escribía el día de Fin de Año al padre Segarra:

> ¡Si me viese usted por dentro! Yo creo que se quedaba horrorizado de ver una persona sin adentros, con una especie de vacío helado y negro [...]. A veces pienso si será que el Señor quiere de mí nada más que esto, que no querrá más que un amor tan insípido. Bien merezco este castigo por lo mal que empleé el corazón hasta los 30 años. Él tenga piedad de mí.

Aun así, seguía pensando en trabajar en Jerez; quería ir a hablar con Copado, con las antiguas colaboradoras y con las posibles vocaciones: «Cada vez somos menos y no vienen nuevas. Pero esto gracias a Dios no me preocupa, pues se conoce que el Señor no necesita para lo que quiere de la Obra más gente».

11. Fracaso en Jerez, cosecha en San Adrián, bendición papal en Roma

Al fin, dejando en San Adrián a Lourdes, con su sobrina María Jesús y Leonor, que volvió a echarles una mano, en enero de 1934 fue con Carmen y Blanca a Jerez, donde se encontró con que prácticamente todo su antiguo círculo de amistades, que continuaba alrededor del padre Copado, pensaba que las misioneras habían obrado por novelería yendo a Barcelona para romper definitivamente con él, y encontrarse con Segarra si era enviado de nuevo a España. Este les aconsejaba: «No atendáis más que a la gloria divina y salvación de las almas según el ejemplar que os dejó el santo Padre Arnaiz». Y María Isabel, pese a estar con dolores, fiebre alta y vómitos, intentó organizar allí una Doctrina: ¡a eso había ido! Pero al verse sin apoyos, económicos y personales, y en tan difícil relación con Copado, el 30 de enero regresó a Barcelona: la retirada era un nuevo fracaso. Se hizo aún más distante la relación con el padre Copado que, en 1954, invitado al traslado de los restos de María Isabel a Gibralgalia, escribiría a Blanca:

> Quiso el Señor valerse de mí para que no se apagase el fuego que el Padre Arnaiz había encendido con su celo por las almas abandonadas de los campos andaluces; y para servir de algún apoyo a aquella alma ardiente y nobilísima de María Isabel, y encauzar a otras almas por esos mismos senderos, y quitar algunos estorbos que existían. Y terminada mi obra, el Señor nos dio a entender a todos que yo había de dejar esa empresa en otras manos. [...] No me esperen ni en Jerez, ni en la

> Sierra, de tantos y de tan hondos recuerdos para mí. Ese día será para mí de continua oración por ustedes y por su Obra, para que el Señor les infunda el mismo espíritu sobrenatural, y los mismos arrestos en la vida de sacrificio que siempre tuvo María Isabel.

Lourdes las esperaba en San Adrián como agua de mayo, porque, aparte de dirigir la escuela y las catequesis, tenía grandes apuros de dinero, y había pasado esos últimos días estirando diez pesetas que le quedaban. En la capilla los domingos no cabía la gente. Cada vez acudían más a las clases, a prepararse para casarse o confesarse. La víspera de San José una abuelica murciana llegó jadeante porque se moría una niñita a la que su mamá quería bautizar antes que llegase su padre de Teruel. «No vaya a decir que no, porque es ateo y comunista», gemía con su niña rígida y amarilla en su regazo, con los ojitos en blanco; intentaba calentarla con su pecho y darle un poco de leche. Las misioneras fueron volando y le pusieron una reliquia del padre Arnaiz, haciendo rezar a todos. Temiendo que la pequeña muriese al bautizarla y las furias se volviesen contra ellas, una misionera pasó un algodón mojado en agua por la cabeza de la niña, susurrando la fórmula del bautismo; se fue a preguntar a María Isabel, que se levantaba solo a ratos, si era válido aquel cobarde bautismo, y ella le dijo: «Vete corriendo, y si se muere la niña que se muera, pero vuélvela a bautizar bajo condición, echándole el agua sobre la cabeza». Así lo hizo, y entonces la niña cerró los ojitos, se agarró al pecho de su madre y se durmió tan tranquila. Al poco llegó el padre, y fue enseguida donde las misioneras: «Señorita, yo no estoy casado, pero quiero agradecer a Dios lo que ha hecho con mi niña y quiero casarme enseguida, porque solo tengo tres días de permiso». Pidieron dispensa de trámites en el obispado y lo prepararon aprisa: le explicaron los misterios de la Trinidad, la encarnación y la redención ante un crucifijo cuyos pies besaba llorando aquel hombre, que decía: «Señorita, a mí nadie me ha enseñado estas cosas... ¡si es la primera vez en mi vida que entro en una iglesia!». Hicieron su primera confesión y comunión y se casaron. El hombre se volvió a trabajar en la mina turolense de Ojos Negros con una alegría que no había tenido nunca, según él decía. Muchas cosas así hacía el Señor en aquellos pobrecitos, que necesitaban milagros para creer en una Iglesia tan combatida. Al padre Segarra le alegraba mucho ver la entrega de sus hijas, frente a «tantas señoritas insustanciales, que con hacer ropitas para el ropero de santa Fulana o ir muy peripuestas a visitar alguna barriada unos momentos, ya creen trabajar como unas fieras». El Jueves Santo comulgaron más de cien, y todo el día la gente velando el monumento. Pero seguían siendo cinco, y hasta ayunaban para pedir vocaciones. «¡Las almas van a Él con un amor y una alegría cuando lo encuentran! ¡Qué lástima de falta de operarios!», comentaba María Isabel, que se veía hecha un vejestorio en toda la extensión de la palabra: un día echó cuatro cálculos y mucha sangre. Y anímicamente estaba hundida: «El Señor me está apretando mucho y se están amontonando tantísimas cosas y todas de tanta pena que estoy en el último clavillo».

En San Adrián se hizo la parroquia en el mismo local que tenían las misioneras; se hicieron Congregaciones de Hijas de María y de la Milagrosa para las niñas, Congregación de los chicos y Apostolado de la Oración para las mujeres. Para mantener estos frutos, el obispo aconsejó a María Isabel hablar con las damas catequistas, de Dolores Sopeña, o con las Apostólicas del Corazón de Jesús, de Luz Casanova, pues las misioneras querían pasar a alguien el testigo antes de marchar. Desde Roma el cardenal Segura les insistía en que volvieran a Andalucía, a evangelizar a los pobres abandonados de los campos, que estaban como ovejas sin pastor:

> Es una verdadera vergüenza para nosotros que allí con ellos vivan quienes van a buscar las rentas de sus cosechas, los votos para las elecciones, la utilidad en sus negocios, y no haya quien se ofrezca a vivir de vez en cuando entre ellos para buscar la santificación de sus almas.

Y es que desde el establecimiento de la República era cada vez peor la situación de España, con las masas populares cada vez más envenenadas y la situación de los católicos cada vez más desfavorable. La CEDA, unión de partidos de centroderecha, partidarios de aceptar las instituciones republicanas, presididos por José María Gil Robles, desde las elecciones de 1933 formaba parte del Gobierno, aliado con el partido radical de Lerroux, de corte liberal, con no pocos masones. Los monárquicos aspiraban al regreso de Alfonso XIII o de su hijo. Los carlistas y tradicionalistas también se presentaban a las elecciones, con la intención de acabar con aquel sistema liberal; para ellos, el posibilismo de Gil Robles favorecía la revolución. Segarra, cuando los carlistas iban a Roma a consultarle, llamaba a los de Gil Robles «comparsa de engañados y engañabobos». Y de los que se dejaban engañar, aun sacerdotes y obispos, lamentaba que «todo lo fiaban al Espíritu Santo», sin cooperar valientemente, para exonerarse de trabajar por Dios con gallardía.

Ese ambiente emponzoñado salpicaba a las misioneras. Cada día a la misma hora, con insistencia satánica, un hombre abría la puerta de la capilla, arrojaba una espuerta de estiércol y soltaba una blasfemia al Santísimo Sacramento. También echaban inmundicias por la escalera o les ponían petardos en el contador de la luz. Era inútil recurrir a guardias o policías; a reponer los plomillos o limpiar las basuras las ayudaban los alumnos, porque Dios seguía haciendo en San Adrián el milagro de que acudiesen más. Les había tomado mucho cariño el obispo de Barcelona, quien sobre la situación política y social de España pensaba como ellas y como el padre Segarra; por eso había intimado tanto con él cuando estuvo en la Ciudad Condal, y por eso el jesuita le propuso que las misioneras viajasen de nuevo a Roma para clarificar con él los estatutos de la Obra, y obtener de la Santa Sede al menos una aprobación verbal. A tal fin le pedía una carta laudatoria, que escribió don Manuel Irurita y Almandoz, solicitando para la Obra «una amplia bendición para nuevos alientos a favor de los trabajos que viene realizando en la evangelización de las almas de los pobres». Decía que durante aquellos dos años en Barcelona había visto que aquella Obra era de Dios, por los frutos de santificación que conseguían catequizando a niños y adultos, reconciliando pecadores con Dios, y renovando la vida cristiana de personas apartadas de la Iglesia. Además, las misioneras no eran gravosas a nadie: vivían de su peculio, haciendo caridad con los más abandonados. Segarra puso en italiano el reglamento y preparó un memorial sobre la Obra y su situación para mostrarlo al cardenal Laurenti, prefecto de Ritos, al que consideraba un santo. Irurita también les consiguió el 7 de mayo una audiencia con Pío XI, para quien llevaban un sencillo pergamino con un ramillete espiritual de oraciones y sacrificios y una pequeña limosna de doscientas liras. Gracias a un donativo del hermano de María Isabel, el 23 de abril de 1934 viajaron a la Ciudad Eterna de nuevo las cinco misioneras con Pura (una barcelonesa dirigida de Segarra, que se unió a ellas pero no cuajó) y María Jesús González del Valle y Prendes, que con dieciséis años pidió la admisión a su tía María Isabel. En la audiencia pontificia, al besar Segarra el anillo del Pescador, le dijo: «*Santitá, questa é la fondatrice dell'Opera, molto ammalata*» (la fundadora de la Obra, muy enferma). Entonces María Isabel exclamó: «Santísimo Padre, desearíamos una bendición especial para nuestra Obra, para las Doctrinas y misiones y para los pobres». El papa preguntó a Segarra cuántas eran:

> —Santidad, cuando se inició la Obra eran muchas, todas dirigidas del Padre Arnaiz, de la Compañía. Pero después de su muerte, eran cada vez menos, hasta que desde hace pocos años comienza a desarrollarse, tomando ya una forma más estable.
>
> —¿Comienzan a vivir en comunidad?
>
> —Así es. Ahora tienen como dos residencias, una en el arzobispado de Sevilla y otra en la ciudad de Barcelona, cuyo obispo las tiene en gran aprecio. Pero más bien se mueven en función de la necesidad de enseñar a los pobres.

El Santo Padre las miraba y oía con interés y cariño, susurrando varias veces:

—¡*Ecco la vera Azione Cattolica*!

Y exclamó, con gesto paternal y protector:

—Imploramos del cielo todas las bendiciones, ¡amplísimas bendiciones! para todas y cada una de vosotras, para cada una de vuestras obras y misiones, para todos y cada uno de vuestros pobres. Por tanto... *benedictio dei Omnipotentis, Patris, et Filii, et Spiritus Sancti, descendat super vos et maneat semper*.

Tras el esfuerzo para asistir a la audiencia, la *fondatrice* puso un cable de agradecimiento a Irurita. Días después supo Segarra que el santo padre había hablado de la Obra al cardenal vicario de Roma, Marchetti Selvaggiani, recomendándosela como providencial para los barrios pobres de la urbe adonde no llegaba la acción sacerdotal. Así que María Isabel ¡ya hacía planes por si le proponían fundar una Doctrina en la Ciudad Eterna! ¡Una nueva etapa de la Obra se estaba fraguando! Y así, el Jueves de la Ascensión, 10 de mayo, levantaron el acta de constitución de la Obra de las Doctrinas Rurales, firmando las cuatro presentes: María Isabel, Carmen Pineda Herráiz, Blanca y Lourdes Werner Bolín. Para que copiasen en el pergamino el texto de la bendición y estampase su firma Pío XI, Segarra lo llevó a monseñor Confalonieri, que le confirmó que el papa había leído el memorial y, cuando esa misma tarde le presentó la *pergamena*, recordándole que eran las señoritas de la audiencia, contestó el pontífice: «Ah, sí conozco esta Obra y me acuerdo muy bien», y añadió de su puño y letra: «*Pius PP. XI, per amanter perque libenter in Domino*» (con mucho amor y muy de buena gana en el Señor). Al día siguiente tuvieron la misa en la Mamertina; Segarra puso en el altar el acta de constitución de la Obra. María Isabel no pudo ir, como tampoco el domingo siguiente a la beatificación de Belarmino: se agravaba por momentos. A mediados de mayo, ni estaba en condiciones de viajar ni se habían entrevistado aún con el padre Ledóchowski, general de la Compañía, para impulsar la causa del padre Arnaiz. Al fin lo vieron la víspera de Pentecostés. El polaco se mostró muy amable con ellas, que le regalaron la reliquia de un pañuelo empapado en la sangre brotada de la boca del santo misionero durante su sepelio. Al fin, marcharon de Roma el 24 de mayo de 1934. Poco después, providencialmente el día de la Santísima Trinidad (misterio de la vida interna de Dios en el que María Isabel vivía especialmente inmersa por este tiempo), recibió Segarra el pergamino firmado por el papa. Para el jesuita, les había pasado como a san Ignacio, a quien, cuando iba a la Ciudad Eterna, dijo Jesucristo: «Yo os seré propicio en Roma».

12. Gitanas de Jesús: de la revolución de Asturias al cinturón de Barcelona

Ya en Barcelona, fueron a contar todo al obispo Irurita, quien les dio una limosna que les vino de perlas, porque ahora sí que se encontraban verdaderamente sin blanca. María Isabel, cada día peor, en uno de sus ataques de dolor llegó a quedarse en estado de choque. Ante el susto de todas, decidió acogerse a la caridad de su familia. El 23 de junio salieron todas para Asturias y se instalaron en Prendes, cerca de Gijón, en una casa de campo de su hermano Antón, el padre de María Jesús. La enferma estuvo tan mal que la volvieron a sacramentar; se repuso algo y fue a ver por última vez a sus hermanas salesas, a las que impresionó: «Dios vivía en ella y como si lo comunicara a los demás y lo transparentaba sin darse uno cuenta».

De Roma llegaban nuevas cada vez más preocupantes por el fracaso de los acuerdos entre la República española y el Vaticano, en que tanto empeño tenía el cardenal de Tarragona, Vidal y Barraquer, que también discutía la posesión de la sede primada al de Toledo, Gomá, quien sustituía al desterrado cardenal Segura. Los tradicionalistas criticaban la postura de Herrera Oria, la CEDA, Vidal y Barraquer, el nuncio Tedeschini..., en fin, todas las derechas políticas y eclesiásticas que trabajaban por el triunfo de las negociaciones. El abogado Ángel Herrera Oria, presidente de la Acción Católica española, y futuro cardenal, era el verdadero inspirador de la CEDA, cuyos simpatizantes culpaban de sus fracasos ante la Santa Sede a Segura, significado antirrepublicano. Vidal y Barraquer también consideraba enemigo ideológico al padre Segarra, a quien avisaron sus superiores: la Secretaría de Estado sabía de su cercanía a los tradicionalistas. La bola se fue agrandando tanto, que incluso el Gobierno de España lo reputó como uno de los responsables del fracaso de las negociaciones, llegando a denunciarlo a los jesuitas. Él escribía a María Isabel:

> Se necesita ser estúpidos para creer que un mísero fraile pueda tener la culpa de su fracaso. ¡Ojalá fuera verdad! No veo en todo esto más que los coletazos del demonio desesperado porque las cosas no van como él quisiera. Ni irán. El Sagrado Corazón de Jesús triunfará a pesar de todos los esfuerzos para estorbar las divinas misericordias... Ni por asomo aciertan... Morir se puede de muchas maneras y la más sensible no es la física sino la moral.

Incómodo para la Compañía, recortó Segarra su comunicación con las misioneras, que de Prendes fueron a Oviedo, a pasar unos días en casa de José María y, algo más restablecida María Isabel, el 3 de octubre de 1934 pasaron a Bilbao y se instalaron todos en casa de Anselmo, el hermano mayor. Fue providencial porque en la noche del 4 al 5 de octubre estalló una insurrección alentada y organizada por dirigentes del PSOE, UGT, CNT, FAI y PCE. Decretaron una huelga general revolucionaria que solo fraguó en el norte; en el resto de España, pocos sitios sufrieron dos o tres días de altercados. Pero en Asturias los mineros tomaron Oviedo y entre otros desmanes volaron la Cámara Santa de la catedral. El ejército tuvo que sofocar la rebelión, preludio de la Guerra Civil, que costó alrededor de mil trescientas muertes. Más de cuarenta sacerdotes y religiosos fueron martirizados. Forzado por el presidente de la República, Alcalá Zamora, el Gobierno amnistió a los cabecillas de la revolución, nuevos héroes de los izquierdistas, que aprovecharon para hacer una propaganda feroz, a nivel internacional, de la represión a la que eran sometidos, inflando las cifras de víctimas. Todo esto debilitó el poder legal establecido y, aunque vencidos, los revolucionarios se envalentonaron. En Cataluña, el presidente de la Generalidad, Luís Companys, de Esquerra Republicana, aprovechó para proclamar la independencia el 6 de octubre en la barcelonesa plaza de la República, ante una exaltada multitud que pronto controló el mando militar de la región. Mientras tanto, en el n.º 62 de la Gran Vía de Bilbao, María Isabel alentaba a sus misioneras, cuidadas por Anselmo, al que llamaban el padre prior. Los cinco sobrinos gozaron con su tía Babelina, como la llamaban cariñosamente, que se reencontró allí con Luis, el que fuera su novio, activo carlista que vivía en la misma finca con su madre doña María Zuazola. Así, aquellos días sangrientos fueron serenos para ellas. En Bilbao conocieron al padre Vilariño, uno de los escritores jesuitas más fecundos de entonces, autor del famoso *Devocionario popular*, de una popularísima *Vida de Jesucristo*, de los *Puntos de Catecismo*... Segarra se alegró mucho porque deseaba se encariñase con ellas. Otros varios religiosos y sacerdotes que frecuentaban el trato con la familia de Anselmo conocieron a María Isabel y su original Obra. Según escribirá Anselmo a las misioneras en 1954, de aquellas visitas «salían los buenos varones echando humo de celo». Pero, con aquel porvenir tan negro, ¿qué hacer? ¿Cuándo podrían volver a Barcelona?

Lo hicieron pronto: en noviembre ya estaban asentadas en la nueva Doctrina de la barriada de Pelegrí, perteneciente a Hospitalet de Llobregat, aunque con una parte en término municipal de Esplugas. Hoy toda la zona se denomina Can Vidalet. Surgido en los años veinte, era un barrio de casitas bajas rodeado de huertos. Por la cercanía del trabajo para los obreros de las numerosas fábricas de Hospitalet y las que iban surgiendo en Esplugas, cada vez más gente se establecía allí. Era un sitio muy aislado, como las Doctrinas de Andalucía. Ellas vivían casi en descampado, en la casa grande, como decía la gente: una especie de masía, donde el padre Arbona celebró la primera misa y dejó el Reservado. Ante aquellas señoritas, al principio estaban remisos los obreros, que debían ser de izquierdas y menospreciar cuanto oliese a Iglesia. Pero pronto se fue corriendo la voz de lo que aprendían los que acudían a sus actividades, lo bien que estaban, y... que era gratis. De no saber ni uno que había Dios, empezaron a ir a misa y al rosario. Y comulgaron por primera vez, no solo niños, sino jóvenes de ambos sexos.

Aunque María Isabel seguía casi siempre en cama o en el sillón, el obispo quería que las misioneras preparasen las nuevas parroquias que pensaba erigir en Barcelona. El 13 de enero de 1935, fiesta de la Sagrada Familia, inauguró la de San Adrián del Besós. Por su pobreza material y por la precariedad moral de sus catequizados, algunos en Barcelona consideraban a las misioneras agitanadas en su modo de evangelizar, viéndolas como cuatro chiquillas de familias ricas, que habían tomado aquello como deporte para vivir a su aire, y que cuando se cansaban de un sitio se iban con la música a otra parte. Era difícil que las entendiesen.

Los que llegaron a hacerlo, como el obispo, las veían como locas de Jesús. En Pelegrí la parroquia más cercana estaba lejos para desplazarse cada día, y lo que más les costaba era no poder comulgar. El sagrario era su fuerza, y comunicaban a la gente su piedad eucarística: niños, mujeres y jóvenes no se marchaban de clase sin despedirse de Jesús Sacramentado. Como siempre, rezaban el rosario antes de la clase nocturna de los hombres, que se turnaban para dirigirlo; la capilla se llenaba a rebosar y aún quedaba gente en la calle. Después, aquellos hombretones se aplicaban a perfeccionar su escritura, a leer, a solucionar los problemas que las señoritas les planteaban, o simplemente a deletrear en el *Catón* y a dibujar las primeras letras aprendidas en las pizarrillas que les proporcionaban. Y, para terminar, catequesis y la clase de Historia Sagrada. Nunca nadie les había hablado de su padre Dios, para que experimentasen su amor. La transformación de aquella gente era, en buena medida, fruto de lo mucho que habían padecido las misioneras en aquellos dos años tan curiosos, verdadero noviciado para su vida interior, con sus ojos fijos en los de su amado, adivinando los deseos de su corazón, de donde sacaban la fuerza para atender a esas almas doblemente pobres: por la miseria corporal y más aún por la espiritual. Otro milagro era María Isabel, ya enferma perpetua, siempre incapaz, como decía ella, resignada a no poder hacer nada sino sufrir. Desde su lecho escribió a su sobrina María Jesús, que había quedado en casa con sus padres, advirtiéndola seriamente, pues al parecer se estaba enfriando en su vida espiritual:

Comiendo tan de tarde en tarde el Pan de Vida te vas a criar raquítica de alma. Para ser misionera hace falta tener una unión continua y estrechísima con Dios porque el instrumento solo no hace nada si no está en la mano del artífice. Para eso hace falta el "orar sin intermisión" como dice el Apóstol, que es el maestro de los misioneros, y no se llega a ese hábito de oración sin haberla practicado con fidelidad y constancia los ratos señalados por nuestro director o en el plan de vida espiritual que nos hayamos trazado. Tú eres muy descuidada en esto por respeto humano, y temo mucho que esta falta de fidelidad te prive o amengüe las gracias que el Señor te ha dado con tanta liberalidad, y si no pierdes la vocación quedes en una mediocridad espiritual que abunda tanto, de las que el Señor no puede echar mano para nada grande de su gloria. En esta falta de trato con Dios es donde veo el verdadero peligro para ti, no solo para tu vocación misionera (que te repito que sin oración continua es una ficción), sino para todo te quedarás en un ser chocholo insustancial, de pocos alcances y una medianía en todo, sea en el mundo, sea en el convento. Porque la luz, la fortaleza, la virtud todo viene de la unión con Dios; cuando es muy estrecha se participa más de todos los atributos de Dios y si es muy tibia, como no se ve más que lo que es uno, por eso se resulta tonto, sin sustancia, etc. No tengas tanto miedo a coger frío y cuando te pase, como me dices, que no puedes dormir de ganas de venirte, aprovecha para entretenerte con el Señor, aunque sea haciendo actos de unión por jaculatorias. No te importe

> decir en tu casa que quieres levantarte antes para ir a Misa y hacer la oración; siquiera esto último. A nadie puede chocar esto, aunque no tuvieses vocación, porque algo de piedad habrás tenido que coger de los conventos y de la educación cristiana que te dieron. Y en casa todos oíamos Misa y hacíamos meditación todos los días. ¿Qué menos puede hacer un cristiano?

Con este empujón, María Jesús fue a ayudarlas otra temporada en Pelegrí, cuya gente se volcó aquella Semana Santa de 1935. Para pedir al obispado algún sacerdote para predicar, confesar, o acompañarlas cuando salían con la gente de excursión, las misioneras telefoneaban desde un bar, cuyo dueño era comunista y gritaba: «Esto es el colmo: ¡en mi bar, pidiendo que venga un cura!». Lo mejor es que iban animadas por las propias mujeres de los comunistas, fervientes alumnas suyas. Y nunca sufrieron groserías de aquella gente, que querían y ayudaban a las señoritas que vivían con ellos haciéndose todo a todos, como san Pablo, ganándose el respeto y la admiración hasta de los más reacios. Se casaron tres parejas de amancebados y hubo nueve bautizos. Según *La Vanguardia Española*, el 9 de junio, Pentecostés, el obispo Irurita, recibido por un enjambre de niños que agitaban banderitas con el Sagrado Corazón, visitó la barriada de Pelegrí, «hasta cuyos apartados lugares ha llegado el fervoroso entusiasmo de esforzadas e incansables señoritas y jóvenes, alentadas por la abnegación de distinguidas damas, que en su tenaz labor catequística vienen desarrollando una obra de verdadero apostolado».

13. Chismes en Jerez, renovación de los mineros, preludios de tragedia

Por entonces, el cardenal arzobispo de Sevilla las había invitado a ir a Villanueva de las Minas, parroquia de diez mil almas con cientos de niños sin bautizar y muchísimos matrimonios civiles, donde una reciente misión no había dado resultado. Ilundáin siempre las había apoyado, y su petición fue prioritaria para María Isabel. Con intención de volver a Barcelona, dejaron en Pelegrí la capilla montada y todos los enseres de la casa; el padre Arbona siguió yendo hasta que mandaron sacerdotes del obispado que pudieron atender el barrio, y varios seglares que ya las ayudaban se encargaron de las escuelas y apostolados. Mientras Blanca y otras antiguas conocidas daban una vuelta por Las Mellizas y otros lugares misionados de Andalucía para organizar los cumplimientos pascuales, María Isabel fue con Lourdes a Catí, en Castellón. Allí, hospedada por la hermana del padre Segarra, Mercedes, tomaría las aguas de Benasal, gracias a las quinientas pesetas que les prestó una amiga. Con lo mala que iba, nada más llegar se puso a soñar en poner allí Doctrina, como escribía a Blanca y a María Jesús:

> Aquí estamos discurriendo trabajar en grande pues hace una falta enorme; los hombres no ponen los pies en la iglesia ni los niños ni las mocitas. Solo las mujeres van, pero por tradición; no hay fe sólida ni práctica.

En Catí no mejoraba nada. El 18 de junio, día de la Trinidad, tras cuatro noches en un grito, quedó extenuada después de expulsar una piedra, mayor que nunca. Como Lourdes no tenía medios de aliviarla en aquel lugarejo, pusieron proa a Jerez, parando algunos días en Málaga, con los Werner: María Isabel, encamada; Lourdes, con fiebres infecciosas durante dos meses. Don Leopoldo quería que su hija convaleciese en casa, pero María Isabel, algo repuesta, se la llevó a Jerez y la atendió y cuidó como una madre: siempre fue así con las que se habían entregado sin condiciones a las Doctrinas.

En agosto de 1935 ya estaban todas en Jerez. El día 15 la Virgen regaló a María Jesús, aún menor de edad, el permiso de su padre para irse a las Doctrinas. Se incorporó el 3 de octubre, fiesta de santa Teresita. El padre Copado, que pronto sería trasladado, aunque parecía seguir frío, en realidad no lo estaba tanto, pues les donó la casa que hasta entonces les había prestado. Pero en Jerez el ambiente entre sus amistades continuaba cargado de dimes y diretes, y encontraban distantes a los jesuitas. Los pocos que les conservaban aprecio, las miraban con lástima, al ver que, pasando el tiempo, aquello no cuajaba en una congregación religiosa. ¿Quién iba a aconsejar a una dirigida suya que se uniese a un grupo tan inestable, expuesto a tantos peligros y tan independiente? Pero Segarra, exhortándolas a vivir la soledad y la persecución sorda muy unidas con Cristo, como el grano de trigo que ha de pudrirse para dar vida y hacer fructífero el apostolado, les aconsejaba:

> Vosotras sois dueñas de vuestras personas y de vuestros fines y de vuestras actividades, como cualquier persona del mundo; y así como nadie sino con una imprudencia enorme se debe meter a ordenar los negocios particulares de los demás

sin ser requerido, y aun entonces sin derecho alguno a que digan sus ocurrencias, así igualmente con vosotras.

A María Isabel le preguntaba qué le decía el médico, añadiendo:

> Ya sé que lo llevas todo como una buena enamorada que goza con el peso de la cruz, pues es el peso de Dios estrujando a las almas y prensándolas para extraer el vino del amor y de la mayor gloria divina.

Y así, cada día más enferma, como buena enamorada, deseaba ofrecerse como víctima de holocausto al amor misericordioso, consumida en su fuego, como santa Teresita. Aun pasándose los días en la cama, nunca se quejaba ni entristecía el ambiente comunitario; le gustaba que las fiestas se celebraran con jolgorio y comidas especiales. Como el 9 de octubre se cumplían quince años de la salida definitiva de su casa para entregarse por completo al servicio del Señor, ese año, sabiendo que no llegaría a las bodas de plata, quiso celebrarlo un poco más, con un detalle especial para cada misionera, a las que repetía que las llevaba en su corazón, con tanta frecuencia, que Lourdes le replicaba con gracia: «María Isabel, ¡tu corazón es como una alberca!».

El 17 de octubre, día de santa Margarita María de Alacoque y aniversario de la consagración de las Doctrinas al Corazón de Jesús, llegaron a Villanueva de las Minas, población a unos cuarenta kilómetros de Sevilla, formada por la explotación de unas minas de carbón descubiertas en el siglo XVII. Tomó tal auge que pasó a ser cabeza de municipio, con diversas barriadas.

Las misioneras se instalaron en la que estaba más al sur, el barrio de la Alegría, y que distaba más de la iglesia, cabe la cual había un colegio construido por un ingeniero de la mina, para que los hermanos maristas educasen cristianamente a los hijos de los mineros. Pronto se percataron las misioneras de que no había exagerado el cardenal Ilundáin: ¡aquello era muy frío! Instalaron casa y capilla. Aunque María Isabel poco podía hacer, se sentían todas animada por ella, acogiendo sus correcciones con humildad. Al poco de llegar ya tenían las clases y catecismos en marcha, con ciento sesenta niños por la mañana, doscientas sesenta mocitas por la tarde y ciento treinta hombres por la noche. Pusieron otra escuela nocturna los jueves para los que se quedaron sin sitio y las muchachas de servicio que no podían ir por la tarde. Muchos se preparaban para la primera comunión; otros para casarse. Era un milagro, porque, según María Isabel, aquella gente:

> [...] Apedrean a los que vienen al colegio y a la Misa, y a pesar de todo ayer se nos llenó la capilla que no cabía uno más, y por la noche volvieron al Rosario. No dejéis de pedir mucho porque solo la gracia puede triunfar de tanto malo como hay. Y las mujeres, peores, pues no se atreven a venir por respeto humano; el jueves solo vinieron cinco al catecismo. Temen perder las colocaciones o que sus maridos las peguen; en fin, que no conseguimos por ahora nada de ellas.

Sus fieles auxiliares, Leonor y tía Emilia, acudieron a ayudarlas. Con las chicas solteras fundaron un nutrido grupo de Hijas de María, y con el Apostolado de la

Oración, el día de la Inmaculada organizaron la función religiosa por todo lo alto, con primeras comuniones, y juegos para todos los participantes. El cardenal Segura se congratulaba de su apostolado, tan difícil en una zona minera:

> Harán indudablemente un grande bien entre esas pobres almas a las que no llegaba la voz de la verdad y del bien, sino únicamente la del error y del odio... Hubiera deseado ver el grupito aumentado con alguna nueva alma decidida; mas está visto que por ahora el Señor las quiere solitas para que más de cerca vean su pequeñez y cómo es Él quien hace las maravillas que por su medio se obran. También hubiera deseado saber que María Isabel estaba ya completamente buena y trabajando a destajo; pero... no se trabaja menos atrayendo gracias sobre las que se mueven por medio del dolor y del sacrificio.

En efecto, aquella Navidad la pasó hecha un muestrario de dolores como le decía el padre Segarra, quien, temiendo que su correspondencia fuese vigilada por su fuerte vinculación con señalados elementos de la política antirrepublicana, cortó la comunicación con ellas para no comprometerlas. Era un nuevo sufrimiento para María Isabel, que, en medio de sus dolores y trabajos, de las dificultades sin cuento que le llovían por todos lados, y sobre todo de la noche oscura por la que atravesaba su alma, se veía privada del único alivio espiritual que le quedaba. Su Señor la iba purificando y despojando de todo.

En aquellos fines de 1935 la tragedia se mascaba en España. Las fuerzas revolucionarias llevaban todo el año preparando un pacto que las aglutinase para hacer frente a unas más que probables elecciones. Si 1934 vio tres gabinetes de ministros, en 1935 cambió cinco veces el Gobierno, herido de muerte por diversos escándalos. El presidente de la República, Niceto Alcalá Zamora, aprovechó para terminar con aquel Gobierno de centro-derecha y llevar a cabo la ansiada reforma de la Constitución. Gil Robles no veía más salida que un gobierno de la CEDA, la fuerza política con más representación parlamentaria. Pero Alcalá Zamora encargó al masón Portela Valladares formar el nuevo Gobierno, con un partido republicano de centro. Gil Robles advirtió a don Niceto que eso alejaría a las derechas de la legalidad y del acatamiento al régimen: «Con el fracaso de mi política solo podrán ya intentarse soluciones violentas. Triunfen en las urnas las derechas o las izquierdas, no quedará otra salida, por desgracia, que la guerra civil. Su responsabilidad por la catástrofe que se avecina será inmensa». El convencimiento de la inminencia de una guerra era general, pues los revolucionarios, crecidos desde lo de octubre de 1934, preparaban la lucha activa, como hacían también los carlistas, convencidos del fracaso de la política de la CEDA desde su inicio. El presidente de la República continuó empeñado en formar gobierno retirando la confianza a la CEDA: el proyecto era inviable. 1936 comenzó con la convocatoria de elecciones para el 16 de febrero, con segunda vuelta el 1 de marzo. Se puede colegir el estado de ánimo del mundo obrero, pues la propaganda marxista les presentaba la revolución como remedio de sus problemas y liberación del yugo de la Iglesia, identificada con las derechas. También eran carne de cañón los mineros de Villanueva. María Isabel quería ausentarse de allí hasta pasadas las elecciones; volver luego a terminar, y retornar a Barcelona. Le parecía tentar a Dios no tomar medidas de prudencia, como hicieron en los primeros días de la República. No obstante, por lo que pudiese ocurrir, quiso tener una misión; la pidió al padre García Alonso, y ella misma preparó los ánimos de sus alumnos, que, enardecidos, hicieron una manifestación pública de fe, desatando la ira de los democráticos republicanos y terminando con la salida de las misioneras más rápida de lo que tenían planeado. En vísperas del febrero del Frente Popular, la propaganda era infernal y los jóvenes que acudían a su escuela estaban muy exaltados: ¡tenían la capilla-escuela frente a la Casa del Pueblo! Pero María Isabel se remangó: levantándose de la cama, una noche fue a la clase, muy elegante, hasta con unos pendientes de perlas falsas; y les dijo, entre otras razones, que si no apreciaban su trabajo se marcharían, pues de muchos pueblos de España y hasta del extranjero solicitaban sus escuelas; que de ellos dependía si continuaban. Quedaron electrizados. Luego comentaban que una señorita que estaba siempre encerrada les había dado un mitin estupendo... Estas arengas y la predicación del padre García Alonso dieron tal resultado que comulgaron en la misión cincuenta y siete hombres que, al salir de misa a las dos de la madrugada, iban cantando por las calles *Corazón Santo, Tú reinarás*. El día siguiente, el alcalde mandó decir a las misioneras que, si su gente cantaba eso, provocaban a los otros a cantar *La Internacional*. Ellas repusieron que no podían impedirles cantar lo que quisieran. Y a la mañana siguiente, *de ocultis*, salieron del pueblo. Fue una inspiración de Dios: el cura las informó más tarde de lo fundado de sus temores. Otros sintieron mucho su marcha: un tal Rafael se hartó de llorar la mañana que se fueron; acudió temprano a la casa para llevar en brazos a la estación a la señorita María Isabel, pero, por vergüenza no se atrevió a llamar. En aquella tierra tan fría, Dios bendijo su labor: diecisiete bautizos, tres matrimonios, quinientas comuniones, muchos enfermos sacramentados. En pocos meses habían sufrido y trabajado mucho, pero, como siempre, pese a circunstancias tan adversas, el Señor les había dado gran fruto. Muchos mineros las querían de corazón porque en sus casas había entrado la gracia divina. Ya en Jerez, en la calle Monjas Victorias 3, las misioneras vieron que la campaña electoral era furibunda, con discursos políticos incendiarios, seis muertos y numerosos heridos. Del padre Copado decían ellas que ya tenía un cuarto de conversión; de hecho, volvió a visitarlas y socorrerlas en alguna ocasión, igual que varias amistades jerezanas.

El 16 de febrero, aunque con muy estrecho margen, ganó las elecciones el Frente Popular. Esa misma noche las turbas, entre otros desmanes, asaltaron muchos centros de partidos de derechas y exigieron la libertad de los presos políticos, según había prometido en su campaña electoral el Frente Popular. Inmediatamente, Gil Robles y Calvo Sotelo pidieron declarar el estado de guerra a Portela, pero este dimitió. El 19 de febrero Alcalá Zamora encargó formar el nuevo Gobierno de la República a Azaña, que sería el presidente del Consejo de Ministros, siete de los cuales eran masones. Ese día las masas asaltaron más de cincuenta iglesias en toda España; el Frente Popular tomó muchas alcaldías; se aplicó la amnistía en varias cárceles, sin orden del Gobierno;

hubo atentados callejeros, huelgas, ocupaciones de fincas y manifestaciones multitudinarias promovidas por el Frente Popular para hacer la revolución proletaria. Por no perder el apoyo de los partidos más extremosos de su coalición, el Gobierno dejaba impunes a los autores de los desmanes que se perpetraban cada día. Eso sí, cargó contra la Falange, clausurando todos sus centros y deteniendo a José Antonio Primo de Rivera con ocho procesos falsos, hasta fusilarlo en la cárcel de Alicante el 20 de noviembre. Esta persecución engrosó las filas falangistas y también las del Bloque Nacional de Calvo Sotelo (que representaban las derechas monárquicas): cada día más jóvenes veían la farsa de la legalidad republicana. Como el Frente Popular solo había obtenido mayoría simple en el Parlamento, una comisión presidida por Indalecio Prieto examinó las actas y le dio catorce diputados más, quitando treinta y siete escaños a las derechas. El 3 de abril se constituían las Cortes con la mayoría absoluta del Frente Popular, cuyos diputados ese mismo día propusieron destituir al presidente de la República, Alcalá Zamora. Detrás estaba Azaña, quien nunca perdonó al presidente su apoyo para sofocar la revolución de octubre del 34. La anarquía se enseñoreaba de España y se prorrogaba el estado de alarma, con una férrea censura en la prensa, que no podía, pese a todo, ocultar tanto desmán.

María Isabel, cada día más enferma, transmitía paz y serenidad a las misioneras. A la vez que hacían una vida de comunidad muy intensa, salían y se relacionaban con gente de todo tipo, algunos metidos en sindicatos y partidos revolucionarios, como el marido de su fiel criada Encarnación, presidente de la CNT en Jerez, pero muy agradecido a ellas. También tenían muy buenos amigos entre la juventud tradicionalista, cuyo círculo estaba en la céntrica calle de Francos, no muy lejos de su casita de la calle Monjas Victorias. No obstante la situación, empezaron a hacer algunos apostolados en barrios periféricos: visitas a enfermos y al asilito de ancianos que llevaban las Hijas de la Caridad; catequesis de grandes y chicos para bautizos, matrimonios y comuniones, entronización del Corazón de Jesús en los hogares; trabajo en el pobre colegio de la barriada de Picadueñas, donde enseñaban a los niños y los preparaban para su primera comunión; rosario cada sábado en casa de una enferma, donde se juntaban las vecinas. Aquella gente sencilla no entendía de derechas e izquierdas; se trataba de evitar que los envenenasen contra Dios y la Iglesia. Para operarse de apendicitis, María Jesús fue con Blanca a Madrid; de allí marchó a pasar una temporada con sus padres en Gijón, donde la sorprendió el alzamiento. Lourdes también se puso pachucha, y con María Isabel siempre mala, Carmen quedó de enfermera universal y, por si le faltaba tarea, montó una escuela veraniega para los niños.

En Jerez se celebró el quinto aniversario de la República con una manifestación. El alcalde arengó a las turbas, que asaltaron la casa del jefe de la Falange. Ante la pasividad de las fuerzas de orden público, el populacho asaltó cinco iglesias, una de ellas nuevamente la de los jesuitas, frente a la calle Victorias. Con la turbamulta en la puerta, el padre Ávila dijo misa en casa de las misioneras y quitó el Reservado. El marido de Encarnación se llevó a su casa los objetos de culto. Mientras la chusma seguía su loca carrera destrozando e incendiando los locales de dos periódicos, y las sedes de Acción Nacional y de Falange, ellas se trasladaron a una fonda, donde al día siguiente también se ocultó un religioso. Entonces María Isabel no vio prudente seguir allí y, aun en plena revuelta, volvieron a su casa. Todavía el día 16 los revolucionarios quemaron el convento de las reparadoras. Por defender los edificios religiosos varios carlistas fueron encarcelados. En otras muchas localidades hubo altercados, heridos, e incluso muertos, como en Madrid. El nuncio Tedeschini protestó ante el Gobierno por los inauditos atropellos y las bárbaras violencias de las que era objeto la Iglesia, ante «la pasividad y negligencia en prevenirlas y reprimirlas por parte de quienes tienen el deber de garantizar el orden público y salvaguardar la seguridad, la libertad y el honor de los ciudadanos». En el Parlamento el líder del Partido Comunista amenazó de muerte a Gil Robles. El 11 de mayo fue elegido presidente de la República Manuel Azaña. El 16 de junio en las Cortes el grupo de Gil Robles dio la estadística desde febrero: 269 muertos, más de mil heridos, casi quinientas iglesias destruidas o asaltadas. Para el Frente Popular, era la reacción natural del pueblo contra la represión sufrida en los dos años de gobierno de las derechas: la lucha de patronos contra obreros. Casares, presidente del Consejo de Ministros y ministro de la Guerra, cargó la responsabilidad, «si algo ocurría», sobre Calvo Sotelo, quien repuso, en un memorable discurso, que prefería morir con honra a vivir con vilipendio. Era la voz de media España que no se resignaba a morir, como dijo después Gil Robles, que, no encontrando otra solución posible, pasó a apoyar la sublevación. Ante el enemigo común se agruparon en torno al ejército las diversas organizaciones políticas, empezando por la Falange, con la mayoría de sus dirigentes presos. También los carlistas unían sus fuerzas a los militares, aunque con la condición, si triunfaba el Alzamiento, de derogar la Constitución y volver a la reconstrucción orgánica de la sociedad, con unas Cortes representativas: no derramarían su sangre joven para continuar con el sistema político que había llevado a tal situación. Había mucha gente ansiosa de regenerar España.

14. La guerra: familiares y amigos mártires

El 12 de julio mataron al teniente Castillo, guardia de asalto implicado en la revolución de octubre e instructor de las milicias del PSOE, que dos meses antes había disparado a bocajarro a un joven tradicionalista en una manifestación. Al día siguiente, en revancha, era asesinado Calvo Sotelo. Todos sabían que este atentado suponía la guerra. Urgía salvar a España. También suspiraban por ello nuestras misioneras, que el 18 de julio, día del Alzamiento Nacional, aún llevaron una niña a bautizar. La misma noche del día de la Virgen del Carmen comenzaron movimientos de tropas en Marruecos; el 17 saltó la chispa en Melilla; el 18 se levantaron diversas guarniciones en la península. Como sostiene el historiador Pío Moa, el Alzamiento estaba tan justificado como la rebelión contra Napoleón en 1808:

> El Frente Popular se compuso, de hecho o de derecho, de estalinistas, socialistas exacerbados, anarquistas, golpistas republicanos y separatistas catalanes, más el ultra racista PNV. Y no por casualidad todos estos "demócratas" terminaron bajo la protección de Stalin. En la guerra, la cuestión de la democracia no representó ningún papel. Se trató de la lucha entre quienes querían implantar un régimen revolucionario y destruir la cultura cristiana y la integridad nacional, y quienes defendían la continuidad de la nación y de su ancestral cultura católica. Ese fue el contenido esencial de aquella contienda.

Se trataba de la resistencia de un pueblo al que se quiso extirpar violentamente algo tan arraigado en su alma como la fe católica, presente también en los generales que se pusieron al frente, de modo que no solo fue una guerra civil, sino una cruzada, como dijeron los obispos. Si bien el conglomerado de los combatientes era muy heterogéneo, las motivaciones religiosas quedaron patentes en la mayoría, sobre todo en los requetés de la Comunión Tradicionalista. Los republicanos dominaban los principales recursos, casi dos tercios del territorio nacional y la práctica totalidad de las reservas financieras, pero les faltaba unidad y autoridad. Apenas se armó a la población, cundió la revolución por ciudades y campos, y continuó sin tregua la persecución religiosa y la liquidación de *fascistas*: todo empresario, obrero o campesino católico; cualquier persona pudiente o creyente, aun sin filiación política alguna. Y, por supuesto, todo el estamento clerical. En septiembre, en una audiencia a quinientos españoles, Pío XI calificó de «odio satánico hacia Dios» la barbarie desatada contra la Iglesia en la zona republicana.

En Jerez, pese a la presencia de un fuerte sector revolucionario, unos pocos militares, con cerca de cien soldados de la ciudad y alrededores, ayudados por falangistas, carlistas, y algunos de Renovación Española, a las órdenes del comandante Arizón, tomaron el mando y no hubo más lucha armada, aunque en ambos campos muchos aprovecharon para venganzas personales. Los militares alzados buscaban la permanencia del orden cívico en la zona liberada, pero tenían orden de reprimir a los revolucionarios evitando así una quinta columna. Uno de los cabecillas apresados fue el marido de Encarnación; cuando María Isabel supo que había sido condenado a muerte, intercedió por él ante los mandos militares, pero no pudo impedir su fusilamiento... ni el de su hijo. Fue horrible para la pobre Encarnación, a quien tanto apreciaban las misioneras, que sabían que muchos afiliados a los sindicatos o partidos marxistas no eran verdaderos revolucionarios, sino carne de cañón, por ignorancia y pobreza.

En agosto, todo Jerez se conmocionó para recibir el cadáver horriblemente mutilado de Antonio Molle Lazo, requeté de veintiún años que vivió, luchó y murió como un cruzado. Era íntimo amigo de personas muy relacionadas con las misioneras. Habiendo quedado solo y sin municiones después de un combate defendiendo el pueblo sevillano de Peñaflor, fue sorprendido por un grupo de milicianos y martirizado por ellos. Pretendían que blasfemara y renegara de su fe. Pero él, a punto de expirar ensangrentado, exclamó: «Me mataréis, pero Cristo triunfará. ¡Viva Cristo Rey!». Esto conmovió a nuestras misioneras, identificadas con el espíritu de la Comunión Tradicionalista; como el padre Copado, que se alistó como capellán para atender al Tercio de Requetés Nuestra Señora de la Merced, compuesto de setecientos voluntarios andaluces para ir al frente.

En Jerez, ciudad de retaguardia y zona de paso de tropas para enlazar con Sevilla, las misioneras estaban seguras. Hacían a todo pasto detentes del Corazón de Jesús, que miles de soldados del bando nacional cosían a sus uniformes. Como apenas podían hacer apostolado, rezaban y se ofrecían por el triunfo de la Cruzada. Pero sus familias no estaban tan a salvo como ellas. María Isabel nada sabía de sus hermanos. María Teresa, la reparadora que estaba en Barcelona, al poco del Alzamiento desapareció con otras monjas de su convento. Las salesas tuvieron más suerte y salvaron la vida, al igual que los demás de la familia, aunque en medio de muchas penalidades, y a punto de ser fusilados. En el bombardeo de Bilbao desapareció la correspondencia entre María Isabel y su queridísima hermana María Teresa; en octubre supo su desaparición y más que probable martirio, pues se perdió todo rastro de ella. En cuanto a María Jesús, soportó la revolución durante año y medio en la casa de campo de Prendes, donde tenían el Santísimo escondido. Carmen Pineda, con quien su familia había cortado la comunicación, hasta varios años después de la contienda no supo que todos salvaron la vida, pese a estar esos años en Madrid.

Lo de los Werner fue dramático. En el medio año que tardaron los nacionales en liberar Málaga, de trescientas veintiocho iglesias, más de un 80 % fueron totalmente devastadas, saqueadas, profanadas o destinadas a centros políticos, albergues, almacenes o cuadras, sin dejar en ellas ni un altar ni una imagen, ni un archivo ni objeto alguno de culto. En la Málaga roja fue exterminado el 67 % del clero diocesano y casi cincuenta religiosos. Varios cientos de seglares murieron por su fe en Cristo. En proporción con otras diócesis, fue en la que en menos tiempo se asesinó a más personas. El padre de Lourdes y Blanca, don Leopoldo Werner Martínez del Campo, conde de San Isidro, era presidente de Acción Católica y de los Caballeros del Pilar. El 5 de agosto una patrulla de la FAI lo detuvo en su casa, con sus hijos Carlos y Alfonso, y esa misma tarde los fusilaron en Martiricos. Obligaron a llevarlos a un chófer que contó que don Leopoldo decía a sus hijos que era una gloria morir por Dios y por la patria. No quiso volverse de espaldas para ser fusilado; ante tal temple dijo un miliciano: «Este viejo es muy valiente, no debemos matarlo». Y otro: «Sí, porque es muy beato y tiene hijas que enseñan el catecismo». Antes de morir les dijo el conde: «Dios os perdone como yo os perdono». Y cayeron los tres gritando: «¡Viva Cristo Rey!». Alfonso sobrevivió malherido hasta el día 26. Su madre y su hermana Leonor pudieron localizarlo en un calabozo tras muchas pesquisas. Nadie lo había querido atender porque le encontraron un detente entre sus ropas, y poco antes de morir, al preguntarle su hermana Leonor si perdonaba a sus enemigos y pedía perdón a Dios, contestó: «¿Cómo podéis dudarlo?». El otro hermano, José Manuel, que era alférez de navío, también fue detenido en Cartagena y llevado en un barco a la Prisión Provincial de Málaga con otros compañeros. Allí, la víspera de ser asesinado, lo confesó el padre García Alonso, que al día siguiente salió de la cárcel gracias a las gestiones del cónsul de México, Porfirio Smerdou, peculiar personaje que lo llevó a su casa, donde albergaba a casi cincuenta personas encerradas con grandes incomodidades, que compartían con la familia del cónsul. El único hijo varón que quedaba de los Werner, Leopoldo, y su mujer Concha Heredia Benito, amenazados de muerte, pudieron sacar de Málaga por algún conducto extraordinario a sus dos hijos, Polito y Teresita, de cuatro y cinco años, hasta Jerez con sus tías misioneras. Leopoldo y Concha también terminaron en la cárcel, de la que logró sacarlos el citado cónsul de México, y a finales de ese año los canjeó por un alto funcionario republicano de telégrafos. Gracias a Dios pudieron ir a recoger a sus retoños a Jerez, donde el cuidado de los pequeños y de María Isabel no impedía el apostolado a las misioneras, que en octubre ya organizaron de nuevo el rosario por las casas, y la catequesis a las mujeres, animándolas a reparar por tantos crímenes y sacrilegios y a pedir a la Virgen que protegiese y diese la victoria a los que libraban los nobles combates de la fe. A fin de mes todas confesaron y comulgaron, entronizando el Sagrado Corazón en sus casas. Se bautizaron varios niños y se casaron siete parejas.

El deseo del reinado de Jesucristo alentaba a los católicos en medio de tanto sufrimiento, y la pequeña Obra de las Doctrinas seguía su tarea callada. El celo de las misioneras sabía descubrir personas que, habiéndose dejado arrastrar por el huracán anticlerical de la República, ahora estaban avergonzadas y confusas. Ganándose poco a poco el aprecio de estas familias, con paciencia y cariño, las iban a visitar para llevarlas a la fe, haciéndoles ver que el único camino de la felicidad y de la verdadera libertad está en Dios. Si se hubiesen quedado en Villanueva de las Minas quizá habrían desaparecido, pues, como les contaban algunos alumnos, los milicianos profanaron la iglesia y se ensañaron con el maestro, de comunión diaria y presidente de Acción Popular, al que entre burlas fusilaron y enterraron sin esperar que expirase. Y otro tanto les hubiese sucedido si el Alzamiento las pilla en Barcelona, pues no quedó nada de cuanto dejaron allí esperando volver. La Inmaculada de su capilla fue a parar a un pozo. No estaba en los designios de Dios que sufriesen el martirio, como tantos conocidos suyos en la Ciudad Condal. Entre ellos el padre Arbona, que antes de ser detenido, aún desplegó su celo durante cuatro meses. Celebraba el santo sacrificio a escondidas, en casas de conocidos que exponían su vida para ello. Repartió miles de comuniones, valiéndose también de los seglares, y confesaba en cualquier rincón. Su martirio quedó envuelto en el misterio, y, como tantos otros, fue echado aprisa a la fosa común. María Isabel escribió a Roma al obispo de Barcelona, pensando que había podido escapar. Pero el doctor Irurita, detenido en circunstancias muy similares y paralelas en el tiempo a las del padre Arbona, también había dado su sangre por su grey; él, que había dicho en 1935:

> Ahora sobre todo se necesitan obispos que vean a Jesús, sacerdotes que vean a Jesús, maestros que vean a Jesús... Hora es ya de que caigamos en la cuenta de que con Jesús lo tenemos todo y sin Jesús no tenemos nada... Hacen falta ahora católicos y católicos de profundas convicciones, de voluntad decidida, de fortaleza ejemplar; valientes y dispuestos a padecerlo todo, a sacrificarlo todo, la bolsa, la nómina, la carrera, si es preciso. Pero esos hombres solo los tendremos cuando mueran a todas las cosas, cuando mueran a sí mismos para vivir la vida de Jesús.

Era el lenguaje de los que todo lo estiman basura con tal de ganar a Cristo, los locos de Jesús, como le gustaba decir.

15. María Isabel, de la cruz a la luz: «Que os queráis como yo os he querido»

Otra loca de Jesús yacía en su camastro sufriendo otro martirio en su corazón y en su cuerpo enfermo. María Isabel se iba extinguiendo a borbotones: se ponía a la muerte un día sí y otro también. Jesús la había ido preparando lentamente, despojándola de todo: su carácter, su eficacia, su arrojo, hasta sus deseos, como escribía ella al padre Segarra: «Antes estaba llena de deseos de ser santa, de trabajar, de sufrir... Ahora no tengo ni uno... solo estar unida al Amor para amar». En la cruz, reducida a la máxima impotencia, se unía a Jesús en el santuario de su alma. Ella, antes tan espontánea comunicando sus cosas espirituales a sus compañeras de fatigas con toda sencillez, había ido envolviendo su experiencia interior en el silencio. Se sentía muy sola interiormente, aunque muy querida por sus tres compañeras, que la veneraban, rodeando su cama día y noche y desviviéndose por ella, pese a una escasez material que llegaba a límites insospechados. Ni ellas mismas comprendían cómo podían vivir colgadas solo de la Providencia, que, como les decía María Isabel, no hacía precisamente los milagros prometidos en el Evangelio, sino otros, para que no se realizasen aquellos: o sea, que sus amistades de Jerez no cayesen en la cuenta de ayudarlas. La enferma se sentía impotente para formarlas, y en muchas cosas se dejaba gobernar por ellas, consultándolas y asimilando dócilmente sus criterios; si ella no veía con certeza una cosa, tomaba el parecer de las demás como manifestación de la voluntad de Dios. Porque a veces la asaltaba una especie de temor e inseguridad en sus decisiones. ¿Se estaría equivocando? ¿Habría arrastrado a aquellas pobres a una aventura fruto de un capricho personal...? La hacían temblar estas luchas, que solo podía compartir con su Señor. Sí, tenía la bendición del papa y la aprobación de varios obispos que conocían a fondo la Obra, varios sacerdotes y jesuitas las apreciaban, pero en nadie hallaba la comprensión e identificación de ideales como en su resucitado padre Arnaiz; sabía que todos los demás creían que algún día cambiaría esa Obra que no prosperaba tras varios años de andadura. Por ello la ilusionó poder comunicarse con el padre Castro, que a mediados de diciembre había vuelto de las Carolinas con la pierna ulcerada y varias operaciones, repatriado por sus superiores para que muriese en casa. Pero, enfermo y con sesenta y cinco años, recomenzó una vida más intensamente apostólica que nunca. Y recién llegado a Gibraltar, la escribió, animándola, con el cariño y confianza de siempre. Y al visitar en Jerez a su ovejita, ella desahogó con él su corazón oprimido por la soledad y le pidió que se ocupase de ellas. Pero poco después, Castro le echó un jarro de agua fría, confesándole la mala impresión que le había hecho su casa: «Perdone que le hable con tanta claridad, pero no salí bien impresionado; aunque admiré la pobreza heroica..., acaso a los demás su vista no les anime a seguir la senda». Además, albergando la esperanza secreta de poner en marcha el proyecto fundacional truncado por su marcha a las Carolinas, volvía a insistirle en que la Obra debía organizar una especie de noviciado en una casa fija que, aunque pobre, reuniese mejores condiciones que la que entonces habitaban. ¡Siempre lo mismo! También en enero el padre Copado la visitó por última vez y... la creyó mejor de lo que estaba, como siempre le acontecía con ella. Todas disfrutaron oyendo sus andanzas de capellán de guerra, que dejaría plasmadas en su libro *Contribución de sangre*, editado en 1945. El 8 de febrero la liberación de Málaga produjo en la casita de Jerez una inmensa alegría, sobre todo por lo que suponía para la familia Werner. Para entonces ya Carmen y Blanca estaban camino de Tarifa a preparar una misión de quince días que dio el padre Castro con gran fruto apostólico. María Isabel quedó sola con Lourdes para atenderla a ella, y con Encarnación para ayudar en las tareas de la casa.

Tras hablar de las misioneras con el provincial, padre Cuenca, Castro quería que fuesen a visitar el barrio del Albaicín de Granada, donde él estaba destinado, para instalar allí... ¡el noviciado! Como todos, el provincial también deseaba estabilidad, votos y formalidades para la Obra de Arnaiz. Castro volvió a llevarse a Blanca y Carmen para ayudarle en la misión de Nigüelas (Granada). María Isabel, rendida, dejaba hacer a quien había sido el instrumento de Dios para atraerla hacia Él; las otras, espantadas de que el padre les cambiase todo, no entendían por qué cedía hasta el límite. ¿Vio ella en la vuelta de Castro una señal de Dios para seguir el criterio del jesuita, pues después de quince años con el suyo solo eran cuatro? El caso es que Castro les buscó una casa en el Albaicín, donde ya las veía con un noviciado, una casa madre y mil vocaciones. Ellas protestaban horrorizadas: «¡Por Dios, María Isabel, que el Padre cambiará la Obra y acabará por hacernos monjas!». Ella les decía: «¡Tontas! Si él tiene esa ilusión y con eso lo contentamos y vienen unas cuantas vocaciones granadinas, ya lo convenceremos luego. Si así crecemos, ¿qué inconveniente hay en ir ahora al Albaicín?». Pero Dios habló: surgieron contratiempos y no fueron a Granada.

Como María Isabel estaba siempre ocupada en pequeñas tareas y su virtud la hacía sobreponerse, quienes la visitaban no se hacían cargo de su gravedad, como Copado, y Castro, que no cejaba de hacer planes sin ver que su ovejita se estaba muriendo. Escribiría en sus memorias que en esos pocos meses la vio muy santa y entregada a la divina voluntad, admirándole su modo de llevar la enfermedad, su conformidad y alegría en medio de la pobreza, el abandono y la soledad en que se encontraba de parte de los hombres, que tan poco apoyaban su Obra: «Creo que ha sido poco comprendida y esto le hacía sufrir, pero lo veía todo con alegría y en paz, no deseando sino conocer la voluntad de Dios respecto de ella». El pequeño grupito continuaba su humilde apostolado en Jerez: en mayo prepararon algunos matrimonios, un bautizo y la comunión de varios adultos; y de nuevo Carmen y Blanca marcharon a preparar una misión del padre Castro en Facinas, pedanía de Tarifa. A su vuelta, el 3 de junio, María Isabel se agravó tanto que su médico, don Juan, les dijo que se moría; pero ella vio que no lo asumían. Fue a confesarla el padre Mata, jesuita, y a olearla el párroco de San Marcos, que la bendijo con el crucifijo del padre Arnaiz. Era la cuarta vez que recibía la extremaunción; sabía que se moría, y pidió perdón a todas entre terribles dolores. Esa noche, viendo que se la llevaba ya el Señor al merecido descanso, abrazó y bendijo a cada una, como solía, diciéndoles: «Mi última recomendación es la del Señor: que os queráis las unas a las otras como yo os he querido; que de verdad no sé a cuál de vosotras he querido más». Sintiendo ellas que se les acababa el mundo, solo había lágrimas, oraciones y recados para el cielo. El día 5, entre sufrimientos atroces, ella les decía: «Id a hacer al Señor una visita de mi parte y pedidle que no me desespere; que, si Él quiere, me tenga así hasta el fin del mundo, pero que no me desespere». Y suspiraba: «¡Ay mi Señor... mi Jesús!». Con todo, aún esa tarde estuvo un rato haciendo detentes. En la madrugada del 6 se levantó de la cama: el médico se lo había indicado, si el ahogo era muy grande. Estuvo hablando, con toda lucidez. Hacia las cuatro y media la sentaron en el sillón, ya que se desplomaba. Aunque a ellas no les parecía que aquel día era peor que otros, le preguntaron si le recomendaban el alma, y ella contestó: «Eso, eso...». Fueron sus últimas palabras, antes de perder el habla. Entonces volvieron a avisar a la Compañía y acudió el superior, padre Zamarripa. La moribunda ya estaba inconsciente. Alboreaba el domingo, cuando a las seis y cuarto, por fin, María Isabel descansó en su Señor, ¡tan deseado!

Al verla inerte en aquel sillón donde por años la habían visto agonizar con los terribles dolores de sus enfermedades crónicas e incurables, que la iban agotando inexorablemente, no querían sus hijas creerla muerta. ¡No podía ser! Pero, como escribiría Lourdes, «en el reloj de la Divina Providencia, aunque no lo viésemos, había sonado la hora de su descanso corporal, la del eterno abrazo con aquel Señor al que tanto había amado y tan fielmente servido, no menos en la salud que en la enfermedad». Dejaba en la más desolada orfandad a aquellas tres jovencitas inexpertas, aún no plenamente formadas en el espíritu y práctica del apostolado de la Obra, por más voluntad que tuvieran. Cuando más necesaria parecía, se les iba María Isabel, dejándolas «en absoluta pobreza material, sin un céntimo en casa ni para enterrarla, sin esperanzas de alcanzar auxilio en tan apurado trance entre las amistades con que pudiéramos contar, sin apoyo alguno en lo humano, sin nada ya que empeñar en el Montepío ni para un mendrugo de pan que llevarnos a la boca». Pero todo aquello era lo de menos; otra cosa les pesaba más:

> El sentimiento de nuestra pequeñez e insignificancia en aquel universal olvido y abandono, como hundimiento de la Obra de nuestros amores, la lucha que podía preverse y que se presentaría y a la que nosotras, infelices, habíamos de hacer frente sin la habilidad ni la seguridad de nuestra María Isabel. ¡De sentirnos tranquilas y seguras bajo su cuidado, pasábamos a la responsabilidad de mantenernos firmes y sostener con nuestras fuerzas la Obra a la que nos habíamos entregado infantilmente confiadas en Dios nuestro Padre, desde luego, pero sentido y visto a través de la visible asistencia de María Isabel!

Al ver aquel cuadro desolador, el padre Zamarripa les dio quinientas pesetas que le había entregado una señora: con eso podrían enterrar a María Isabel con un mínimo de dignidad. La amortajaron, adornándola con rosas y lirios. Al mirar su rostro sonriente les parecía dormida: no acababan de creerla muerta. Según pasaban las horas no perdía color ni flexibilidad. Hacia las cinco de la tarde la pusieron en la caja, tan pobre que al taparla seguía viéndose a la difunta. Como continuaba sonriendo y con el cuerpo maleable, llamaron de nuevo a don Juan, el médico, que también se extrañó del aspecto del cadáver al cabo de doce horas, pero certificó el fallecimiento.

Esa mañana telefonearon a los familiares y a las salesas, que contestaron enseguida:

> No creíamos estuviese tan al extremo... Comprendemos su pena por la nuestra; continuamente la recordamos y pedimos a nuestro Señor llene el vacío que necesariamente tienen que sentir y al mismo tiempo las recompense todos los cuidados que la prodigaron por los que les estamos tan agradecidas.

Otra salesa, de Sevilla, ahora llamada sor María Sofía, nuestra vieja amiga Concha Heredia, evocaba la paz y serenidad de María Isabel ante la muerte, cuando diez años antes estuvo con ella en el Barranco del Sol, donde fue sacramentada:

> Como una hija que va a abrazarse con su padre... ¡Qué amor tenía a Nuestro Señor! ¡Qué generosa y abnegada! Su ideal era morir en un campo de Doctrinas y vivir en ese despojo y pobreza suma en que ha muerto. Y así purificada ha ido al Cielo a interceder por su Obra y por vosotras.

Tía Emilia y Leonor se pusieron en camino inmediatamente para despedir a su carísima María Isabel, y acompañar y ayudar a sus pobres *huérfanas* a recoger con cuidado todo lo suyo como reliquias: ropa, utensilios personales, cartas, medicinas, la trenza del pelo que le habían cortado... Solo un par de meses después, según se fue liberando el norte de España, lo supieron sus hermanos; Anselmo la consideró una mártir de la caridad. El padre Segarra recibió el cablegrama el día

8. El padre Castro, uno de los primeros en saberlo, no tardó en acudir a consolar a las hijas de su ovejita; años después recordaba, orgulloso, que María Isabel repetía que fue él quien la engendró en Cristo. Para él, ella era «una santa, digna de ser glorificada, quizá el alma más grande que traté». Al llegar a Monjas Victorias 3, dispuso elegir inmediatamente nueva directora. Sabía el vacío que en algunos ambientes se hacía a la Obra, pensando muchos que no tenía futuro y que acabaría con la muerte de María Isabel, empeñada en sostenerla contra viento y marea. Lourdes, abrumada, lloraba en un rincón: María Isabel le había dicho que había de sucederla. Aunque no hacía falta votar, ante el cadáver de María Isabel fue elegida Lourdes, que lloró aún más amargamente: con solo veintitrés años, era oficialmente directora de aquella chispa de Obra. Todo fue tan familiar que nada quedó por escrito; solo en 1945 el padre Segarra redactó un acta en la que reconocían la elección las que a la sazón estaban en la Obra: Carmen Pineda Herráiz, Blanca Werner Bolín, María de Jesús González del Valle Prendes, María Victoria García Romeu, María Palmira Beltrán Beltrán, Carmen García Romeu, Lourdes Werner Bolín.

Fueron al velatorio algunos amigos y pobres misionados por ellas. A las veinticuatro horas de la muerte, por la boca y nariz del cadáver destiló sangre, que recogieron con veneración, como reliquia. Cuando llegó la funeraria pronto desaparecieron las quinientas pesetas. Todo fue en plan pobre, pero lo más digno que pudieron. El padre Castro no pudo quedarse; antes de marchar las exhortó a salir pronto a algún trabajo: que no pareciese que moría con María Isabel aquella chispica de Obra que temblaba de pura debilidad. De hecho, el día 15 ya fueron a una misión en La Jarana, donde, como vimos, habían estado con María Isabel.

En las exequias, la mañana del 7, estuvieron solo los más allegados. ¡Ellas tres parecían querer quedarse en el cementerio de Jerez! Días después juntaron unas pesetas para poner una lápida de mármol blanco con este sencillo epitafio:

JHS
María Isabel González del Valle
Fundadora de la Obra de las Doctrinas Rurales
Entró en el gozo de su Señor el 6 de junio de 1937
R. I. P. A.

La madre María de Jesús Lasaga, de las religiosas de la Inmaculada Concepción de Tarifa, en cuyo convento se habían hospedado alguna vez las misioneras, les escribió dos misivas. La primera, de pésame: «Ánimo, pues, mis amadísimas, que tenéis buena abogada ante el Señor, tal es mi certeza que quiero todos los días invocarla para que me enseñe a amar al Corazón divino y ser apóstol». La segunda, de recuerdos de María Isabel:

> Siempre, desde que la conocí en sus primeros tiempos de darse a Dios, me inspiró afecto y veneración, nuestras conversaciones se puede decir que solo versaban sobre el apostolado, se notaba en ella siempre una grandeza de alma, una generosidad con el Señor, que yo muchas veces sentí vergüenza de mí, aunque a ella le hacía ver que aquello era lo natural... En el entusiasmo de su fervor me dijo estas palabras: «¡Amemos mucho al Corazón de Jesús! ¡Si viera usted lo poco ama-

do que es...!», pero con tal unción, con tal sentimiento que todavía recuerdo la impresión que produjo en mi alma y, aunque han pasado varios años, no olvido el lugar donde me lo dijo y quizá podría señalar hasta el peldaño de escalera donde esta conversación tuvimos. Aunque siempre sencilla y humilde, no podía disimular lo mucho extraordinario que el Señor obraba en su alma, por lo menos tal ha sido mi convicción y la última vez que el divino Corazón nos ha hecho la gracia de verla, más que nunca me he confirmado en mi creencia de que María Isabel era una santaza. Aquella mirada suya, sobre todo cuando miraba la Hostia al subirle la Comunión, no se me olvidará fácilmente. Ahora mismo estoy escribiendo en el mismo sitio que esto sucedía y me parece verla. ¡Dichosa ella y felices también vosotras que tal intercesora tenéis cerca del divino Corazón! Yo tengo también la confianza de que pedirá por mí, pues la quiero e invoco de veras. Su acto de consagración..., ¿por qué no decirlo?, me ha hecho llorar no poco. ¡Qué buena era María Isabel, pues así quería en el sufrimiento, humillación y abandono de todos probar su amor al divino Corazón! Animémonos a imitarla, pues será nuestra intercesora.

El cardenal Ilundáin les concedió indulgencias con un telegrama, definiendo a María Isabel como «angelical». Asimismo, indulgenció los sufragios san Manuel González, ahora obispo de Palencia, con sus «oraciones por la gloria de la ejemplar y querida María Isabel». Y el padre Copado, quizá desde el frente todavía, les mandó una carta de consuelo, alentándolas a seguir a María Isabel:

> El ejemplo de celo por la salvación de las almas y por la honra del Señor que nos ha dejado durante su vida ha de hacernos salir de nuestra apatía y trabajar sin descanso; y la resignación en la enfermedad, llevada durante tantos años sin dejar por ella los trabajos que traía entre manos, ha de servirnos de aliento para vencer las dificultades que encontraremos en nuestro camino, que seguramente no serán tan duras y difíciles como las que ella encontró. Ya se habrá encontrado con el Señor y le habrá dicho con su lenguaje pintoresco las cosas que tantas veces le decía y que tenía preparadas precisamente para el momento mismo de su presentación ante el tribunal de Jesucristo.

También les escribió con su cariño característico el padre Cañete desde Loulé, Portugal, donde estaba la comunidad del noviciado del Puerto de Santamaría desde su expulsión, hacía cinco años:

> Yo apreciaba mucho a María Isabel, como se suele apreciar a los santos, y ella verdaderamente que lo era. Por lo tanto siento su desaparición de este mundo, donde tanto bien hacía, y me consuela la dulce esperanza de que ya estará recibiendo en el Cielo el premio de sus virtudes y sacrificios. Desde el año 19 o 20 que la conocí por primera vez en Málaga, la traté en varias ocasiones, y algunas la acompañé en sus correrías apostólicas por los pueblos y cortijos de Málaga, Sevilla y Cádiz, y

> siempre reconocía en ella virtudes cristianas nada vulgares... Veo por su carta que Dios N. S., que había ido probando a María Isabel durante largos años con varios achaques y enfermedades penosas y dolorosas, quiso al fin de su vida crucificarla con esa dolorosísima enfermedad, a fin de que padeciese por su amor en esta vida, y así llegase más rica en méritos a gozar de él en la Gloria... Y allá en el Cielo habrá encontrado a muchas almas de esas que, después de Dios, a ella debieron su salvación; y allá en el Cielo habrá encontrado al santo Padre Arnaiz, que le inspiró y ayudó en esa gran Obra apostólica de las Doctrinas... Y que el Señor por intercesión de su Madre Inmaculada, y por intercesión del Padre Arnaiz y de María Isabel concedan a nuestra España este don precioso y sumamente necesario, de que esa gran Obra de las Doctrinas Rurales se perfeccione, se aumente en personal selecto, de modo que pueda dar los óptimos frutos de la salvación de tantas almas desprovistas de los conocimientos y auxilios espirituales de su salvación.

Y como no podía ser menos, el padre Segarra rompió su mutismo, y el 9 de junio las escribió desde Roma:

> María Isabel, ya en el cielo, es más nuestra que nunca. Todas sus excelentes e inmejorables cualidades naturales: aquella visión clarísima de las necesidades del mundo, aquella genialidad en adoptar los medios más sencillos y profundos con una maravillosa adaptación y oportunidad, aquel corazón de fuego, todo generosidad y entrega sin

límites para lo bueno y santo, aquel sentido íntimo de comprensión y compasión de los pobres; todo esto que vosotras habéis gustado de cerca en estos años de continua convivencia y que yo mismo conocí profundamente aquí en Roma; todo esto, que ya en este mundo María Isabel lo había puesto enterísimo al servicio puro de nuestro Padre Celestial en su Hijo; ahora, con la muerte, no desaparecerá de nuestro lado, sino que, divinizado más que lo estaba, se empleará con mucha mayor eficacia en llevar adelante la Obra que el Padre Arnaiz inició en nombre de Dios y que Dios mismo, a pesar de los hombres, le confió a ella para que la conservara y arraigara en la pureza de ideales, en la profundidad del dolor, en la naturalidad de la humildad, en la fortaleza inquebrantable... La Obra seguirá y crecerá; y nuestro corazón no permitirá jamás que olvidemos que todo el fruto que venga arranca de este periodo de humillación por el que habéis pasado al lado y en estrecha comunicación con María Isabel, gran mujer católica, española, al estilo de Santa Teresa, pero sobre todo víctima inmolada sin reservas, con pleno conocimiento, a la Voluntad del que se la había conquistado y la había arrancado del mundo para hacerla suya... No olvidéis nunca la orientación diáfana de María Isabel. Su claridad de ideas y de acción provenía de su unión con Dios ardentísima, que la separaba en absoluto de todo interés, de toda prudencia, de todo miramiento terreno. Por eso donde tantas personas religiosas... se equivocan lamentablemente, María Isabel daba siempre exactamente en el blanco de la verdad divina y humanísima a un tiempo, divina por lo verdaderamente humana, y humana por lo profundamente divina. No es corriente ni mucho menos encontrar una obediencia y sumisión tan entera y sin reservas a la Voluntad de Dios manifestada como la de María Isabel, con una claridad tan maravillosa para distinguir las deficiencias de los hombres encargados de manifestarla, sabiendo así evitar los que le estorbaban y ayudarse de los que de veras querían a Dios.

Nosotros también nos alegramos, y cuánto, de haberla conocido. Como gozaremos un día, si la Iglesia lo dispone, de venerar en los altares a esta mujer enamorada, de Cristo y de las almas. El mundo y la Iglesia de hoy necesitan mujeres así, a las que cuadre la descripción que de María Isabel nos dejó Lourdes Werner, su sucesora:

> Mujer fuerte, de criterios tan seguros, de inteligencia tan poco común, de corazón inmenso, de comprensión incomparable, de piedad solidísima y sencilla, de celo abrasador por las almas, de bondad y cordialidad inagotables, de sacrificio e inmolación connatural e ilimitada, de delicadeza y finura espiritual difícilmente igualables.

Este libro se terminó de
editar en Madrid
6 de junio de 2025,
festividad de San Norberto,
obispo y confesor,
y 88° aniversario de la
preciosa muerte de la Sierva de Dios
María Isabel González del Valle.

BIBLIOTHECA
HOMO
LEGENS

Made in the USA
Monee, IL
22 March 2026

46506045R00177